Jacobus de Voragine

Legenda aurea

Lateinisch / Deutsch

Ausgewählt, übersetzt und herausgegeben
von Rainer Nickel

Philipp Reclam jun. Stuttgart

Für Johanna und Katharina

RECLAMS UNIVERSAL-BIBLIOTHEK Nr. 8464

Bibliographisch ergänzte Ausgabe 2005
Umschlagabbildung: Der heilige Christophorus. Holzschnitt, 1423
Gesamtherstellung: Reclam, Ditzingen. Printed in Germany 2007

ISBN 978-3-15-008464-9

www.reclam.de

Inhalt

Legenda aurea

1

De sancto Andrea apostolo

Post ascensionem Domini divisis apostolis Andreas apud Scythiam, Matthaeus vero apud Margundiam praedicavit. Viri autem illi praedicationem Matthaei penitus respuentes ei oculos eruerunt et vinctum incarceraverunt post paucos dies occidere eum disponentes. Interea angelus Domini Sancto Andreae apparuit et Margundiam ad Sanctum Matthaeum ire praecepit; quo respondente se viam nescire iussit, ut ad ripam maris iret et ad primam navem, quam inveniret, intraret. Qui vel ocius iussa complens ad urbem praedictam venit angelo duce et prospero vento flante. Et invento aperto carcere Sancti Matthaei eoque viso flevit plurimum et oravit. Tunc Dominus Matthaeo reddidit beneficium duorum luminum, quibus eum privaverat nequitia peccatorum.

Matthaeus autem ab inde recessit et Antiochiam venit. Andrea vero Margundia remanente irati illi de evasione Sancti Matthaei Andream apprehendunt et per plateas ligatis manibus pertrahunt; cumque eius sanguis efflueret, pro iis oravit et ad Christum eos sua oratione convertit. Inde in Achaiam proficiscitur.

Hoc autem, quod dicitur de huiusmodi liberatione Matthaei et restitutione duorum luminum per Andream, non puto dignum fidei, ne in tanto evangelista minoratio infima denotetur, quasi sibi non potuerit obtinere, quod Andreas ei tam facile impetravit.

1

Der heilige Apostel Andreas

Andreas und Matthäus

Nach dem Aufstieg des Herrn in den Himmel gingen die Apostel auseinander: Andreas predigte in Skythien, Matthäus aber in Margundia. Doch die Bewohner dieses Landes wollten seine Predigt gar nicht hören. Sie stachen Matthäus die Augen aus, legten ihn in Ketten und warfen ihn ins Gefängnis. Nach einigen Tagen wollten sie ihn töten. In der Zwischenzeit erschien Andreas ein Bote des Herrn und befahl ihm, zu Matthäus nach Margundia zu gehen. Als Andreas erwiderte, er kenne den Weg nicht, forderte ihn der Bote auf, zur Küste des Meeres zu gehen und das erste Schiff, das er dort finde, zu besteigen. Andreas gehorchte sofort und kam unter der Führung des Boten und mit günstigem Wind in der genannten Stadt an. Dort wurde er ohne weiteres in den Kerker des heiligen Matthäus eingelassen; als er ihn erblickte, weinte er sehr und betete für ihn. Darauf gab der Herr Matthäus die Kraft seiner beiden Augen zurück, die ihm die Bosheit der Sünder geraubt hatte.

Matthäus aber verließ die Stadt und ging nach Antiochia. Andreas blieb jedoch in Margundia. Aus Zorn über die Flucht des Matthäus packten ihn die Leute und schleppten ihn mit gebundenen Händen durch die Stadt, und obwohl er aus vielen Wunden blutete, betete er für seine Peiniger und bekehrte sie mit seinem Gebet zu Christus. Darauf ging er nach Achaia.

Was über Matthäus' Befreiung und die Wiederherstellung seines Augenlichtes durch Andreas erzählt wird, halte ich allerdings nicht für glaubwürdig. Denn das würde doch die Bedeutung des so großen Evangelisten außerordentlich herabsetzen, als ob er sich nicht selbst hätte beschaffen können, was Andreas für ihn so leicht erreichte.

Quidam iuvenis nobilis dum invitis parentibus apostolo adhaesisset, parentes eius domum, in qua morabatur cum apostolo, succenderunt. Cumque iam in altum flamma succresceret, puer accepta ampulla super ignem sparsit et statim ignem exstinxit illis autem dicentibus: "Filius noster magus est effectus." Dum per scalas vellent ascendere, a Deo sunt excaecati, ut ipsas scalas penitus non viderunt. Tunc quidam exclamans ait: "Ad quid vos stulto labore consumitis? Deus pugnat pro iis et vos non videtis. Cessate iam, ne in vos ira Dei descendat." Multi ergo videntes domino crediderunt, parentes vero eius post quinquaginta dies mortui in monumento sunt positi.

Quaedam mulier cuidam homicidae coniuncta cum parere non posset, sorori suae dixit: "Vade et pro me Dianam dominam nostram invoca." Cui invocanti ait diabolus: "Cur me invocas, cum tibi prodesse non possim? Sed vade ad Andream apostolum, qui sororem tuam poterit adiuvare." Ad quem cum ivisset et apostolum ad sororem periclitantem duxisset, dicit ei apostolus: "Recte hoc pateris, quia male duxisti, male concepisti et daemones consuluisti. Sed tamen poenitere et in Christum crede et puerum proice." Qua credente abortivum protulit et dolor cessavit.

Die Brandstifter

Ein junger Mann aus guter Familie hatte sich gegen den Willen seiner Eltern dem Apostel Andreas angeschlossen. Daraufhin zündeten die Eltern dessen Haus an, wo er sich mit dem Apostel aufzuhalten pflegte. Als die Flammen schon hoch aufloderten, nahm der Junge ein Fläschchen und goß es auf das Feuer. Auf diese Weise löschte er es sofort. Seine Eltern aber behaupteten daraufhin: »Unser Sohn ist ein Zauberer geworden.« Als sie dann mit einer Leiter zu ihm hinaufsteigen wollten, ließ Gott sie blind werden, so daß sie die Sprossen der Leiter gar nicht mehr sehen konnten. Da rief jemand laut: »Wozu strengt ihr euch so sinnlos an? Gott kämpft für sie, und ihr merkt es nicht. Macht euch davon, damit Gottes Zorn nicht über euch komme.« Durch dieses Erlebnis fanden viele zum Glauben an den Herrn. Die Eltern des jungen Mannes aber starben fünfzig Tage später und wurden in ein Grab gelegt.

Das Kind des Mörders

Als eine Frau, die einen Mörder geheiratet hatte, nicht gebären konnte, sagte sie zu ihrer Schwester: »Geh los und rufe für mich unsere Göttin Diana an.« Diese rief also die Göttin an, und da sagte der Teufel zu ihr: »Warum rufst du mich an, wo ich dir doch gar nicht nützlich sein kann? Wende dich lieber an den Apostel Andreas, der deiner Schwester helfen kann.« Darauf ging sie zu dem Apostel und führte ihn zu ihrer kranken Schwester. Der Apostel sprach zu ihr: »Du leidest aus gutem Grund. Denn du hast eine schlimme Ehe geschlossen, auf böse Weise dein Kind empfangen und die Dämonen angerufen. Aber bereue wenigstens. Glaube an Christus und bring dein Kind zur Welt.« Sie wurde gläubig, gebar ein totes Kind und wurde von ihren Schmerzen geheilt.

Senex quidam nomine Nicolaus adiit apostolum dicens: "Domine, ecce septuaginta anni vitae meae sunt, in quibus semper luxuriae deservivi. Accepi autem aliquando evangelium orans Deum, ut mihi amodo continentiam largiretur. Sed in ipso peccato inveteratus et a mala concupiscentia illectus statim ad opus solitum revertebar. Quadam igitur vice concupiscentia inflammatus oblitus evangelii, quod super me posueram, ad lupanar ivi statimque meretrix dixit mihi: 'Egredere, senex, egredere, quia angelus Dei es, tu ne me contingas neque huc accedere praesumas: Video enim super te mirabilia.' Stupefactus ad verba meretricis recolui, quod mecum evangelium detulissem. Nunc igitur, Sancte Dei, pro salute mea tua pia oratio intercedat." Audiens hoc beatus Andreas flere coepit et a tertia usque ad nonam oravit et surgens noluit comedere, sed ait: "Non comedam, donec sciam, si Dominus miserebitur huius senis." Cumque diebus quinque ieiunasset, venit vox ad Andream dicens: "Obtines, Andrea, pro sene. Sed sicut per ieiunium macerasti te, sic se et ipse affligat ieiuniis, ut salvetur." Sicque fecit et in sex mensibus in pane et aqua ieiunavit et postmodum plenus bonis operibus in pace requievit. Venit igitur vox ad Andream dicens: "Per orationem tuam Nicolaum, quem perdideram, acquisivi."

Der alte Sünder

Ein alter Mann mit Namen Nikolaus wandte sich mit folgenden Worten an den Apostel Andreas: »Herr, ich bin nun schon siebzig Jahre alt und habe immer der Zügellosigkeit gefrönt. Einmal aber nahm ich das Evangelium zur Hand und bat Gott, er möge mir von nun an Selbstbeherrschung verleihen. Doch weil ich mein Leben lang ein Sünder war und immer wieder durch böse Begierde verführt wurde, kehrte ich sofort zu meinem gewohnten Verhalten zurück. Eines Tages packte mich also wieder flammende Begierde; ich dachte nicht mehr an das Evangelium, dem ich mich unterworfen hatte, und ging in ein Bordell. Sofort sagte eine Dirne zu mir: ›Geh fort, alter Mann, denn du bist ein Engel Gottes. Faß mich nicht an und komm mir nicht zu nahe: Denn ich sehe, an dir ist ein Wunder geschehen.‹ Ich erschrak über die Worte der Dirne, und mir fiel ein, daß ich das Evangelium mitgebracht hatte. Jetzt also, heiliger Mann Gottes, möge dein frommes Gebet für mein Heil wirken.« Als der heilige Andreas dies hörte, begann er zu weinen und betete von der dritten bis zur neunten Stunde. Dann stand er auf, wollte aber nicht essen, sondern sprach: »Ich will erst wieder essen, wenn ich weiß, ob der Herr Erbarmen haben wird mit diesem alten Mann.« Als Andreas fünf Tage gefastet hatte, hörte er eine Stimme: »Andreas, du hast Erfolg mit deinem Gebet für den alten Mann. Aber wie du dich mit Fasten gequält hast, so soll auch er fasten, damit er gerettet werden kann.« Das tat er und fastete sechs Monate lang bei Wasser und Brot. Und nachdem er noch viele gute Werke vollbracht hatte, entschlief er in Frieden. Darauf sprach wieder eine Stimme zu Andreas: »Durch dein Gebet habe ich Nikolaus, den ich verloren hatte, wiedergefunden.«

Quidam iuvenis Christianus secretius Sancto Andreae dixit: "Mater mea pulchrum me videns de opere me illicito tentat. Cui dum nullatenus assentirem, iudicem adiit, volens in me crimen tantae nequitiae retorquere, sed ora pro me, ne moriar tam iniuste, nam et accusatus penitus reticebo malens vitam perdere quam matrem meam tam turpiter infamare." Iuvenis igitur ad iudicium vocatur et illuc eum Andreas prosequitur. Accusat constanter mater filium, quod se voluerit violare. Interrogatus pluries iuvenis, an res taliter se haberet, nihil penitus respondebat. Tunc Andreas matri dixit: "Crudelissima feminarum, quae per tuam libidinem unicum filium vis perire." Tunc illa praeposito dixit: "Domine, huic homini filius meus adhaesit, postquam hoc agere voluit, sed nequivit." Iratus itaque iudex iussit puerum in saccum linitum pice et bitumine mitti et in flumen proici, Andream vero in carcere reservari, donec excogitaret supplicium, quo periret. Sed orante Andrea tonitruum horribile omnes terruit et terrae motus ingens cunctos prostravit et mulier a fulmine percussa et arefacta corruit. Orantibus autem ceteris apostolum, ne perirent, oravit pro iis et omnia cessaverunt. Tunc praepositus credidit et domus eius tota.

Der neue Hippolyt

Ein junger Christ wandte sich vertrauensvoll an den heiligen Andreas: »Meine Mutter sah, wie schön ich bin, und wollte mich verführen. Da ich ihr nicht im geringsten nachgab, zeigte sie mich an. Sie wollte mir dieses schwerwiegende Verbrechen zuschieben. Aber bete für mich, damit ich nicht auf so ungerechte Weise mein Leben verliere. Denn auch wenn ich angeklagt bin, werde ich schweigen. Lieber will ich sterben als meine Mutter in einen so üblen Ruf bringen.« Der junge Mann wird also vor Gericht gestellt, und Andreas begleitet ihn dorthin. Unbeirrt klagt die Mutter ihren Sohn an, daß er sie habe vergewaltigen wollen. Der junge Mann wird mehrmals gefragt, ob dies zutreffe. Er gab aber keine Antwort. Dann sagte Andreas zu der Mutter: »Du Grausamste aller Frauen, du willst, daß dein einziger Sohn ein Opfer deiner Begierde wird.« Darauf sprach die Frau zu dem Richter: »Herr, mein Sohn hat sich diesem Menschen angeschlossen, als er mit seinem Vorhaben keinen Erfolg hatte.« Daraufhin befahl der Richter voll Zorn, den Jungen in einen mit Pech und Asphalt getränkten Sack zu stecken und in den Fluß zu werfen, Andreas aber in den Kerker zu sperren, bis er sich die Strafe ausgedacht habe, an der er zugrunde gehen sollte. Doch während Andreas betete, wurden alle durch ein schauriges Donnern in Schrecken gesetzt, und ein gewaltiges Erdbeben warf alle zu Boden. Die Frau brach von einem Blitz getroffen und völlig versengt zusammen. Die anderen aber flehten den Apostel um Hilfe an, um nicht vernichtet zu werden. Er betete für sie, und alles Unheil verschwand. Darauf fanden der Richter und seine ganze Familie zum Glauben.

Cum autem esset apostolus in civitate Nicaea, dixerunt ei cives, quod extra civitatem secus viam septem daemones erant, qui praetereuntes homines occidebant. Quibus ad iussum apostoli ante populum in specie canum venientibus praecepit, ut illuc irent, ubi nulli hominum nocere possent. Qui statim evanuerunt. Illi autem homines hoc viso fidem Christi receperunt.

Et cum venisset ad portam alterius civitatis, ecce quidam iuvenis mortuus ferebatur. Quaerente apostolo, quid ei accidisset, dictum est ei, quod septem canes venerunt et eum in cubiculo necaverunt. Et lacrimans apostolus ait: "Scio, Domine, quod fuerunt daemones, quos a Nicaea urbe repuli." Dixitque patri: "Quid dabis mihi, si suscitavero filium tuum?" Cui ille: "Nil carius ego possidebam, ipsum ergo tibi dabo." Et facta oratione surrexit et apostolo adhaesit.

Cum quidam viri numero quadraginta ad apostolum navigio venirent, ut ab eo fidei doctrinam reciperent, ecce a diabolo mare concitatur et omnes pariter submerguntur. Cum autem eorum corpora ad litus delata fuissent, ante apostolum deportantur et ab eo continuo suscitantur. Qui omnia, quae sibi acciderunt, narraverunt. Unde in quodam hymno ipsius legitur: "Quaternos iuvenes submersos maris fluctibus vitae reddidit usibus."

Die sieben Dämonen

Als sich der Apostel einmal in Nikäa aufhielt, sagten ihm die Bürger, daß am Wege außerhalb der Stadt sieben Dämonen ihr Unwesen trieben, die alle Vorübergehenden umbrächten. Der Apostel ließ sie in Hundegestalt vor dem Volk erscheinen und befahl ihnen, dorthin zu gehen, wo sie niemandem schaden könnten. Sofort verschwanden sie. Als die Menschen dies aber gesehen hatten, wurden sie gläubige Christen.
Als er dann an das Tor einer anderen Stadt gekommen war, wurde dort gerade ein junger Mann zu Grabe getragen. Der Apostel fragte, was ihm passiert sei. Die Antwort lautete, sieben Hunde seien zu ihm gekommen und hätten ihn in seinem Schlafzimmer getötet. Da weinte der Apostel und sprach: »Ich weiß, Herr, es waren die Dämonen, die ich aus Nikäa verjagt habe.« Und den Vater fragte er: »Was gibst du mir, wenn ich deinen Sohn aufwecke?« Jener gab ihm zur Antwort: »Ich hatte keinen wertvolleren Besitz, ihn selbst also werde ich dir geben.« Andreas sprach ein Gebet, und der junge Mann erhob sich und schloß sich ihm an.

Vierzig Ertrunkene

Als einmal vierzig Männer mit dem Schiff zu dem Apostel fahren wollten, um von ihm Belehrung im Glauben zu erhalten, wurde das Meer vom Teufel aufgewühlt, und alle ertranken gleichzeitig. Als aber ihre Körper an den Strand gespült worden waren, wurden sie zu dem Apostel gebracht und sogleich von ihm auferweckt. Sie erzählten alles, was ihnen zugestoßen war. Daher liest man auch in einem Lobgesang auf den Apostel: »Vierzig junge Männer, die in den Fluten des Meeres untergingen, gab er dem Leben zurück.«

Beatus igitur Andreas in Achaia consistens totam cum ecclesiis implevit et plurimos ad fidem Christi convertit. Uxorem quoque Aegeae proconsulis fidem Christi docuit et sacro baptismatis fonte ipsam regeneravit. Audito hoc Aegeas Patras civitatem ingreditur compellens Christianos ad sacrificia idolorum, cui occurrens Andreas dixit: "Oportebat, ut tu, qui iudex hominum esse meruisti in terris, iudicem tuum, qui in coelis est, agnosceres et agnitum coleres et colendo animum a falsis diis penitus revocares." Cui Aegeas: "Tu es Andreas, qui superstitiosam praedicas sectam, quam Romani principes nuper exterminare iusserunt." Ad quem Andreas: "Romani principes nondum cognoverunt, quomodo filius Dei veniens docuerit idola esse daemonia, quae hoc docent, unde offendatur Deus, ut offensus ab iis avertatur et aversus non exaudiat et non exaudiendo ipsi a diabolo captiventur et captivati tamdiu deludantur, donec nudi de corpore exeant nihil secum praeter peccata portantes." Cui Aegeas: "Ista vana Iesus vester praedicans crucis patibulo est affixus." Cui Andreas: "Pro restauratione nostra, non pro culpa sua crucis patibulum sponte suscepit."

Ad quem Aegeas dixit: "Cum a suo discipulo fuerit traditus et a Iudaeis tentus et a militibus crucifixus – quomodo tu dicis eum sponte crucis subiisse supplicium?"

Andreas und der römische Landpfleger

Als sich der heilige Andreas in Achaia aufhielt, bildete er im ganzen Land christliche Gemeinden und brachte sehr viele Menschen zum Glauben an Christus. Auch die Frau des Prokonsuls Aegeas unterwies er im Glauben an Christus und ließ sie in der heiligen Quelle der Taufe ein neues Leben finden. Aegeas hörte davon, reiste nach Patras und zwang die Christen, den heidnischen Göttern Opfer darzubringen. Andreas trat ihm entgegen und sprach: »Es wäre notwendig, daß du, der du das Amt des Richters über die Menschen hier auf Erden verwaltest, deinen Richter im Himmel erkennst und verehrst und dich dadurch von den falschen Göttern ganz und gar abkehrst.« Darauf Aegeas: »Du also bist Andreas, der den Aberglauben verkündet, den die römischen Kaiser vor kurzem auszutilgen befahlen.« Ihm antwortete Andreas: »Die römischen Kaiser wissen noch nicht, wie der Sohn Gottes auf die Erde kam und lehrte, daß die römischen Götter Dämonen sind, die den Menschen die Dinge beibringen, mit denen Gott beleidigt werden soll, damit er sich von ihnen abkehrt und sie nicht mehr erhört und sie dadurch vom Teufel gefangen und dann als Gefangene solange verspottet werden, bis sie ihren Körper nackt verlassen und nichts außer ihren Sünden mitnehmen.« Aegeas sagte darauf: »Weil euer Jesus diesen Unsinn verkündete, wurde er ans Kreuz geschlagen.« Andreas: »Für unsere Erlösung, nicht weil er eine Schuld auf sich geladen hatte, nahm er seine Kreuzigung freiwillig auf sich.«

Ihm erwiderte Aegeas: »Wo er doch von seinem eigenen Jünger verraten, von den Juden gefangengehalten und von den römischen Soldaten gekreuzigt wurde – wie kannst du da behaupten, er habe die Strafe des Kreuzes freiwillig auf sich genommen?«

Tunc Andreas quinque rationibus coepit ostendere Christum voluntarie passum fuisse: “Scilicet ex eo, quod passionem suam praevidit et discipulis futuram praedixit: ‘Ecce’, inquiens, ‘ascendimus Hierosolyma etc.’ Et ex eo, quod Petro eum ab hoc avertere cupienti dure indignatus fuit dicens: ‘Vade post me Satana etc.’ Et ex eo, quod utriusque scilicet patiendi et resurgendi se potestatem habere manifestavit dicens: ‘Potestatem habeo ponendi animam meam et iterum sumendi eam.’ Et ex eo, quod proditorem praecognovit, cum panem intinctum ei dedit, nec tamen vitavit. Et ex eo, quod locum, in quo proditorem venturum sciebat, elegit.” Et his omnibus se interfuisse asseruit. Addit Andreas, quod mysterium crucis magnum esset. Cui Aegeas: “Mysterium dici non potest, sed supplicium. Verumtamen ubi mihi non obtemperaveris, ipsum mysterium te faciam experiri.”

Cui Andreas: “Si crucis patibulum expavescerem, crucis gloriam non praedicarem. Audiri a te volo mysterium crucis, si forte credas et ipsum agnitum colas, ut salveris.” Tunc coepit ei mysterium redemptionis pandere et, quam congruum et necessarium fuerit, quinque rationibus persuadere. “Prima ratio est, quod, quia primus homo per lignum mortem susci-

Die fünf Beweise für das freiwillige Leiden Christi

Darauf begann Andreas mit fünf Argumenten zu beweisen, daß Christus freiwillig gelitten habe: »Das ist erstens daraus zu ersehen, daß er seinen Leidensweg voraussah und seinen Jüngern voraussagte, indem er sprach: ›Seht her, wir steigen nach Jerusalem hinauf ...‹ (Mt. 20,18). Zweitens hat er Petrus, der ihn davon abbringen wollte, ärgerlich angefahren: ›Geh mir aus den Augen, Satan ...‹ (Mt. 16,23). Drittens machte er deutlich, daß er natürlich die Möglichkeit hatte, beides zu tun, das Leid zu ertragen und wieder aufzuerstehen: ›Ich habe die Möglichkeit, mein Leben hinzugeben und es wieder zurückzubekommen‹ (Joh. 10,18). Viertens kannte er seinen Verräter bereits, als er ihm das in Wein getauchte Brot gab, und ging ihm nicht aus dem Wege. Fünftens wählte er selbst den Ort aus, wo der Verräter – wie er wußte – hinkommen würde.« Andreas fügte noch hinzu, er sei bei allen diesen Ereignissen selbst dabeigewesen. Dann sagte er noch, das Mysterium des Kreuzes sei groß. Darauf erwiderte Aegeas: »Das kann man doch nicht als Mysterium bezeichnen, sondern nur als Strafe für ein Verbrechen. Wenn du mir aber nicht gehorchst, werde ich dafür sorgen, daß du das Mysterium selbst erfährst.«

Das Mysterium des Kreuzes

Andreas antwortete ihm: »Wenn ich die Qualen des Kreuzes fürchtete, würde ich den Ruhm des Kreuzes nicht verkünden. Ich will, daß du vom Mysterium des Kreuzes hörst, damit du gerettet wirst, wenn du daran glaubst, es anerkennst und verehrst.« Dann begann er, ihm das Mysterium der Erlösung zu schildern und ihn mit fünf Argumenten zu überzeugen, mit welcher Folgerichtigkeit und Unausweichlichkeit es geschehen ist: »Erstens: Weil der erste Mensch die Wirksamkeit des Todes durch das Holz auslöste, war es nur folgerichtig, daß

tavit, congruum fuit, ut secundus eam per lignum pelleret patiendo. Secunda, quod, quia de immaculata terra factus fuerat praevaricator, congruum fuit, ut de immaculata nasceretur virgine reconciliator. Tertia, quod, quia Adam ad cibum vetitum incontinenter manus extenderat, congruum fuit, ut secundus Adam in cruce immaculatas manus extenderet. Quarta, quod, quia Adam cibum suavem vetitum gustaverat, congruum fuit ad hoc, quod contrarium pelleretur contrario, ut Christus esca fellea cibaretur. Quinta, quia ad hoc, quod Christus nobis suam immortalitatem conferret, congruum fuit, ut nostram sibi mortalitatem assumeret. Nisi enim Deus factus fuisset mortalis, homo non fieret immortalis." Tunc Aegeas dixit: "Haec vana tuis narra et mihi obtempera diisque omnipotentibus sacrifica." Cui Andreas: "Omnipotenti Deo agnum immaculatum quotidie offero, qui, postquam a toto populo comestus fuerit, vivus et integer perseverat." Aegea, quomodo hoc fieret, requirente dixit Andreas, ut formam discipuli assumeret. Cui Aegeas: "Ego cum tormentis a te exigam rei notitiam."

Iratusque iussit eum in carcere recludi. Mane facto tribunali sistitur et ad sacrificia idolorum iterum invitare coepit dicens: "Nisi mihi obtemperaveris, in ipsam, quam laudasti, crucem faciam te suspendi." Cumque ei multa supplicia minaretur, respondit: "Quidquid tibi videtur in suppliciis maius, excogita; tanto enim regi meo ero acceptior, quanto fuero pro

der zweite Mensch leidend durch das Holz den Tod vertrieb. Zweitens: Weil der Treulose und Pflichtvergessene aus unbefleckter Erde geschaffen wurde, war es nur folgerichtig, daß der Versöhnende von einer unbefleckten Jungfrau geboren wurde. Drittens: Weil Adam seine Hände eigennützig nach der verbotenen Frucht ausgestreckt hatte, war es nur folgerichtig, daß der zweite Adam seine unbefleckten Hände am Kreuz ausbreitete. Viertens: Weil Adam von der süßen, aber verbotenen Frucht gekostet hatte, war es nur folgerichtig, daß Christus, damit das Gegenteil durch das Gegenteil aufgehoben würde, ungenießbare Speise zu sich nahm. Fünftens: Damit Christus uns seine Unsterblichkeit bringen konnte, war es nur folgerichtig, daß er unsere Sterblichkeit auf sich nahm. Denn wenn Gott nicht sterblich geworden wäre, würde der Mensch nicht unsterblich werden.«

Darauf antwortete Aegeas: »Diesen Unsinn kannst du deinen Anhängern erzählen. Gehorche mir und opfere den allmächtigen Göttern.« Andreas erwiderte ihm: »Dem allmächtigen Gott opfere ich jeden Tag ein unbeflecktes Lamm, das lebendig und unversehrt bleibt, nachdem es vom ganzen Volk verzehrt worden ist.« Als Aegeas fragte, wie das geschehen könne, antwortete Andreas, er solle sich zu seinem Jünger bekehren lassen. Aegeas: »Ich werde das Wissen über diesen Vorgang mit der Folter aus dir herauspressen.«

Das Martyrium

Voll Zorn ließ er ihn im Kerker einsperren. Am nächsten Tage wird Andreas vor Gericht gestellt, und Aegeas fängt an, ihn erneut dazu aufzufordern, vor den Götterbildern zu opfern. Er sagt: »Wenn du mir nicht gehorchst, werde ich dich an das Kreuz hängen lassen, das du so gepriesen hast.« Obwohl er ihm viele Qualen androhte, antwortete ihm Andreas: »Denk dir ruhig die Qualen aus, die dir am schlimmsten erscheinen; ich werde nämlich meinem König

nomine eius in tormentis constantior." Tunc iussit eum a viginti uno hominibus caedi et caesum manibus et pedibus cruci alligari, ut sic longiorem reciperet cruciatum. Cumque duceretur ad crucem, factus est concursus populorum dicentium: "Innocens sanguis eius sine causa damnatur." Quos tamen rogavit apostolus, ne suum martyrium impedirent.

Videns autem Andreas a longe crucem salutavit eam dicens: "Salve crux, quae in corpore Christi dedicata es et ex membris eius tamquam margaritis ornata. Antequam in te adscenderet Dominus, timorem terrenum habuisti. Modo vero amorem coelestem obtinens pro voto susciperis. Securus igitur et gaudens venio ad te, ut tu exsultans suscipias me discipulum eius, qui pependit in te: Quia amator tuus semper fui et desideravi amplecti te. O bona crux, quae decorem et pulchritudinem de membris Domini suscepisti. Diu desiderata, sollicite amata, sine intermissione quaesita, aliquando concupiscenti animo praeparata. Accipe me ab hominibus et redde me magistro meo, ut per te me accipiat, qui per te me redemit."

Et haec dicens se exuit et vestimenta carnificibus tradidit sicque eum in crucem, ut iussum fuerat, suspenderunt. In qua biduo vivens viginti milibus hominum adstantium praedica-

um so lieber sein, je standhafter ich um seines Namens willen auf der Folter gewesen bin.« Darauf ließ er ihn von 21 Männern auspeitschen. Den Ausgepeitschten ließ er an Händen und Füßen an ein Kreuz binden, damit er noch länger leide. Als Andreas zum Kreuz gebracht wurde, strömten viele Leute zusammen und riefen: »Sein unschuldiges Blut wird ohne Grund vergossen.« Doch der Apostel bat sie, sein Martyrium nicht zu behindern.

Die Hymne an das Kreuz

Als Andreas aber das Kreuz von weitem sah, begrüßte er es und sprach: »Sei gegrüßt, mein Kreuz, du bist durch den Leib Christi geweiht und mit seinen Gliedern wie mit Perlen geschmückt. Bevor der Herr auf dich gestiegen ist, warst du ein Schreckensbild irdischer Furcht. Jetzt aber birgst du himmlische Liebe in dir und wirst gern empfangen. Also komme ich frei von Angst und voll Freude zu dir, damit du mich fröhlich aufnimmst als Jünger dessen, der an dir gehangen hat: Denn ich habe dich immer geliebt und mich danach gesehnt, dich zu umarmen. Ach, mein gutes Kreuz, du hast deinen Glanz und deine Schönheit von den Gliedern des Herrn erhalten. Lang herbeigesehnt, leidenschaftlich geliebt, andauernd gesucht bist du meiner verlangenden Seele endlich zugetan. Nimm mich an aus den Händen der Menschen und gib mich meinem Meister zurück, damit er mich durch dich annehme, nachdem er mich durch dich erlöst hat.«

Das Ende am Kreuz

Mit diesen Worten zog er sich aus und gab seine Kleider den Henkern, und sie hängten ihn an das Kreuz, wie es ihnen befohlen war. Zwei Tage lebte er noch am Kreuz und predigte zwanzigtausend Menschen, die neben dem Kreuz standen.

vit. Tunc minitante turba Aegeae mortem et dicente virum sanctum et mansuetum et pium non debere ita pati. Venit, ut ipsum deponeret. Quem videns Andreas dixit: "Quid tu ad nos venisti, Aegea, si pro poenitentia, ipsam consequeris, si autem, ut me deponas, scias, quod ego vivus de cruce non descendam. Iam enim video regem meum, qui me exspectat." Et cum vellent eum solvere, nullo modo poterant ad eum pertingere, quia statim eorum bracchia stupida reddebantur. Videns autem Andreas, quod plebs volebat eum deponere, hanc orationem in cruce fecit, ut dicit Augustinus in libro de poenitentia: "Ne me permittas, Domine, descendere vivum, sed tempus est, ut commendes terrae corpus meum: Tamdiu enim portavi iam, tamdiu super commendatum vigilavi et laboravi, quod vellem iam ab ista oboedientia liberari et isto gravissimo indumento spoliari. Recordor, quantum in portando onerosum, in domando superbum, in fovendo infirmum, in coercendo lascivum laboravi. Scis, Domine, quoties a puritate contemplationis retrahere me contendebat, quoties a dilectissimae quietis tuae somno me excitare obtendebat, quantum et quoties dolorem ingerebat. Cui igitur tamdiu, ut potui, pater benignissime, pugnanti restiti et tua ope superavi. A te iusto remuneratore et pio posco, ne mihi id ultra commendes. Sed depositum reddo. Commenda alii nec me illo ultra impedias, et resurrecturum servet et reddat, ut ipsum quoque meritum sui laboris recipias. Terrae id com-

Dann drohte das aufgebrachte Volk damit, Aegeas umzubringen. Man sagte, ein so heiliger, friedfertiger und frommer Mann dürfe nicht so leiden. Daraufhin kam Aegeas, um ihn vom Kreuz zu nehmen. Aber als Andreas ihn sah, sprach er: »Warum bist du zu uns gekommen, Aegeas? Wenn du gekommen bist, weil du bereust, dann wirst du Buße tun können. Wenn du aber gekommen bist, um mich vom Kreuz zu nehmen, so wisse, daß ich lebend nicht vom Kreuz hinabsteige. Denn ich sehe schon meinen König, der mich erwartet.« Und als sie ihn losbinden wollten, war es ihnen unmöglich, ihn anzufassen, weil ihre Arme sofort steif wurden. Da Andreas aber sah, daß das Volk ihn vom Kreuz holen wollte, sprach er, wie Augustinus in seinem Buch über die Buße sagt, folgendes Gebet: »Herr, laß es nicht zu, daß ich lebend vom Kreuz steige. Es ist vielmehr Zeit, daß Du der Erde meinen Leib anvertraust: Ich habe ihn nämlich schon so lange getragen, schon so lange über ihn, da er mir anvertraut war, gewacht, und seinetwegen gelitten, daß ich jetzt den Wunsch habe, von diesem Dienst befreit zu werden und dieses äußerst schwere Gewand zu verlieren. Ich denke daran, wie sehr ich gelitten habe, wenn ich mich bemühte, seine Last zu tragen, seinen Übermut zu bändigen, seine Krankheiten zu pflegen und seine Ausgelassenheit zu zügeln. Du weißt es, Herr, wie oft er versuchte, mich von der Reinheit meiner inneren Einkehr fortzuziehen, wie oft er sich anstrengte, mich aus der Stille Deines heißgeliebten Friedens hinauszutreiben, wie sehr und wie oft er mir Schmerz bereitete. Seinem Drängen habe ich also, solange ich konnte, gütigster Vater, Widerstand geleistet, und mit Deiner Hilfe habe ich ihn überwunden. Dich, den gerechten und gütigen Belohner, flehe ich an: Vertraue mir meinen Leib nicht länger an. Ich gebe ihn Dir vielmehr zurück, nachdem ich ihn in Verwahrung hatte. Überlaß ihn einem anderen und binde mich nicht noch länger an ihn. Er möge ihn bewahren, bis er einst wieder aufersteht, und dann zurückgeben, damit Du ihn aufnimmst, weil er es sich mit seiner Mühsal verdient hat. Vertraue meinen Leib der

menda, ut me amplius vigilare non oporteat et libere ad te fontem vitae et indeficientis gaudii tendere anxiantem non retrahat nec impediat." Haec Augustinus.
His dictis splendor nimius de coelo veniens dimidia hora eum circumdedit, ita ut nullus eum videre posset, et abscedente lumine simul cum ipso lumine spiritum tradidit. Maximilla vero uxor Aegeae tulit corpus apostoli sancti et honorifice sepelivit. Aegeas vero antequam domum suam rediisset, arreptus a daemone in via coram omnibus exspiravit.
Aiunt quoque de sepulcro sancto Andreae mannam in modum farinae et oleum cum odore emanare, a quo, quae sit anni futuri fertilitas, incolis regionis ostenditur. Nam si exiguum profluit, exiguum terra exhibet fructum, si copiose, copiosum. Hoc forte antiquitus verum fuit, sed modo corpus apud Constantinopolitanos translatum esse perhibetur.

Episcopus quidam religiosam habens vitam beatum Andream inter ceteros sanctos in veneratione habebat, ita quod in cunctis suis operibus hunc semper titulum praeponebat: "Ad honorem Dei et beati Andreae." Invidens igitur viro sancto hostis antiquus ad eum decipiendum tota se calliditate contulit seque in formam mulieris pulcherrimae transformavit. Venit igitur ad palatium episcopi asserens se velle confiteri

Erde an, damit ich ihn nicht länger zu bewachen brauche und damit er mich nicht in Angst zurückhalte und daran hindere, ohne Schwierigkeit zu Dir, der Quelle des Lebens und der unaufhörlichen Freude, zu gelangen.« Das hatte Augustinus gesagt.

Nachdem Andreas diese Worte gesprochen hatte, strahlte ein ungeheures Licht vom Himmel herab und umgab ihn eine halbe Stunde, so daß niemand ihn sehen konnte. Als das Licht wieder verschwand, gab er mit dem Erlöschen des hellen Scheines seinen Geist auf. Maximilla aber, die Frau des Aegeas, hob den Leib des heiligen Apostels auf und beerdigte ihn mit allen Ehren. Bevor Aegeas aber in seinen Palast zurückgekommen war, wurde er unterwegs von einem Dämon gepackt und starb in aller Öffentlichkeit.

Man erzählt auch, aus dem heiligen Grab des Andreas fließe Manna wie Mehl und wohlriechendes Öl hervor. Das zeige den Bewohnern der Gegend, wie fruchtbar das kommende Jahr sei. Wenn nämlich nur wenig herausfließt, gewährt die Erde nur wenig Frucht, wenn es aber in großer Fülle herausfließt, gewährt sie reichlich Frucht. Das ist vielleicht in alter Zeit wirklich so gewesen, aber später soll sein Leib nach Konstantinopel übergeführt worden sein.

Der Bischof und der Teufel

Es war einmal ein Bischof, der führte ein gottesfürchtiges Leben und verehrte den heiligen Andreas neben allen anderen Heiligen so sehr, daß er bei allen seinen Werken stets diese Worte vorausschickte: »Gott und dem heiligen Andreas zu Ehren.« Daher war der alte Feind neidisch auf den heiligen Mann. Er legte es darauf an, ihn mit aller List vom rechten Wege abzubringen, und verwandelte sich in eine sehr schöne Frau. Diese geht also zum Palast des Bischofs und erklärt, sie wolle bei ihm die Beichte ablegen. Der Bischof empfiehlt ihr, bei seinem Beichtpriester zu beichten, dem er die volle Amts-

eidem. Mandat episcopus, ut suo poenitentiali confiteatur, cui plenitudinem tradiderat potestatis. Renuntiat illa, quod nulli hominum nisi sibi secreta suae conscientiae revelet, sicque convictus episcopus eam ad se venire praecepit. Cui illa: "Obsecro, domine, miserere mei, ego vero in annis puellaribus, ut cernitis, constituta et a pueritia delicate nutrita, nec non et regia stirpe progenita huc in peregrino habitu sola veni. Nam pater meus rex, itaque valde potens cuidam magno principi me volebat in coniugem sociare, cui respondi: Omnem torum abominor maritalem, quia virginitatem meam Christo in perpetuum dedicavi et ideo numquam possem in carnalem copulam consentire. Denique sic artata, quod oportebat me aut eius voluntati oboedire aut terrae diversa subire supplicia, latenter fugam inii magis eligens exsulare quam sponso meo fidem infringere. Audiens vero vestrae sanctitatis praeconium sub alas vestrae protectionis confugi sperans me apud vos locum reperire quietis, ubi possim contemplationis carpere secreta silentia praesentisque vitae vitare naufragia et perturbationem mundi fugere perstrepentis."

Admirans in ea episcopus nobilitatem generis, pulchritudinem corporis, tam immensum fervorem et tantae eloquentiae venustatem placita et benigna voce respondit: "Esto secura, filia, ne formides, quia ille, ob cuius amorem te et tuos et tua tam viriliter contempsisti, tibi ob hoc et in praesenti cumulum gratiae et in futuro plenitudinem gloriae largietur. Sed et ego servus eius me et mea tibi offero. Eligasque tibi, ubi placuerit, mansionem: Volo autem hodie mecum prandere debeas." Cui illa: "Noli, inquit, pater, noli de hac re me rogare, ne forte ex

gewalt erteilt hatte. Sie erwidert darauf, sie könne niemandem anders als ihm die Geheimnisse ihres Gewissens enthüllen. Auf diese Weise ließ sich der Bischof überreden und forderte sie auf, zu ihm zu kommen. Dann sagte sie zu ihm: »Ich flehe Euch an, Herr, habt Mitleid mit mir. Denn ich bin noch sehr jung, wie Ihr seht, und wohl erzogen. Ich stamme aus einer königlichen Familie und bin ganz allein auf einer Pilgerfahrt hierher gekommen. Denn mein Vater ist ein König und sehr mächtig. Er wollte mich einem großen Fürsten zur Frau geben. Ich aber gab ihm zur Antwort, daß ich die Ehe ganz und gar verabscheute, weil ich Christus meine Jungfräulichkeit auf ewig geweiht hätte und deshalb niemals einer fleischlichen Verbindung zustimmen könnte. Schließlich wurde ich so sehr bedrängt, daß mir nichts anderes übrig blieb als nachzugeben oder verschiedene irdische Strafen auf mich zu nehmen. Darum bin ich heimlich geflohen. Ich wollte lieber in der Fremde leben als meinem Bräutigam die Treue brechen. Als ich aber von Eurer Heiligkeit hörte, begab ich mich unter die Fittiche Eures Schutzes. Ich hoffe, bei Euch einen Ort der Ruhe zu finden, wo ich mich in Stille und Abgeschiedenheit der geistigen Schau hingeben, vor den Gefahren meines gegenwärtigen Lebens Schutz finden und der Anfechtung einer lärmenden Welt entkommen kann.«

Der Bischof war sehr angetan vom Adel ihrer Herkunft, von der Schönheit ihrer Gestalt, von ihrer so glühenden Leidenschaft und von der Anmut ihrer so wohlgesetzten Worte. Also antwortete er ihr mit sanfter und gütiger Stimme: »Beruhige dich, meine Tochter, du brauchst keine Angst zu haben. Denn der, um dessen Liebe willen du dich, deine Angehörigen und deine irdischen Güter so tapfer aufgegeben hast, wird dir dafür in deinem jetzigen Leben die Fülle der Gnade und im zukünftigen Leben den Reichtum des ewigen Ruhmes schenken. Aber ich, sein Diener, bin ganz für dich da. Du kannst dir hier eine Bleibe suchen, wo es dir gefällt. Ich möchte dich aber bitten, heute bei mir zu speisen.« Sie erwiderte ihm: »Bitte, lieber Vater, bittet mich nicht darum,

hoc aliqua mali suspicio perveniat et nitor famae vestrae denigrationem aliquam patiatur." Ad quam episcopus dixit: "Plures erimus et non soli. Et ideo nullum mali suspicionis scrupulum in aliquo poterit generari."
Venientes itaque ad mensam episcopus et illa ex opposito consederunt ceteris residentibus hinc et inde. Intendit in eam crebro episcopus eiusque faciem non desinit intueri et pulchritudinem admirari. Sicque dum oculus figitur, animus sauciatur, et dum eius faciem non desinit intueri, antiquus hostis cor eius gravi iaculo vulneravit.

Perpendit hoc ipse diabolus et pulchritudinem suam coepit magis ec magis augere iamque episcopus proximus erat consensui, ut eam de illicito opere attentaret, quando possibilitas se offerret, tunc subito quidam peregrinus venit ad ostium crebris ictibus pulsans et magnis clamoribus postulans sibi aperiri. Cumque aperire nollent et ille magnis clamoribus et ictibus nimis iis fieret importunus, interrogat episcopus mulierem, si ingressum illius peregrini hominis acceptaret. Cui illa dixit: "Proponatur sibi aliqua quaestio gravis, quam si enodare sciverit, admittatur, si autem nescierit, tamquam inscius et indignus ab episcopi praesentia repellatur." Favent eius omnes sententiae et, quis sufficiens esset hanc quaestionem proponere, sciscitantur. Cumque nullus inveniretur, episcopus dixit: "Quis enim nostrum ad hoc tam sufficiens est quam vos, o domina, quae ceteros nos et eloquentia praeceditis et sapientia nobis omnibus amplius rutilatis? Vos igitur hanc proponite quaestionem." Tunc illa dixit: "Interroge-

damit daraus kein Verdacht auf eine böse Tat erwächst und der Glanz Eures Ruhmes nicht befleckt wird.« Der Bischof antwortete ihr: »Wir werden nicht allein sein, sondern zu mehreren. Deshalb wird niemand Anlaß haben können, einen Verdacht auf eine sündige Tat zu hegen.«
Sie gingen also zu Tisch. Der Bischof und das Mädchen setzten sich einander gegenüber, während die übrigen Gäste an den Seiten des Tisches Platz nahmen. Der Bischof sah sie häufig an und konnte es nicht lassen, sie anzusehen und ihre Schönheit zu bewundern. Und so wird sein Herz wund, während sich sein Blick auf sie heftet, und weil er es nicht unterlassen konnte, ihre Schönheit anzuschauen, verletzte der alte böse Feind sein Herz mit einem schlimmen Stachel.

Die Rettung

Der Teufel selbst kostete das aus und begann, seine Schönheit mehr und mehr zu vergrößern, und der Bischof war schon sehr nahe daran, sich dazu hinreißen zu lassen, sie zu unerlaubtem Tun zu verführen, wenn sich die Möglichkeit dazu ergäbe, da kam plötzlich ein Pilger und klopfte heftig an das Tor. Mit lautem Rufen verlangte er, daß man ihm öffne. Als sie ihm nicht öffnen wollten und er ihnen mit seinem lauten Rufen und Klopfen lästig wurde, fragte der Bischof die Frau, ob es ihr angenehm sei, den Pilger einzulassen. Sie antwortete ihm: »Es soll ihm eine schwierige Frage gestellt werden. Falls er sie lösen kann, soll er eingelassen werden. Falls er es aber nicht kann, soll er, weil er sich als töricht und unwürdig erwiesen hat, dem Bischof nicht unter die Augen kommen.« Alle Anwesenden heißen ihren Vorschlag gut und wollen wissen, wer in der Lage sei, diese Frage zu stellen. Als sich keiner fand, rief der Bischof: »Wer von uns ist dazu so geeignet wie Ihr, liebe Frau, die Ihr uns alle hier an Beredsamkeit übertrefft und mit Eurer Klugheit beschämt? Ihr also müßt diese Frage stellen.« Darauf sagte die Frau: »Es soll ihm die

tur, quod est maius mirabile, quod Deus umquam in parva re fecerit." Interrogatus de hoc peregrinus per nuntium dixit: "Diversitas et excellentia facierum: Inter tot enim homines, qui fuerunt ab initio mundi et usque in finem futuri sunt, duo reperiri non possent, quorum facies per omnia similes sint vel possent, et in ipsa tam minima facie omnes sensus corporis Deus collocavit."

Audientes omnes eius responsionem admirantes dixerunt: "Vera et optima est solutio quaestionis." Tunc mulier ait: "Proponatur sibi secunda quaestio gravior, in qua melius possumus sapientiam eius experiri: Quaeratur ab eo, ubi terra sit altior omni coelo." Percunctatus de hoc peregrinus respondit: "In coelo empyreo, ubi residet corpus Christi. Corpus enim Christi, quod est altius omni coelo, est de nostra carne formatum. Porro caro nostra quaedam terrea substantia est. Cum ergo corpus Christi super omnes coelos sit et de nostra carne originem duxerit, caro autem nostra de terra sit condita, constat, quod, ubi corpus Christi residet, ibi procul dubio terra altior coelo manet." Refert nuntius, quod responderat peregrinus, et ecce omnes responsionem eius mirabiliter approbant et magnifice sapientiam eius laudant. Tunc illa iterum dixit: "Fiet ei tertia quaestio gravissima et occulta et ad solvendum difficilis et obscura, ut sic eius sapientia tertio comprobetur et dignus sit, ut ad mensam episcopi merito admittatur. Quaeratur ab eo, quanti spatii sit a terra usque in coelum." Requisitus de hoc peregrinus nuntio dixit: "Vade ad eum, qui te misit ad me et de hoc diligenter percunctare. Ipse enim melius me hoc novit et ideo tibi de hoc melius respondebit. Nam ipse illud spatium mensuravit, quando de coelo in

Frage vorgelegt werden, was das größte Wunder ist, das Gott jemals in einer kleinen Sache getan hat.« Nachdem ihm diese Frage gestellt worden war, gab der Pilger mit Hilfe eines Boten folgende Antwort: »Die Verschiedenheit und Besonderheit der Gesichter: Denn bei so vielen Menschen, die seit dem Anfang der Welt gelebt haben und bis zu ihrem Ende leben werden, könnten keine zwei gefunden werden, deren Gesichter völlig gleich sind oder sein könnten, und Gott hat sogar in dem doch an sich so kleinen Gesicht alle Sinne des Körpers untergebracht.«

Alle hörten seine Antwort mit Verwunderung und sagten: »Das ist die rechte und beste Lösung der Frage.« Darauf sprach die Frau: »Es möge ihm eine zweite, noch schwierigere Frage vorgelegt werden, mit der wir seine Weisheit besser auf die Probe stellen können: Er soll gefragt werden, wo die Erde höher ist als jeder Himmel.« Nachdem der Pilger danach gefragt worden war, antwortete er: »Im Feuerhimmel, wo der Leib Christi thront. Denn der Leib Christi, der höher ist als jeder Himmel, ist aus unserem Fleisch gebildet. Unser Fleisch aber besteht aus Erde. Da also der Leib Christi über allen Himmeln ist und seinen Ursprung nahm bei unserem Fleisch, unser Fleisch aber aus Erde ist, steht es fest, daß dort, wo der Leib Christi thront, ohne Zweifel die Erde höher als der Himmel ist.« Der Bote überbringt die Antwort des Pilgers, und alle erkennen seine Antwort voll Bewunderung an. Sie loben seine Weisheit überschwenglich. Darauf sagte die Frau ein weiteres Mal: »Die dritte Frage wird für ihn die schwierigste. Sie ist besonders dunkel und schwer zu lösen, so daß er seine Weisheit zum dritten Male beweisen kann, um mit Recht am Tisch des Bischofs zu sitzen. Er soll gefragt werden, wie groß der Abstand zwischen Himmel und Erde sei.« Auf diese Frage antwortete der Pilger dem Boten: »Gehe zu dem, der dich zu mir geschickt hat und frage ihn selbst sorgfältig danach. Denn er weiß es besser als ich und wird dir deshalb auch eine bessere Antwort geben. Er selbst hat nämlich jenen Abstand durchmessen, als er vom Himmel

abyssum cecidit. Ego autem de coelo numquam cecidi et illud spatium numquam mensuravi. Non enim est mulier, sed diabolus, qui se posuit in similitudinem mulieris."

Audiens hoc nuntius vehementer expavit et ea, quae audierat, coram omnibus recitavit. Mirantibus itaque omnibus et stupentibus antiquus hostis de medio eorum evanuit. Episcopus autem rediens ad se redarguit amare semet ipsum et de perpetrata culpa veniam lamentabiliter precabatur, misitque nuntium, ut peregrinus introduceretur, sed nequaquam amplius invenitur. Tunc episcopus populum convocavit et iis evidenter exposuit ordinem gestae rei praecepitque, ut omnes ieiuniis et orationibus insisterent, si forte Dominus revelare alicui dignaretur, quisnam ille peregrinus fuerit, qui eum a tanto periculo liberavit. Revelatum autem est illa nocte episcopo, quod beatus Andreas fuerit, qui pro liberatione ipsius se posuerit in habitu peregrini. Coepit igitur episcopus in devotione Sancti Andreae magnifice crescere ac eum exinde in reverentia plus habere. [...]

in die Hölle fiel. Ich aber bin noch nie vom Himmel gefallen und habe jenen Abstand noch nie durchmessen. Das ist nämlich gar keine Frau, sondern der Teufel, der die Gestalt einer Frau angenommen hat.«

Als der Bote dies hörte, bekam er einen furchtbaren Schrekken und erzählte das, was er gehört hatte, in Gegenwart aller Anwesenden. Sie waren alle starr vor Staunen, und der alte Feind verschwand aus ihrer Mitte. Der Bischof aber kam wieder zur Vernunft, machte sich bittere Vorwürfe und bat unter Tränen um Vergebung für seine Sünden. Er schickte den Boten, um den Pilger hereinzulassen, aber man fand ihn nirgendwo mehr. Darauf rief der Bischof das Volk zusammen, schilderte den Leuten freimütig das Geschehene und befahl ihnen allen, streng zu fasten und zu beten, falls der Herr den Wunsch habe, jemandem zu enthüllen, wer denn jener Pilger gewesen sei, der ihn von einer so großen Gefahr befreite. Tatsächlich wurde in jener Nacht dem Bischof offenbart, daß es der heilige Andreas war, der die Gestalt eines Pilgers angenommen hatte, um ihn zu befreien. Darauf wurde die Liebe des Bischofs zum heiligen Andreas noch unendlich viel größer, und er verehrte ihn von der Zeit an noch mehr als bisher. [. . .]

2
De sancto Nicolao

Nicolaus civis Paterae urbis ex divitibus et sanctis parentibus originem duxit. Pater eius Epiphanes, mater vero Iohanna dicta est. Quem cum primaevo iuventutis suae flore parentes genuissent, deinceps caelibem vitam duxerunt. Hic prima die, dum balnearetur, erectus stetit in pelvi. Insuper quarta et sexta feria tantum semel sugebat ubera. Factus autem iuvenis aliorum devitans lascivias ecclesiarum potius terebat limina et, quidquid ibi de sacra scriptura intellegere poterat, memoriter retinebat. Parentibus vero suis defunctis cogitare coepit, qualiter tantam divitiarum copiam non ad laudem humanam, sed ad Dei gloriam dispensaret.

Tunc quidam contermineus suus satis nobilis tres filias ob inopiam prostituere cogitur, ut sic earum commercio aleretur. Quod ubi sanctus comperit, scelus abhorruit et massam auri panno involutam in domum eius per fenestram nocte clam iecit et clam recessit. Mane autem surgens homo massam auri reperit et Deo gratiam agens primogenitae nuptias celebravit. Non multo post tempore Dei famulus simile peregit opus. Quod rursus ille reperiens et in laudes immensas prorumpens de cetero vigilare proposuit, ut sciret, quis esset, qui suae inopiae subvenisset. Post paucos etiam dies duplicatam auri massam in domum proiecit, ad cuius sonitum ille exci-

2

Der heilige Nikolaus

Der Goldklumpen

Nikolaus war ein Bürger der Stadt Patera. Seine Eltern waren wohlhabend und fromm. Sein Vater hieß Epiphanes, seine Mutter Johanna. Seine Eltern hatten ihn in der ersten Blüte ihrer Jugend auf die Welt gebracht. Danach lebten sie in völliger Keuschheit. Schon am ersten Tag stand Nikolaus aufrecht in der Wanne, als er gebadet wurde. Außerdem saugte er am vierten und am sechsten Tag der Woche nur einmal an der Mutterbrust. Als junger Mann mied er die Ausgelassenheit der anderen, ging lieber häufig in die Kirche und prägte seinem Gedächtnis ein, was er dort über die Heilige Schrift erfahren konnte. Nach dem Tode seiner Eltern begann er zu überlegen, wie er die so große Fülle seines Reichtums nicht zur Vermehrung seines Ansehens bei den Menschen, sondern zur Ehre Gottes verwenden könnte.

Damals war einer seiner Nachbarn, ein sehr vornehmer Mann, durch Armut gezwungen, seine drei Töchter, die noch Jungfrauen waren, der gewerblichen Unzucht auszusetzen, um sich von ihrem so schändlichen Geschäft zu ernähren. Als der Heilige das erfuhr, erschauderte er vor dem Verbrechen und warf nachts heimlich einen in Lappen eingewickelten Goldklumpen durch das Fenster ins Haus des Nachbarn und zog sich dann unentdeckt zurück. Als der Mann am nächsten Morgen aufstand, fand er den Goldklumpen, dankte Gott und feierte damit die Hochzeit seiner ältesten Tochter. Nicht viel später vollbrachte der Knecht Gottes eine ähnliche Tat. Wieder fand der Mann einen Goldklumpen, lobte Gott über alle Maßen und nahm sich vor, beim nächsten Mal wach zu bleiben, um zu erfahren, wer es sei, der ihm in seiner Not zu Hilfe gekommen sei. Nach wenigen Tagen warf Nikolaus einen doppelt so großen Goldklumpen in das Haus. Von

tatur et Nicolaum fugientem insequitur talique voce alloquitur: "Siste gradum teque aspectui ne subtrahas meo." Sicque accurrens velocius Nicolaum hunc esse cognovit. Mox humi prostratus osculari volebat pedes eius, quod ille refutans ab eo exegit, ne eum, quamdiu viveret, publicaret.

Post hoc Myreae civitatis defuncto episcopo convenerunt episcopi illi ecclesiae de episcopo provisuri. Aderat autem inter eos quidam magnae auctoritatis episcopus, ad cuius electionem omnium sententia dependebat. Cum igitur cunctos ieiuniis et orationibus insistere monuisset, nocte illa vocem audivit dicentem sibi, ut hora matutina fores ecclesiae observaret et, quem primum ad ecclesiam, cuius etiam nomen esset Nicolaus, venire conspiceret, ipsum in episcopum consecraret. Hoc ergo aliis revelans episcopis admonuit, ut omnes orationibus insisterent et ipse pro foribus excubaret. Mirum in modum in hora matutinali quasi a Deo missus ante omnes se agebat Nicolaus, quem apprehendens episcopus dixit ei: "Quod tibi nomen est?" Ille ut erat columbina simplicitate plenus, inclinato capite: "Nicolaus", inquit, "vestrae sanctitatis servus." Quem in ecclesiam ducentes licet plurimum renitentem in cathedram collocarunt. Ipse autem eandem quam prius humilitatem et morum gravitatem in omnibus sectabatur, in oratione pervigilabat, corpus macerabat, mulierum consortia fugiebat, humilis erat in omnes suspiciendo, efficax in loquendo, alacer in exhortando, severus in corripiendo. Fertur quoque, sicut legitur in chronica quadam, Nicolaum Nicaeno interfuisse concilio.

diesem Geräusch wurde der Mann wach, folgte Nikolaus, als er fliehen wollte, und sprach folgende Worte zu ihm: »Bleib stehen und laß dich ansehen.« Und dann lief er noch schneller und erkannte so, daß es Nikolaus war. Darauf warf er sich zu Boden und wollte ihm die Füße küssen. Doch Nikolaus wies ihn zurück und forderte ihn auf, nicht öffentlich über ihn zu reden, solange er lebe.

Wie Nikolaus Bischof wurde

Nach dem Tode des Bischofs von Myra kamen die anderen Bischöfe zusammen, um über den neuen Bischof für seine Gemeinde zu beraten. Es war aber unter ihnen ein Bischof von hohem Ansehen, von dessen Entscheidung die Meinung aller anderen abhing. Als er sie alle ermahnt hatte, streng zu fasten und zu beten, hörte er in jener Nacht eine Stimme, die zu ihm sagte, er solle zur Stunde des Frühgebets das Kirchentor im Auge behalten und wen er als ersten – sein Name sei übrigens Nikolaus – zur Kirche kommen sehe, den solle er zum Bischof weihen. Das erzählte er also den anderen Bischöfen und ermahnte sie, daß sie alle eifrig beten sollten; er selbst werde vor dem Kirchentor Wache halten. Auf wunderbare Weise erschien Nikolaus als erster wie von Gott gesandt zur Stunde des Frühgebets. Der Bischof hielt ihn an und fragte ihn: »Wie heißt du?« Da er erfüllt war von taubenhafter Einfalt, antwortete er mit gesenktem Blick: »Nikolaus, ein Diener Eurer Heiligkeit.« Daraufhin führten sie ihn in die Kirche und setzten ihn auf den Bischofsstuhl, obwohl er sich sehr dagegen sträubte. Er bewies aber in allem, was er tat, dieselbe Demut und Ernsthaftigkeit wie bisher. Betend verbrachte er seine Nächte. Seinen Körper unterzog er einer strengen Askese. Er verzichtete auf den Umgang mit Frauen. Er war demütig im Verkehr mit allen Menschen. Seine Worte waren wirkungsvoll. Er war ein eifriger Mahner, und im Tadeln war er streng. Nikolaus soll auch, wie in einer alten Chronik zu lesen ist, am Konzil zu Nikäa teilgenommen haben.

Quadam autem die dum quidam nautae periclitarentur, ita cum lacrimis oraverunt: "Nicolae, famule Dei, si vera sunt, quae de te audimus, nunc ea experiamur." Mox quidam in eius similitudinem apparuit dicens: "Ecce assum. Vocastis enim me." Et coepit eos in antennis et rudentibus aliisque iuvare navis armamentis, statimque cessavit tempestas. Cum autem ad eius ecclesiam venissent, quem numquam ante viderant, sine indice cognoverunt. Tunc Deo et sibi de liberatione gratias egerunt. Quod ille divinae misericordiae et eorum fidei, non suis meritis attribuere docuit.

Quodam tempore totam provinciam Sancti Nicolai fames valida perculit, ita ut omnibus deficerent alimenta. Audiens autem vir Dei naves onustas tritico portui applicasse. Illuc statim proficiscitur rogans nautas, ut saltem in centum modiis per quamlibet navem fame periclitantibus subvenirent. Cui illi: "Non audemus, pater. Quia mensuratum est Alexandriae, oportet in horrea imperatoris nos reddere." Quibus Sanctus dixit: "Facite nunc, quod dico, et vobis in Dei virtute promitto, quod nullam minorationem habebitis apud regium exactorem." Quod cum fecissent et eandem mensuram, quam Alexandriae acceperant, reddidissent ministris imperatoris, miraculum referunt et Deum in suo famulo magnifica laude attollunt. Frumentum autem secundum uniuscuiusque indi-

Nikolaus besänftigt den Sturm

Eines Tages befanden sich einige Seeleute in großer Not und beteten unter Tränen mit folgenden Worten: »Nikolaus, Du Diener Gottes, wenn es wahr ist, was wir von Dir gehört haben, so wollen wir es jetzt selbst erfahren.« Darauf erschien ihnen ein Mann, der so aussah wie Nikolaus und sprach: »Seht her, ich bin da. Denn ihr habt mich gerufen.« Und er fing an, ihnen bei der Arbeit an den Rahen und Tauen und der übrigen Ausrüstung des Schiffes zu helfen, und sofort ließ der Sturm nach. Als sie aber in seine Kirche gekommen waren, erkannten sie ihn, den sie niemals vorher gesehen hatten, ohne daß er ihnen von jemandem gezeigt wurde. Darauf dankten sie Gott und ihm selbst für ihre Rettung. Er aber lehrte sie, dies der Barmherzigkeit Gottes und ihrem Glauben, nicht seinem Eingreifen zuzuschreiben.

Die Speisung der Hungernden

Einmal kam eine große Hungersnot über die ganze Provinz des heiligen Nikolaus, so daß allen die Nahrung ausging. Der Mann Gottes erfuhr aber, daß Schiffe beladen mit Korn im Hafen angelegt hatten. Sofort geht er los und bittet die Seeleute, den Menschen, die vom Hunger bedroht sind, doch wenigstens mit hundert Scheffeln aus jedem Schiff zu helfen. Sie antworteten ihm: »Wir wagen es nicht, Vater. Weil das Getreide in Alexandria gewogen worden ist, müssen wir es in die Speicher des Kaisers schaffen.« Der heilige Mann erwiderte ihnen: »Tut jetzt, was ich sage, und ich verspreche euch in Gottes Namen, daß ihr vor den Augen des kaiserlichen Verwalters keinen Verlust haben werdet.« Als sie dies getan und dieselbe Getreidemenge, die sie in Alexandria übernommen hatten, den Beamten des Kaisers übergeben hatten, erzählten sie von dem Wunder, lobten und priesen Gott in seinem Diener. Das Korn aber verteilte der Mann Gottes

gentiam vir Dei distribuit, ita ut miraculose duobus annis non tantum ad victum sufficeret, sed etiam ad usum seminis abundaret.

Cum autem regio illa idolis deservisset, prae ceteris nefandae Dianae simulacrum populus coluerat adeo, ut usque ad tempus viri Dei nonnulli rustici praedictae religioni exsecrabili deservirent ac sub quadam arbore consecrata Dianae quosdam ritus gentilium exercerent. Ac vir Dei praedictum ritum de omnibus finibus expulit ipsamque arborem praecidi mandavit. Iratus ex hoc contra eum hostis antiquus oleum Mydyatum, quod in naturam in aqua et lapidibus ardet, confecit seque in formam religiosae feminae transfigurans quibusdam ad virum Dei navigantibus in quadam saginula obviavit sicque affata est eos: "Mallem ad Sanctum Dei venire vobiscum, sed nequeo. Rogo ergo vos, ut hoc oleum ad eius ecclesiam offeratis et ob mei memoriam exinde aulae eius parietes liniatis." Et statim evanuit.
Et ecce aliam cernunt naviculam cum honestis personis, inter quos erat simillimus sancto Nicolao, qui sic ait illis: "Heu quid mulier illa locuta est vobis vel quid attulit?" Illi autem cuncta per ordinem narraverunt. Quibus ille: "Haec est impudica Diana, et ut me verum dicere comprobetis, oleum illud in mare proicite." Quibus proicientibus ingens ignis in mari succenditur et contra naturam diutius in mari ardens

nach der Bedürftigkeit jedes einzelnen, so daß es auf wunderbare Weise für zwei Jahre nicht nur zur Ernährung ausreichte, sondern auch noch zur Aussaat in Fülle zur Verfügung stand.

Dianas Rache

Die Menschen aber aus jener Gegend hatten einst den Götzenbildern gedient. Vor allem hatte das Volk das Bild der ruchlosen Diana so sehr verehrt, daß sich einige Bauern bis in die Zeit des Gottesmannes dem verfluchten Glauben unterwarfen und unter einem der Diana geweihten Baum gewisse heidnische Riten vollzogen. Der Mann Gottes aber reinigte die ganze Gegend von diesen Riten und ließ eben diesen Baum fällen. Deshalb geriet der alte Feind in Zorn gegen ihn und stellte ein Öl her mit dem Namen Mydyaton, das auf widernatürliche Weise auf Wasser und auf Steinen brennt. Dann nahm er die Gestalt einer frommen Frau an und fuhr in einem kleinen Boot einigen Leuten entgegen, die mit dem Schiff zum Mann Gottes unterwegs waren. Er sprach sie mit folgenden Worten an: »Ich wollte lieber mit euch zusammen zu dem heiligen Mann Gottes reisen, aber ich kann nicht. Deshalb bitte ich euch, dieses Öl in seine Kirche zu bringen und dann zur Erinnerung an mich die Wände des Kirchenraumes damit zu bestreichen.« Darauf verschwand er sofort.

Und auf einmal sahen sie ein anderes Boot mit anständigen Leuten. Unter denen war auch einer, der dem heiligen Nikolaus sehr ähnlich sah. Er sagte zu ihnen folgendes: »Ach, was hat jene Frau zu euch gesagt oder was hat sie euch gegeben?« Jene erzählten daraufhin alles der Reihe nach. Er antwortete ihnen: »Das ist die schamlose Diana, und um sicher zu gehen, daß ich die Wahrheit sage, gießt dieses Öl auf das Meer.« Als sie es ausgegossen hatten, entzündete sich ein gewaltiges Feuer auf dem Meer und es brannte, wie man sehen konnte, unnatürlich lange auf der Wasseroberfläche. Als sie dann zum

conspicitur. Venientes igitur ad servum Dei aiebant: "Vere tu es ille, qui nobis in mari apparuisti et a diaboli insidiis liberasti." [...]

Vir quidam ab uno Iudaeo quandam summam pecuniae mutuo accepit iurans super altare sancti Nicolai, cum alium fideiussorem habere nequiret, quod, quam citius posset, sibi redderet. Tenente autem illo diu pecuniam Iudaeus eam expostulavit, sed eam sibi reddidisse affirmat. Trahit ergo eum ad iudicium, et iuramentum indicitur debitori. Ille baculum cavatum, quem auro minuto impleverat, secum detulerat, ac si eius adminiculo indigeret. Volens igitur facere iuramentum Iudaeo baculum tradidit reservandum. Iuravit ille, quod plus igitur reddiderit etiam, quam deberet. Facto iuramento baculum suum repetiit, et Iudaeus ignarus astutiae eum sibi reddidit.
Rediens autem, qui fraudem fecerat, in quodam bivio oppressus corruit somno currusque cum impetu veniens eum necavit et plenum baculum auro fregit et aurum effudit.
Audiens hoc Iudaeus concitus illico venit cumque dolum vidisset et a multis ei suggereretur, ut aurum reciperet, omnino renuit, nisi, qui defunctus fuerat, ad vitam beati Nicolai meritis redderetur, asserens se, si hoc fieret, baptismum suscepturum et Christianum futurum. Continuo qui defunctus fuerat, suscitatur, et Iudaeus in Christi nomine baptizatur.

Diener Gottes kamen, sagten sie: »Du bist es tatsächlich, der uns auf dem Meer erschienen ist und uns vor der Hinterlist des Teufels bewahrt hat.« [. . .]

Die Strafe des Betrügers

Ein Mann erhielt von einem Juden eine gewisse Summe Geldes auf Kredit. Er schwor am Altar des heiligen Nikolaus, da er keinen anderen Eideshelfer aufbieten konnte, daß er das Geld, so schnell er könne, seinem Gläubiger zurückgeben werde. Er behielt es aber sehr lange, und der Jude verlangte es zurück. Der Schuldner behauptete jedoch, er habe es ihm bereits zurückgegeben. Folglich bringt ihn der Jude vor Gericht, und dem Schuldner wird ein Schwur abverlangt. Er hatte aber einen hohlen Stock, den er mit Goldstücken gefüllt hatte, mitgebracht und tat so, als ob er ihn als Stütze benötige. Als er dann seinen Schwur ablegen wollte, reichte er dem Juden den Stock, damit er ihn halte. Er schwor dann, daß er dem Juden sogar mehr zurückgegeben habe, als er ihm schuldete. Nachdem er den Schwur vollzogen hatte, verlangte er seinen Stock zurück. Der Jude, der dessen Schlauheit nicht durchschaute, gab ihm den Stock wieder.
Auf dem Heimweg aber wurde der listige Betrüger von Müdigkeit übermannt und legte sich an seiner Kreuzung zur Ruhe. Ein Wagen fuhr mit großer Geschwindigkeit heran und verletzte ihn tödlich. Er überfuhr und zerbrach auch den mit Gold gefüllten Stock, und die Goldstücke rollten über die Straße.
Der Jude erfuhr davon und lief schnell herbei. Und obwohl er jetzt die List durchschaute und von vielen dazu aufgefordert wurde, das Gold zu nehmen, weigerte er sich entschieden, dies zu tun, wenn nicht der Getötete mit Hilfe des heiligen Nikolaus wieder zum Leben erweckt würde. Er fügte hinzu, er werde sich taufen lassen, falls dies geschehe, und Christ werden. Sogleich wird der Verstorbene zum Leben erweckt und der Jude in Christi Namen getauft.

Quidam Iudaeus videns beati Nicolai virtuosam potentiam in miraculis faciendis imaginem eius sibi fieri praecepit eamque in sua domo collocavit, cui res suas, cum aliquo longius iret, cum minis commendabat haec vel similia verba dicens: "Ecce Nicolae, omnia bona mea tibi custodienda committo et, nisi omnia bene custodieris, ultionem expetam de te verberibus et flagellis." Quadam igitur vice dum ille abesset, fures adveniunt, cuncta rapiunt, solam imaginem derelinquunt. Iudaeus autem rediens et se spoliatum videns imaginem alloquitur talibus vel similibus usus verbis: "Domine Nicolae, nonne in domo mea te posueram, ut res meas a latronibus servares? Cur hoc facere noluisti et latrones quare non prohibuisti? Igitur dira tormenta recipies et pro latronibus poenam lues. Sicque damnum meum in tuis recompensabo tormentis et furorem meum in tuis refrigerabo verberibus et flagellis." Accipiens ergo Iudaeus imaginem dire eam verberat direque flagellat.

Mira res prorsus et stupenda. Dividentibus furibus, quae rapuerant, Sanctus Dei, tamquam in se verbera recepisset, apparuit haec vel similia verba dicens: "Cur tam dire pro vobis flagellatus sum? Cur tam crudeliter verberatus? Cur tormenta tot passus? Ecce, quomodo corpus meum livet. Ecce, qualiter effusione sanguinis rubet. Pergite citius et cuncta reddite, quae tulistis. Alioquin Dei omnipotentis in vos ira desaeviet, ita ut scelus vestrum in medium publicetur et quilibet vestrum suspendium patiatur." Ad quem illi: "Quis es tu, qui nobis talia loqueris?" Et ille: "Ego sum Nico-

Die Auspeitschung des Bildes

Ein Jude sah die große Macht des heiligen Nikolaus, Wunder zu tun. Deshalb ließ er sich ein Bild des Heiligen machen und stellte es in seinem Hause auf. Wenn er längere Zeit verreiste, vertraute er diesem sein Hab und Gut an, indem er in drohendem Ton diese oder ähnliche Worte sprach: »Hör mir zu, Nikolaus, ich überlasse meinen ganzen Besitz deinem Schutz, und wenn du nicht alles gut bewachen solltest, werde ich dich mit Schlägen und Peitschenhieben bestrafen.« Als er nun einmal nicht zu Hause war, kommen Diebe und stehlen alles und lassen nur das Bild zurück. Der Jude aber kehrte heim, sah, daß er beraubt war, und sprach zu dem Bild mit etwa folgenden Worten: »Herr Nikolaus, hatte ich dich nicht in meinem Hause aufgestellt, damit du meine Habe vor Räubern schützt? Warum wolltest du das nicht tun und weshalb hast du die Räuber nicht ferngehalten? Deshalb wirst du grausame Schmerzen erleiden und anstelle der Räuber büßen. So werde ich meinen Verlust mit deinen Qualen ausgleichen und meine Wut kühlen, indem ich dich schlage und auspeitsche.« Der Jude nahm also das Bild, prügelte und peitschte es auf grausame Weise.

Dann geschah etwas ganz und gar Wunderbares und Erstaunliches. Während die Diebe teilten, was sie gestohlen hatten, erschien ihnen der heilige Mann Gottes, und als ob er selbst die Schläge erhalten hätte, sagte er zu ihnen etwa folgendes: »Warum bin ich für euch so grausam ausgepeitscht, warum so schrecklich geschlagen worden? Warum habe ich so viele Qualen erleiden müssen? Seht euch an, wie man mich durchgebleut hat. Seht euch an, wie blutig ich bin. Macht euch schleunigst auf den Weg und gebt alles zurück, was ihr weggenommen habt. Sonst wird der Zorn des allmächtigen Gottes auf euch niederfahren, so daß euer Verbrechen bekannt wird und ihr an den Galgen kommt.« Da sagten jene zu ihm: »Wer bist du, der du so zu uns sprichst?« Er antwortete: »Ich bin Nikolaus, der Knecht Jesu Christi, den jener Jude wegen

laus, servus Iesu Christi, quem Iudaeus ille pro rebus suis, quas tulistis, tam crudeliter flagellavit."

Territi illi ad Iudaeum veniunt, miraculum referunt, ab eo, quid imagini fecerit, audiunt, cuncta reddunt. Sicque et latrones ad viam redeunt rectitudinis, et Iudaeus fidem amplectitur salvatoris. [...]

seines Besitzes, den ihr ihm weggenommen habt, so furchtbar ausgepeitscht hat.«
Voll Angst gehen sie zu dem Juden, erzählen ihm von dem Wunder, hören von ihm, was er dem Bild angetan hat, geben alles zurück. So kamen die Räuber wieder auf den Weg der Tugend zurück, und der Jude gewinnt den Glauben an den Erlöser. [. . .]

3

De sancta Lucia virgine

Lucia dicitur a luce. Lux enim habet pulchritudinem in aspectione, quia, ut dicit Ambrosius, lucis natura haec est, ut omnis in aspectu eius gratia sit. Habet etiam diffusionem sine coinquinatione, quia per quaecumque immunda diffusa non coinquinatur. Rectum incessum sine curvitate, longissimam lineam pertransit sine morosa dilatione. Per hoc ostenditur, quod beata virgo Lucia habuit decorem virginitatis sine aliqua corruptione, diffusionem caritatis sine aliquo immundo amore, rectum incessum intensionis in Deum sine aliqua obliquitate, longissimam lineam divinae operationis sine neglegentiae tarditate. Vel Lucia dicitur quasi lucis via.

Lucia virgo Syracusana nobilis genere audiens famam sanctae Agathae per totam Siciliam divulgari sepulcrum eius adiit cum matre sua Euthicia annis quattuor fluxum sanguinis incurabiliter patiente. Inter ipsa igitur missarum sollemnia contigit, ut illud evangelium legeretur, in quo Dominus mulierem ab hac passione sanasse narratur. Tunc Lucia matri dixit: “Si credis his, quae leguntur, crede Agatham illum semper habere praesentem, pro cuius nomine sustinuit passionem. Si ergo eius

3

Die heilige Jungfrau Lucia

Die Bedeutung ihres Namens

Der Name Lucia kommt von dem lateinischen Wort *lux* ›Licht‹. Denn Licht macht Schönheit sichtbar. Es ist nämlich, wie Ambrosius sagt, das Wesen des Lichtes, daß alle Gnade darin besteht, Schönheit zu sehen. Ihm ist zudem Verbreitung ohne Beeinträchtigung möglich. Denn auch wenn es sich über Unreinem verbreitet, wird es doch nicht unrein. Es kann ohne Umweg geradeaus gehen und durchquert die längste Strecke ohne Aufenthalt. Daran wird sichtbar, daß die heilige Jungfrau Lucia die Schönheit der Jungfräulichkeit ohne irgendeinen Makel besaß, die Verbreitung der reinen Liebe ohne sündhaften Genuß betrieb, in ihrer Andacht einen unmittelbaren Zugang zu Gott ohne irgendeinen Umweg hatte und den längsten Weg göttlichen Wirkens beschritt ohne Verzögerung durch Nachlässigkeit. Oder Lucia bedeutet so etwas wie *lucis via* ›Weg des Lichtes‹.

Das Wunder der Heilung

Lucia war ein Mädchen aus Syrakus und gehörte einer vornehmen Familie an. Sie erfuhr vom Ruhm der heiligen Agatha, der sich über ganz Sizilien verbreitete. So suchte sie in Begleitung ihrer Mutter Euthicia, die seit vier Jahren ohne Hoffnung auf Heilung an Blutfluß litt, Agathas Grab auf. Während der Feier der Messe geschah es, daß gerade jenes Evangelium (Mt. 9,20–22) gelesen wurde, in welchem erzählt wird, wie der Herr eine Frau von diesem Leiden erlöste. Darauf sagte Lucia zu ihrer Mutter: »Wenn du glaubst, was dir vorgelesen wird, dann glaube auch, daß Agatha jenen immer bei sich hat, in dessen Namen sie litt. Wenn du also in

sepulcrum credens contigeris, perfecta continuo sanitate gaudebis."

Igitur recedentibus cunctis et matre et filia iuxta sepulcrum in oratione exsistentibus Luciam somnus arripuit viditque Agatham in medio angelorum gemmis ornatam stantem et dicentem sibi: "Soror mea Lucia, virgo Deo devota, quid a me petis, quod ipsa poteris praestare continuo matri tuae? Nam ecce per fidem tuam sanata est." Evigilans autem Lucia matri suae dixit: "Mater mea, ecce sanata es. Per ipsam ergo te deprecor, quae suis orationibus te sanavit, ne mihi de cetero nomines sponsum, sed quidquid mihi datura eras pro dote, pauperibus elargire." Cui mater ait: "Tege prius oculos meos et, quidquid volueris, de facultatibus facito." Ad quam Lucia: "Quod moriens das, ideo das, quia ferre tecum non potes. Da mihi, dum vivis, et mercedem habebis."

Cum ergo rediissent, fit quotidie distractio rerum et dantur in necessatibus pauperum. Interea dum patrimonium distribuitur, ad sponsum notitia pervenit. Requirit sponsus a nutrice de his. Respondit illa caute, quod utiliorem possessionem sponsa sua invenisset, quam suo volebat nomine comparare, et ideo videbatur aliquanta distrahere. Credidit stultus carnale commercium et coepit auctor esse vendentium. Venditis autem omnibus et pauperibus erogatis sponsus trahit eam coram Paschasio consulari dicens eam Christianam esse et contra leges agere Augustorum. Invitante igitur Paschasio ad sacrificia idolorum respondit: "Sacrificium placens Deo est

diesem Glauben ihr Grab berührst, dann wirst du dich sofort vollkommener Gesundheit erfreuen.«
Während alle anderen fortgingen, Mutter und Tochter aber neben dem Grab im Gebet verharrten, schlief Lucia ein und sah Agatha mit Edelsteinen geschmückt unter den Engeln stehen und zu ihr sagen: »Lucia, meine Schwester, gottgeweihte Jungfrau, warum verlangst du von mir, was du selbst sogleich deiner Mutter gewähren kannst? Denn sieh doch, durch deinen Glauben ist sie geheilt worden.« Lucia wachte auf und sagte zu ihrer Mutter: »Liebe Mutter, du bist geheilt. Nun bitte ich dich bei der heiligen Agatha, die dich durch ihre Fürbitte geheilt hat, mit mir in Zukunft nicht mehr über einen Bräutigam zu sprechen. Schenke die mir zugedachte Mitgift den Armen.« Darauf erwiderte die Mutter: »Schließe erst meine Augen und dann mach mit deinem Hab und Gut, was du willst.« Lucia antwortete: »Was du nach deinem Tod gibst, das gibst du deshalb, weil du es nicht mitnehmen kannst. Gib es mir, solange du lebst, und du wirst belohnt werden.«

Lucias Freigebigkeit

Als sie nach Hause zurückgekehrt waren, nahmen sie jeden Tag etwas von ihrem Besitz und benutzten es, um die Not der Armen zu lindern. Inzwischen erfuhr der Bräutigam von der Verteilung des Erbes. Er fragte die Amme über diese Vorgänge aus. Sie antwortete ihm vorsichtig, seine Braut habe einen wertvolleren Besitz gefunden, den sie für sich erwerben wolle, und scheine dafür einen beträchtlichen Teil ihres Vermögens auszugeben. Ahnungslos, wie er war, glaubte er, es handle sich um ein gewöhnliches Geschäft, und unterstützte den Verkauf auch noch. Nachdem aber alles verkauft und den Armen gegeben worden war, schleppte sie der Bräutigam vor den Statthalter Paschasius und erklärte, sie sei eine Christin und handle gegen die kaiserlichen Gesetze. Als Paschasius sie aufforderte, den Götterbildern zu opfern, erwiderte sie: »Ein

visitare pauperes et eis in necessitatibus subvenire, et quia amplius non habeo, quid offeram, me ipsam sibi tribuo offerendam." Cui Paschasius: "Ista verba tibi simili stulto narrare poteris, mihi autem, qui principum decreta custodio, ista frustra persequeris." Ad quem Lucia: "Tu principum tuorum decreta custodis et ego Dei mei legem custodiam. Tu principes times et ego Deum timeo. Tu illos offendere non vis et ego Deum offendere caveo. Tu illis placere desideras et ego, ut Christo placeam, concupisco. Tu ergo fac, quod tibi utile esse cognosces, et ego faciam, quod utile mihi esse perspexero." Cui Paschasius: "Patrimonium tuum cum corruptoribus expendisti et ideo quasi meretrix loqueris." Cui Lucia: "Patrimonium meum in tuto loco constitui, corruptores autem mentis et corporis numquam scivi." Respondit Paschasius: "Qui sunt corruptores corporis et mentis?" Lucia dixit: "Corruptores mentis vos estis, qui suadetis, ut animae suum deserant creatorem. Corruptores vero corporis sunt, qui corporalem delectationem praeponunt epulis sempiternis."

Paschasius dixit: "Cessabunt verba, cum perventum fuerit ad verbera." Cui Lucia dixit: "Verba Dei cessare non possunt." Cui Paschasius: "Tu ergo Deus es?" Respondit Lucia: "Ancilla Dei sum, qui dixit: Cum steteritis ante reges et praesides, nolite praecogitare, quid loquamini . . . Non enim vos estis loquentes, sed Spiritus sanctus." Paschasius dixit: "In te ergo spiritus sanctus est?" Cui Lucia: "Qui caste vivunt,

gottgefälliges Opfer ist es, zu den Armen zu gehen und ihnen in ihrer Not zu helfen, und weil ich nichts mehr habe, was ich opfern kann, bringe ich mich selbst Gott als Opfer dar.« Darauf Paschasius: »Das kannst du einem Toren weismachen, der genauso verrückt ist wie du, mir aber, der ich die kaiserlichen Verordnungen zu vertreten habe, wirst du dies ohne Erfolg erzählen.« Lucia antwortete: »Du vertrittst die Verordnungen deiner Kaiser, und ich vertrete das Gesetz meines Gottes. Du fürchtest die Kaiser, und ich fürchte Gott. Du willst jene nicht beleidigen, und ich hüte mich davor, Gott zu beleidigen. Du möchtest jenen gefallen, und ich wünsche mir, Christus zu gefallen. Tue du also das, was du als nützlich für dich erkennst, und ich werde das tun, was ich als nützlich für mich erkannt habe.« Paschasius: »Du hast dein Erbe mit verdorbenen Subjekten durchgebracht und deswegen sprichst du wie eine Dirne.« Lucia: »Mein Erbe habe ich an einem sicheren Ort verwahrt, niemals aber habe ich Menschen gekannt, die Geist und Körper verderben.« Paschasius entgegnete: »Was sind denn das für Leute, die Körper und Geist verderben?« Lucia: »Verderber des Geistes seid ihr, die ihr den Seelen zuredet, ihren Schöpfer zu verlassen. Verderber des Körpers aber sind diejenigen, die die körperliche Lust der ewigen Freude vorziehen.«

Die Leidensgeschichte

Darauf reagierte Paschasius mit folgenden Worten: »Die Worte werden dir vergehen, wenn du die Peitsche gespürt hast.« Lucia erwiderte ihm: »Gottes Worte können nicht vergehen.« Paschasius: »Du also bist Gott?« Lucia: »Ich bin die Magd Gottes, der gesagt hat: ›Wenn ihr vor Königen und Statthaltern stehen werdet, dann denkt nicht daran, was ihr sagen sollt . . . Denn ihr seid es nicht, die da sprechen, sondern der Heilige Geist‹ [Mk. 13,9–11].« Paschasius: »In dir also ist der Heilige Geist?« Lucia: »Diejenigen, die in

templum spiritus sancti sunt." Cui Paschasius: "Ego faciam te duci ad lupanar, ut ibi violationem accipias et spiritum sanctum perdas." Cui Lucia: "Non inquinatur corpus nisi de consensu mentis, nam si me invitam violari feceris, castitas mihi duplicabitur ad coronam. Numquam autem voluntatem meam ad consensum poteris provocare. Ecce corpus meum ad omne supplicium est paratum. Quid moraris? Incipe, fili diaboli, desideria poenarum tuarum exercere." Tunc Paschasius lenones fecit venire dicens iis: "Invitate ad eam omnem populum, et tamdiu illudatur, donec mortua nuntietur."

Volentes autem eam trahere, tanto pondere spiritus sanctus eam fixit, ut omnino eam movere nequirent. Fecitque Paschasius mille viros accedere et manus eius et pedes ligare, sed eam nullatenus poterant movere. Tunc et cum viris mille paria boum adhibuit. Sed tamen virgo immobilis permansit. Vocatis autem magis, ut suis incantationibus moveretur, omnino moveri non potuit. Tunc dixit Paschasius: "Quae sunt illa maleficia, quod una puella a mille viris non moveretur?" Lucia dixit: "Non sunt ista maleficia, sed beneficia Christi. Porro si adhuc decem milia adhibueris, aeque ut primum immobilem me videbis."

Putans vero Paschasius secundum quorundam figmenta, quod lotio fugarentur maleficia, iussit eam lotio perfundi, cumque nec sic moveri posset, angustiatus nimis copiosum

Keuschheit leben, sind ein Tempel des Heiligen Geistes.« Paschasius: »Ich werde dich in ein Bordell bringen lassen, damit dir dort Gewalt angetan wird und du den Heiligen Geist aufgibst.« Lucia: »Der Leib kann nur mit Zustimmung des Geistes befleckt werden, denn wenn du mir gegen meinen Willen Gewalt antun läßt, wird meine Keuschheit noch größer, bis mir die Märtyrerkrone verliehen wird. Niemals aber wirst du in der Lage sein, meinen Willen dazu zu bringen, seine Zustimmung zu geben. Sieh her, mein Körper ist bereit, jede Qual zu erdulden. Warum zögerst du? Fang an, du Sohn des Teufels, dein Verlangen nach meinen Qualen zu befriedigen.« Darauf ließ Paschasius die Zuhälter kommen und sagte zu ihnen: »Fordert alle Leute auf, zu ihr zu gehen. Man soll sich solange an ihr vergnügen, bis man ihren Tod feststellt.«

Lucias Standfestigkeit

Als man sie aber fortschleppen wollte, wurde sie vom Heiligen Geist so schwer gemacht, daß man sie nicht von der Stelle bewegen konnte. Paschasius ließ tausend Männer herkommen und Lucias Hände und Füße fesseln. Aber sie konnten sie trotzdem nicht fortschaffen. Darauf setzte er zusätzlich zu den Männern noch tausend Ochsengespanne ein. Trotzdem ließ sich die Jungfrau des Herrn nicht bewegen. Magier wurden gerufen, um sie mit Hilfe ihrer Sprüche von der Stelle zu bringen. Aber sie ließ sich nicht bewegen. Darauf sagte Paschasius: »Was sind das für Zaubermittel, daß ein einziges Mädchen nicht einmal von tausend Männern fortgeschafft werden kann?« Lucia erwiderte: »Das sind keine Zaubermittel, sondern die Wohltaten Christi. Auch wenn du noch zehntausend Männer einsetzt, wirst du mich so unbewegbar wie bisher sehen.«

Weil Paschasius aber die falschen Vorstellungen einiger Leute teilte, glaubte er, daß die Zaubermittel ihre Wirkung durch Urin verlieren könnten. Also ließ er Lucia mit Urin

ignem circa eam accendi picemque et resinam et fervens oleum super eam fundi iussit. Dixitque Lucia: "Indutias impetravi martyrii mei, ut credentibus timorem auferam passionis et non credentibus vocem insultationis." Videntes autem amici Paschasii eum angustiari in gutture eius gladium immerserunt. Quae nequaquam loquelam amittens dixit: "Annuntio vobis pacem ecclesiam redditam Maximiano hodie mortuo et de regno suo Diocletiano expulso. Et sicut civitati Catanensi soror mea Agatha data est protectrix, sic et ego civitati Syracusanae concessa sum interventrix."

Dum haec virgo loquitur, ecce ministri Romanorum veniunt, Paschasium apprehendunt, vinctum ad Caesarem secum ducunt. Audierat enim Caesar, quod universam provinciam fuerat depraedatus. Veniens ergo Romam et senatui accusatus pariter et convictus capitali sententia est punitus.

Virgo vero Lucia de loco, in quo percussa est, mota non est nec spiritum tradidit, quoadusque sacerdotes venirent et corpus Domini ei traderent, et omnes astantes "amen" Domino responderunt. In eodem loco autem est sepulta et ecclesia fabricata. Passa autem est tempore Constantini et Maxentii circa annos Domini CCCX.

begießen, und als man sie auch auf diese Weise nicht bewegen konnte, bekam er es mit der Angst zu tun und ließ ein gewaltiges Feuer um sie herum anzünden und Pech, Harz und siedendes Öl über sie ausgießen. Da sprach Lucia: »Ich habe es erreicht, daß mein Martyrium noch ein wenig verzögert wurde, um den Gläubigen die Furcht vor dem Leiden und den Ungläubigen die Stimme der Verhöhnung zu nehmen.« Als aber die Freunde des Paschasius sahen, daß er Angst hatte, stießen sie ein Schwert in Lucias Kehle. Sie verlor jedoch ihre Stimme nicht, sondern rief: »Ich verkündige euch, daß der Kirche der Friede wiedergegeben wurde, weil Maximian heute gestorben ist und Diokletian vom Thron gejagt wurde. Und wie der Stadt Catania meine Schwester Agatha als Beschützerin gegeben ist, so wurde mir erlaubt, die Helferin von Syrakus zu sein.«

Während das Mädchen diese Worte sprach, kamen die Helfer der Römer, ergriffen Paschasius und brachten ihn in Fesseln zum Kaiser. Denn dieser hatte gehört, daß er die ganze Provinz ausgeplündert hatte. Er kam also nach Rom, wurde vor dem Senat angeklagt, überführt und hingerichtet.

Lucia aber wurde von dem Ort, wo sie mit dem Schwert verletzt worden war, nicht weggebracht und gab ihren Geist nicht auf, bevor die Priester kamen und ihr den Leib Christi reichten. Alle standen dabei und antworteten dem Herrn mit »Amen«. An derselben Stelle aber wurde sie begraben, und man baute dort eine Kirche. Sie erlitt ihr Martyrium im Jahre 310 unter Konstantin und Maxentius.

4
De sancto Thoma apostolo

Thomas apostolus cum esset apud Caesaream, apparuit ei Dominus dicens: "Rex Indiae Gundoferus misit praepositum Abbanem quaerere hominem architectoria arte eruditum. Veni igitur, et mittam te ad eum." Cui Thomas: "Domine, quo vis, mitte me praeter ad Indos." Cui Deus: "Vade secure, quia ero custos tui. Cumque Indos converteris, ad me cum palma martyrii venies." Cui Thomas: "Dominus meus es et ego servus tuus: Fiat voluntas tua."

Cumque praepositus per forum ambularet, dixit ei Dominus: "Quid comparare vis, iuvenis?" Cui ille: "Dominus meus misit me, ut conducam servos in arte architectoria eruditos, ut Romano opere sibi palatium construatur." Tunc Dominus tradidit ei Thomam asserens eum plurimum in tali arte peritum.

Navigantes autem ad quandam civitatem venerunt, in qua rex filiae suae nuptias celebrabat. Hoc cum praeconisari fecisset, ut omnes nuptiis interessent, alias regem offenderent, contigit illum Abbanem et apostolum introire.

Puella autem Hebraea fistulam in manu gerens unumquemque laude aliqua commendabat vidensque apostolum intellexit hunc esse Hebraeum eo, quod non manducaret, sed oculos ad coelum fixos haberet. Cumque puella coram eo hebraice caneret dicens: "Unus est Deus Hebraeorum, qui creavit omnia et fundavit maria", apostolus ipsam haec eadem

4

Der heilige Apostel Thomas

Die Rache des heiligen Thomas

Als der Apostel Thomas in Caesarea war, erschien ihm der Herr und sagte zu ihm: »Gundoferus, der König von Indien, hat seinen Wesir Abbanes geschickt, um einen Menschen zu suchen, der etwas von der Baukunst versteht. Komm also, und ich werde dich zu ihm schicken.« Darauf sagte Thomas: »Herr, schicke mich, wohin Du willst, außer zu den Indern.« Gott erwiderte: »Du brauchst keine Angst zu haben. Denn ich werde dich behüten. Und wenn du die Inder bekehrt hast, wirst du mit der Palme des Martyriums zu mir kommen.« Thomas antwortete: »Du bist mein Herr und ich Dein Knecht: Dein Wille geschehe.«
Als nun der Wesir über den Marktplatz ging, fragte ihn der Herr: »Was willst du dir besorgen, junger Mann?« Er antwortete: »Mein Herr hat mich geschickt, Fachleute für ihn zu gewinnen, die etwas von Baukunst verstehen, um ihm einen Palast nach Art der Römer zu bauen.« Daraufhin überließ er ihm Thomas und fügte hinzu, daß dieser sehr viel von einer solchen Kunst verstehe.
Sie fuhren also los und kamen in eine Stadt, wo der König die Hochzeit seiner Tochter feierte. Da er hatte ausrufen lassen, daß alle an der Hochzeitsfeier teilzunehmen hätten und andernfalls den König beleidigten, ergab es sich, daß Abbanes und der Apostel in den Palast gingen.
Ein hebräisches Mädchen mit einer Flöte in der Hand empfing jeden einzelnen Gast mit einem freundlichen Wort. Als sie den Apostel erblickte, bemerkte sie, daß er Hebräer war, weil er nichts aß, sondern seine Augen fest zum Himmel gerichtet hatte. Als das Mädchen vor ihm in hebräischer Sprache sang: »Es gibt nur einen Gott, den Gott der Hebräer, der alles geschaffen und die Meere ausgebreitet hat«, bemühte

verba repetere satagebat. Videns autem pincerna, quod non manducaret nec biberet, sed tantum oculos fixos ad coelum haberet, apostolum Dei in maxillam percussit. Cui apostolus: "Melius est, ut in futuro indulgentia tibi tradatur et hic transitoria plaga reddatur: Non hinc surgam, donec manus, quae percussit, huc a canibus afferatur."
Hic igitur ad hauriendam aquam abiit et leo ipsum occidens sanguinem eius bibit. Lacerantibus autem canibus eius corpus unus niger canis manum eius dextram in medium convivium apportavit. Quo viso omnis turba obstupuit et puella eius verba referens proiecta fistula ad pedes apostoli se proiecit.

Huius autem ultionem reprobat Augustinus in libro contra Faustum et asserit a pseudo hoc fuisse insertum, unde et legenda haec quoad plura suspecta habetur. Posset tamen dici, quod non animo impetrandi, sed modo praedicendi dictum sit. Si tamen Augustini verba diligenter inspiciantur, non penitus reprobare ista videntur.
Ait enim sic in eodem libro: "Legunt scripturas apocryphas Manichaei, nescio a quibus sutoribus fabularum sub apostolorum nomine scriptas, quae suorum scriptorum temporibus in auctoritate sanctae ecclesiae recipi mererentur, si sancti et

sich der Apostel darum, daß sie eben diese Worte wiederhole. Als aber der Mundschenk sah, daß Thomas weder aß noch trank, sondern nur seine Augen fest zum Himmel richtete, gab er dem Apostel Gottes eine Ohrfeige. Darauf der Apostel: »Es ist besser, daß dir erst in einem zukünftigen Leben Vergebung gewährt wird und du hier eine vorübergehende Strafe erhältst: Ich werde nicht eher von hier aufstehen, bis die Hand, die mich schlug, von den Hunden hierher gebracht wird.«

Der Mundschenk ging fort, um Wasser zu schöpfen. Da tötete ihn ein Löwe und trank sein Blut. Während die Hunde aber seinen Körper zerfleischten, brachte ein schwarzer Köter dessen Hand mitten in den Raum, wo das Gastmahl stattfand. Bei diesem Anblick bekamen alle einen großen Schrecken. Das Mädchen wiederholte die Worte, die der Apostel wiederholt haben wollte, warf ihre Flöte fort und fiel ihm zu Füßen.

Exkurs über die Wahrheit der Geschichte

Augustinus tadelt die hier geschilderte Rache in seinem Buch gegen Faustus und versichert, diese Geschichte sei irrtümlicherweise eingeschoben worden. Daher wird diese Legende in mancher Hinsicht auch für unglaubwürdig gehalten. Man könnte aber doch sagen, daß es hier nicht darum ging, eine Vergeltung wirklich durchzusetzen, sondern nur vorauszusagen. Wenn man allerdings Augustinus' Worte sorgfältig prüft, dann scheinen sie das Geschehen nicht völlig zu mißbilligen.

Augustinus schreibt in dem genannten Buch folgendes: »Die Manichäer lesen unechte Schriften, die von irgendwelchen Geschichtenerzählern unter dem Namen unserer Apostel zusammengeschustert worden sind. Diese hätten es wohl verdient, zur Zeit ihrer Autoren von der heiligen Kirche anerkannt zu werden, wenn die heiligen und gelehrten Männer,

docti homines, qui tunc in hac vita erant et examinare poterant, eos vera locutos esse cognoscerent. Ibi tamen legunt apostolum Thomam, cum esset in quodam nuptiarum convivio peregrinus et prorsus incognitus, a quodam ministro palma percussum imprecatum fuisse homini continuam saevamque vindictam. Nam quum egressus fuisset ad fontem unum et aquam convivantibus ministraret, in eum leo incurrens interemit manumque ei, qua caput apostoli levi ictu percusserat, a corpore avulsam secundum verbum eiusdem apostoli id optantis atque imprecantis canis intulit mensis, quibus ipse apostolus discumbebat. Quid hoc videri crudelius potest? Verum, quia ibi, nisi tamen fallor, hoc etiam scriptum est, quod ei veniam in saeculo futuro petierit. Facta est autem compensatio beneficii maioris, ut et apostolus, quam carus Deo esset, per hunc timorem commendaretur ignotis et illi post hanc vitam quandoque finiendam in aeternum consolaretur.

Utrum illa vera sit an conficta narratio, nihil mea nunc interest. Certe enim Manichaei, a quibus illae scripturae, quas canon ecclesiasticus respuit, tamquam verae ac sincerae acceptantur, saltem haec coguntur fateri illam patientiae virtutem, quam docet Dominus dicens: 'Si quis te percusserit in maxillam dextram, praebe ei sinistram', posse esse in praeparatione cordis, etiamsi non exhibeatur gestu corporis et expressione verborum, quandoquidem apostolus palma percussus potius Dominum rogavit, ut iniurioso homini in futuro saeculo parceretur, in praesenti autem illa iniuria non sine multa relinqueretur, quam vel praebuit ferienti alteram

die damals lebten und ihren Wahrheitsgehalt überprüfen konnten, erkannt hätten, daß sie die Wahrheit sprächen. Dort liest man doch, daß der Apostel Thomas als unbekannter Pilger während einer Hochzeitsfeier von einem Diener mit der Hand geschlagen wurde und darum gebeten habe, daß der Mensch unverzüglich eine schwere Strafe erhalte. Denn als der Mann zu einem Brunnen gegangen war, um den Gästen Wasser zu holen, habe ihn ein Löwe angegriffen und getötet. Die Hand, mit der er den Kopf des Apostels leicht getroffen hatte, riß ein Hund von seinem Körper ab und brachte sie in das Speisezimmer, wo der Apostel selbst am Tisch saß – was kann grausamer sein als dies? Das geschah freilich alles so, wie der Apostel es gewünscht und erbeten hatte. Aber wenn ich mich nicht täusche, steht dort auch geschrieben, daß der Apostel für den Diener um Vergebung in einem künftigen Leben gebeten hat. Es ist ihm also ein Ausgleich durch eine höhere Wohltat geschaffen worden. So wurde erreicht, daß einerseits den ahnungslosen Leuten durch dieses schreckliche Geschehen klargemacht wurde, wie sehr Gott seinen Apostel liebte, und daß andererseits der Täter nach diesem Leben, das sowieso einmal sein Ende haben mußte, getröstet wurde durch Vergebung im ewigen Leben.

Ob diese Geschichte nun wahr ist oder erfunden, ist mir gleichgültig. Denn die Manichäer, von denen jene Schriften, die der kirchliche Kanon nicht anerkennt, als wahr und unanfechtbar anerkannt werden, sehen sich doch wenigstens dazu gezwungen zuzugeben, daß die Tugend der Duldsamkeit, die der Herr lehrt, indem er sagt: ›Wenn dich einer auf die rechte Backe schlägt, dann halte ihm auch noch die linke hin‹, im Herzen vorhanden sein kann, auch wenn sie nicht in Wort und Tat zum Ausdruck kommt. Denn der Apostel, der mit der flachen Hand geschlagen wurde, hat lieber den Herrn darum gebeten, daß dem Menschen, der Unrecht tat, im zukünftigen Leben Schonung gewährt werde, aber im gegenwärtigen Leben jenes Unrecht nicht ungestraft bleibe, als daß er dem Schlagenden noch die andere Seite bot oder ihn auffor-

partem aut, ut iterum feriret, admonuit. Tenebat certe interius dilectionis affectum et exterius requirebat correctionis exemplum. Sive hoc verum sit sive confictum, cur nolunt credere tali animo famulum Dei Moisen idoli fabricatores gladio prostravisse? Si autem poenas illas comparamus, quid simile ferro interimi et a feris cruciari atque laniari? Quandoquidem iudices publicis legibus servientes maioris criminis reos bestiis subdi et gladio percuti iubent." Haec Augustinus.

Tunc apostolus ad petitionem regis sponsum et sponsam benedixit: "Da", inquiens, "Domine, adolescentibus his benedictionem tuae dextrae et in eorum mentibus semina semen vitae." Abeunte autem apostolo in manu iuvenis est repertus plenus dactylis palmae ramus. Comedentibus vero sponso et sponsa de fructibus eius ambo obdormiunt et somnium simile ambo cernunt. Videbatur etenim iis, quod rex gemmatus eos amplecteretur et diceret: "Apostolus benedixit vos, ut aeternae vitae participes sitis." Evigilantibus autem et mutuo sibi somnia revelantibus apostolus ad eos ingreditur dicens iis: "Rex meus vobis modo apparuit et me clausis ianuis huc adduxit, ut super vos benedictione mea habeatis carnis integritatem, quae est omnium regina virtutum et fructus salutis perpetuae. Virginitas soror est angelorum, possessio omnium bonorum, victoria libidinum, fidei trophaeum, expugnatio daemonum et aeternorum securitas gaudiorum. De libidine autem corruptio gignitur, de corruptione pollutio

derte, ein zweites Mal zuzuschlagen. In seinem Innern war er gewiß von Liebe erfüllt; nach außen hin aber wollte er ein Beispiel der Zurechtweisung geben. Ob dies nun wahr oder erfunden ist – warum wollen sie nicht glauben, daß Moses, der Diener Gottes, mit einer solchen Einstellung die Erbauer eines Götzenbildes mit dem Schwert niederstreckte? Wenn wir aber diese Strafen vergleichen – was macht es für einen Unterschied, mit dem Schwert gerichtet oder von wilden Tieren gequält und zerfleischt zu werden? Denn auch die Richter, die den staatlichen Gesetzen unterworfen sind, lassen die zum Tode verurteilten Verbrecher den wilden Tieren vorwerfen oder enthaupten.« Das waren Augustinus' Worte.

Die Hochzeitsnacht

Dann segnete der Apostel auf Bitten des Königs den Bräutigam und die Braut: »Gib, Herr, diesen jungen Menschen den Segen Deiner Rechten und säe in ihre Herzen den Samen des Lebens.« Als der Apostel fortging, fand man in der Hand des jungen Mannes den Zweig einer Palme mit vielen Datteln. Bräutigam und Braut aßen von den Früchten dieses Zweiges und schliefen ein. Beide hatten einen ähnlichen Traum. Es erschien ihnen nämlich ein mit Edelsteinen geschmückter König, der sie umarmte und zu ihnen sagte: »Der Apostel hat euch gesegnet, damit euch das ewige Leben zuteil wird.« Als sie erwachten und sich gegenseitig ihre Träume erzählten, kam der Apostel zu ihnen und sprach: »Mein König ist euch soeben erschienen und hat mich, obwohl die Türen verschlossen sind, hierher geführt, damit ihr durch meinen Segen über euch die Reinheit des Fleisches behaltet, die die Königin aller Tugenden und die Frucht des ewigen Heiles ist. Die Jungfräulichkeit ist die Schwester der Engel, der Besitz aller Güter, die Überwindung der Begierden, das Siegeszeichen des Glaubens, die Bezwingung der Dämonen und die Gewißheit ewiger Freuden. Aus der Begierde aber erwächst die Ver-

nascitur, de pollutione autem reatus oritur, de reatu confusio generatur." Haec illo referente duo angeli apparuerunt dicentes iis: "Nos sumus angeli vobis ad custodiam deputati, qui, si apostoli bene servaveritis monita, offerimus Deo omnia vota vestra." Eos igitur apostolus baptizavit et de fide diligenter edocuit.

Post multum vero temporis sponsa nomine Pelagia sacro velamine consecrata martyrium patitur et sponsus nomine Dionysius illi civitati in episcopum ordinatur.

Post haec autem apostolus et Abbanes ad regem Indiae pervenerunt. Designato vero ab apostolo mirabili palatio et copioso thesauro accepto rex in aliam provinciam proficiscitur et apostolus universum thesaurum populo elargitur. Per totum autem biennium, quo abfuit rex, apostolus praedicationi institit et innumerabilem populum ad fidem convertit. Rediens autem rex et, quae Thomas fecerat, discens ipsum cum Abbane in ima retrudit carceris, ut postmodo vivos excoriatos ultricibus daret flammis.

Interea Gad frater regis moritur et ei sepulcrum cum ambitione nimia praeparatur. Quarta autem die, quam mortuus fuerat, resurrexit et stupefactis omnibus cunctisque fugientibus dixit fratri suo: "Hic homo, frater, quem excoriare et incendere disponebas, amicus Dei est et omnes angeli famulantur ei. Qui me in paradisum ducentes quoddam mihi ostenderunt palatium ex auro et argento et lapidibus pretiosis mirabiliter fabricatum et, cum eius pulchritudinem admi-

derbtheit, aus der Verderbtheit entsteht die Beschmutzung, aus der Beschmutzung aber kommt die Schuld, aus der Schuld wird die Schande geboren.« Als er diese Worte sprach, erschienen zwei Engel, die zu ihm sagten: »Wir Engel sind beauftragt, über euch zu wachen. Wenn ihr die Ermahnungen des Apostels sorgfältig beachtet, werden wir alle eure Wünsche an Gott weiterleiten.« Darauf taufte sie der Apostel und unterrichtete sie gründlich im Glauben.

Lange Zeit danach erlitt die Braut, die Pelagia hieß und mit dem heiligen Schleier geweiht worden war, das Martyrium. Der Bräutigam mit dem Namen Dionysius wurde in jener Stadt zum Bischof ernannt.

Thomas beim König von Indien

Danach aber kamen der Apostel und Abbanes zum König von Indien. Der Apostel entwarf einen herrlichen Palast und erhielt dafür sehr viel Geld. Der König reiste darauf in eine andere Provinz, und der Apostel verteilte sein ganzes Vermögen an das Volk. Zwei ganze Jahre aber, während der König abwesend war, predigte der Apostel dem Volk und bekehrte unzählige Menschen zum Glauben. Als der König aber zurückkehrte und erfuhr, was Thomas getan hatte, warf er ihn zusammen mit Abbanes in den tiefsten Kerker, um sie später bei lebendigem Leibe zu schinden und den rächenden Flammen zu übergeben.

Inzwischen starb Gad, der Bruder des Königs. Ihm wurde mit gewaltigem Aufwand eine Grabstätte errichtet. Vier Tage nach seinem Tode aber stand er wieder auf und sprach zu seinem Bruder, als alle anderen entsetzt flohen: »Dieser Mensch, mein Bruder, den du schinden und verbrennen willst, ist ein Freund Gottes, und ihm dienen alle Engel. Sie führten mich in das Paradies und zeigten mir einen aus Gold, Silber und Edelsteinen auf wunderbare Weise erbauten Palast. Als ich seine Schönheit bewunderte, sagten die Engel

rarer, dixerunt mihi: 'Hoc est palatium, quod Thomas fratri tuo exstruxerat.' Cumque dicerem: 'Utinam ianitor eius essem', dixerunt mihi: 'Frater tuus se illo fecit indignum. Si vis in illo manere, rogabimus Dominum, ut te suscitare dignetur, ut illud a fratre tuo possis emere reddens ei pecuniam, quam se existimat perdidisse.'"

Et haec dicens cucurrit ad carcerem apostoli fratri suo postulans indulgeri abiectisque vinculis rogare apostolum coepit, ut vestem acciperet pretiosam. Cui apostolus: "Ignoras, quod nihil carnale, nihil terrenum gestiunt, qui cupiunt habere in coelestibus potestatem?" Egredienti autem apostolo de carcere rex occurrit et obvolutus eius pedibus veniam postulabat. Tunc apostolus ait: "Multum vobis praestitit Deus, ut secreta sua vobis ostenderet. Credite in Christum et baptizamini, ut aeterni regni perticipes sitis." Dixit ei frater regis: "Vidi palatium, quod fratri meo fecisti, et illud comparare merui." Cui apostolus: "Hoc in potestate fratris tui est." Cui rex: "Illud erit meum. Apostolus fabricet tibi aliud, quodsi forte nequiverit, mihi et tibi unum hoc commune erit." Respondit apostolus: "Innumerabilia palatia sunt in coelo ab initio saeculi praeparata, quae fidei pretio et eleemosynis comparantur. Divitiae autem vestrae ad illa vos antecedere possunt, sequi vero omnino non possunt."

zu mir: ›Das ist der Palast, den Thomas für deinen Bruder erbaut hatte.‹ Als ich erwiderte: ›Wäre ich doch sein Torwächter‹, sprachen sie zu mir: ›Dein Bruder hat bewiesen, daß er diesen Palast nicht verdient. Wenn du in ihm bleiben willst, werden wir den Herrn bitten, daß er dich vom Tode auferwecke, damit du deinem Bruder den Palast abkaufen kannst und ihm das Geld zurückgibst, das er verloren zu haben glaubt.‹«

So sprach er und lief zum Kerker des Apostels. Er bat ihn, seinem Bruder zu verzeihen. Nachdem er ihm die Fesseln abgenommen hatte, wollte er ihn dazu veranlassen, ein kostbares Gewand anzuziehen. Doch der Apostel sagte: »Weißt du nicht, daß diejenigen, die nach der Macht im Himmel verlangt, nichts Fleischliches und nichts Irdisches begehren?« Als aber der Apostel aus dem Kerker stieg, lief ihm der König entgegen, warf sich ihm zu Füßen und bat ihn um Verzeihung. Darauf sagte der Apostel: »Gott hat Euch vieles gewährt, um Euch seine Geheimnisse zu offenbaren. Glaubt an Christus und laßt Euch taufen, damit Ihr teilhaben könnt am Reich der Ewigkeit.« Der Bruder des Königs erwiderte ihm: »Ich habe den Palast gesehen, den du meinem Bruder erbaut hast, und ich habe es verdient, ihn zu erwerben.« Darauf sagte der Apostel: »Das liegt in der Macht deines Bruders.« Der König sagte dazu: »Er wird mein Eigentum bleiben. Der Apostel möge dir einen zweiten bauen. Wenn er das nicht kann, dann wird dieser eine mir und dir gemeinsam sein.« Der Apostel antwortete: »Unzählige Paläste stehen im Himmel seit dem Anfang der Welt bereit, die mit dem Preis des Glaubens und mit Almosen zu erwerben sind. Euer Reichtum aber kann Euch auf dem Weg zu diesen Palästen vorangehen, folgen kann er Euch allerdings auf keinen Fall.«

Post unum autem mensem fecit apostolus pauperes omnes illius provinciae congregari. Quibus congregatis debiles et infirmos seorsim stare iussit et super eos oravit. Cumque qui docti fuerant, respondissent "Amen", coruscatio de coelo veniens tam apostolum quam ceteros fere per horam dimidiam sic perlustravit, ut omnes se putarent ictu fulguris interiisse. Erigens autem se apostolus dixit: "Surgite, quia Dominus meus sicut fulgur venit vosque sanavit." Exsurgentes autem omnes sani Deum et apostolum glorificaverunt. Tunc apostolus coepit eos docere et duodecim gradus virtutum assignare.

Primus est, ut in Deum crederent, qui est unus in essentia et trinus in personis, deditque iis triplex exemplum sensibile, quomodo sint in una essentia tres personae. Primum est, quia una est in homine sapientia et de illa una praecedit intellectus, memoria et ingenium. Nam ingenium est, inquit, ut, quod non didicisti, invenias. Memoria, ut non obliviscaris, quae didiceris. Intellectus, ut intellegas, quae ostendi possunt vel doceri. Secundum, quod in una vinea tria sunt, scilicet lignum, folia et fructus et haec omnia tria unum sunt et una vinea sunt. Tertium est, quod caput unum quattuor sensibus constat. In uno enim capite sunt visus, gustus, auditus et odoratus et haec plura sunt et unum caput sunt. – Secundus gradus est, ut baptismum susciperent. – Tertius est, ut se a fornicatione continerent. – Quartus, ut se ab avaritia temperarent. – Quintus, ut gulam restringerent. – Sextus, ut poenitentiam tenerent. – Septimus, ut in his perseverarent. – Octa-

Die zwölf Stufen der Tugenden

Nach einem Monat ließ der Apostel alle Armen jener Provinz zusammenkommen. Nachdem sich alle versammelt hatten, forderte er die Schwachen und Kranken auf, sich von den anderen getrennt hinzustellen, und betete für sie. Als alle, die bereits gläubig waren, mit »Amen« geantwortet hatten, kam ein heller Schein vom Himmel und umstrahlte den Apostel und die anderen fast eine halbe Stunde lang so sehr, daß alle glaubten, sie seien vom Blitz getroffen worden. Der Apostel aber richtete sich auf und sprach: »Erhebt euch, denn mein Herr ist gekommen wie ein Blitz und hat euch geheilt.« Alle standen geheilt auf und lobten Gott und seinen Apostel. Darauf begann der Apostel, sie zu lehren und ihnen die zwölf Stufen der Tugenden darzustellen.

Die erste Stufe: An Gott zu glauben, der seinem Wesen nach ein einziger ist und aus drei Personen besteht. Er gab ihnen drei anschauliche Beispiele dafür, wie in einem Wesen drei Personen sein können. Das erste Beispiel: Der Mensch hat nur eine Weisheit. Aus ihr gingen hervor Verstand, Gedächtnis und Begabung. Die Begabung ist dazu da, daß man herausfindet, was man nicht gelernt hat. Das Gedächtnis dient dazu, daß man nicht vergißt, was man gelernt hat. Die Vernunft hat den Zweck, daß man versteht, was dargestellt oder gelehrt werden kann. Das zweite Beispiel: An einem Weinstock sind drei Dinge: Holz, Blätter und Früchte. Und die drei Dinge sind eine Einheit und bilden zusammen den Weinstock. Das dritte Beispiel: Ein Kopf besteht aus vier Sinnen. In einem Kopf sind der Gesichtssinn, der Geschmackssinn, der Gehörssinn und der Geruchssinn. Dies sind mehrere Dinge, und sie bilden zusammen den einen Kopf. – Die zweite Stufe: Die Taufe anzunehmen. – Die dritte Stufe: Sich der Unzucht zu enthalten. – Die vierte Stufe: Den Geiz zu meiden. – Die fünfte Stufe: Die Freßsucht zu unterdrücken. – Die sechste Stufe: Buße zu tun. – Die siebte Stufe: An diesen Tugenden festzuhalten. – Die achte Stufe: Gastfreundschaft

vus, ut hospitalitatem amarent. – Nonus, ut voluntatem Dei in faciendis quaererent et ea ope complerent. – Decimus, ut eam in non faciendis quaererent et ea vitarent. – Undecimus, ut caritatem amicis et inimicis impenderent. – Duodecimus, ut in custodiendis his vigilem curam haberent. – Post praedicationem vero baptizati sunt novem milia virorum exceptis parvulis et mulieribus. [. . .]

zu üben. – Die neunte Stufe: Den Willen Gottes in allem, was zu tun ist, zu suchen und dies mit seiner Hilfe zu erfüllen. – Die zehnte Stufe: Den Willen Gottes ebenso zu suchen in allem, was nicht getan werden darf, und dies zu meiden. – Die elfte Stufe: Freunde und Feinde zu lieben. – Die zwölfte Stufe: Auf die Erfüllung dieser Forderungen ununterbrochen zu achten. – Nach der Predigt wurden neuntausend Menschen getauft, Frauen und Kinder nicht mitgezählt. [. . .]

5
De sancta Anastasia

Anastasia nobilissima Romanorum filia, Praetaxati illustris, sed pagani. A matre sua Fantasta Christiana et a beato Chrysogono fidem Christi edocta est. Tradita autem Publio in uxorem languorem simulans semper se ab eius consortio abstinebat. Qui audiens eam cum una tantum ancilla in vili habitu Christianorum carceres circuire et iis necessaria ministrare fecit eam artissime custodiri, ita ut etiam eidem alimoniam denegaret volens autem eam sic perimere, ut posset in eius largissimis possessionibus lascivire.
Putans igitur se mori dolorosas epistolas Chrysogono mittebat et ille consolatorias remittebat. Interea vir eius moritur et illa a carceribus liberatur.
Haec habebat tres ancillas pulcherrimas, quae sorores erant. Quarum una dicebatur Agapete, altera Thionia et altera Irenia. Quae cum Christianae essent et praefecti monitis nullatenus oboedirent, in cubiculum eas reclusit, ubi coquinae utensilia servabantur. Praefectus autem in earum ardens amorem ad eas ivit, ut suam libidinem exerceret. Qui in amentiam versus putans se tractare virgines cacabos, patellas, caldaria et similia amplectens osculabatur et, cum ex hoc satiatus fuisset, foras exiit nigerrimus et deformis et vestimentis concisis. Quem servi, qui eum pro foribus exspectaverant, sic aptatum

5

Die heilige Anastasia

Die Mägde

Anastasia stammte aus einer sehr vornehmen römischen Familie. Praetaxatus, ihr Vater, war ein bekannter Mann, aber Heide. Von Fantasta, ihrer Mutter, die Christin war, und von dem heiligen Chrysogonus wurde sie im Glauben an Christus unterwiesen. Sie wurde mit Publius verheiratet, tauschte aber stets Krankheit vor und entzog sich auf diese Weise der ehelichen Verbindung mit ihrem Gatten. Als dieser hörte, daß sie, nur von einer Magd begleitet, in ärmlichen Kleidern in die Kerker der Christen ging und ihnen dringend notwendige Dinge besorgte, ließ er sie strengstens bewachen, ja er verweigerte ihr sogar die Nahrung. Er hatte vor, sie auf diese Weise umzubringen, um in den Genuß ihres sehr großen Vermögens zu gelangen.

Sie glaubte also, daß sie sterben müsse, und schickte schmerzerfüllte Briefe an Chrysogonus, und er sandte ihr tröstende Antworten. Inzwischen starb ihr Mann, und sie wurde aus dem Kerker befreit.

Sie hatte drei sehr schöne Dienerinnen. Diese waren Schwestern. Die eine hieß Agapete, die zweite Thionia und die dritte Irenia. Da sie Christinnen waren und den Anweisungen des Statthalters nicht folgten, ließ er sie in eine Kammer sperren, wo die Küchengeräte aufbewahrt wurden. Der Statthalter aber, der sie leidenschaftlich begehrte, ging zu ihnen, um an ihnen seine Begierde zu befriedigen. Er war ganz von Sinnen und glaubte die Mädchen zu umarmen, in Wirklichkeit aber umarmte und küßte er Kochtöpfe, Schüsseln, Kochkessel und ähnliche Gegenstände, und als er sich daran gesättigt hatte, stürmte er nach draußen – ganz schwarz, voll Schmutz und mit zerrissenen Kleidern. Seine Diener, die draußen auf ihn gewartet hatten und ihn in diesem Zustand sahen, glaub-

videntes cogitantes, quod in daemonem versus esset, eum verberibus affecerunt et fugientes solum reliquerunt.
Cumque imperatorem adiret, ut de hoc conquereretur, alii virgis percutiebant, alii lutum et pulverem in eum proiciebant suspicantes, quod in furiam versus esset. Oculi autem eius tenebantur, ne sic se deformem videret. Videbatur enim ei, quod ipse et omnes albis vestibus essent induti. Quapropter mirabatur plurimum, cum sic eum omnes deridebant, quem in tanto honore habere consueverant. Putans vero, cum sic se deformem ab aliis didicisset, quod puellae sibi per artem magicam hoc fecissent, iussit eas coram se exspoliari, ut eas saltem nudas aspiceret. Sed statim earum vestimenta sic corporibus adhaeserunt, ut nullo modo exui valerent. Praefectus autem prae admiratione ita obdormivit stertens, quod etiam a pulsantibus non poterat excitari.

Tandem virgines martyrio coronantur et Anastasia ab imperatore cuidam praefecto traditur, ut, si eam sacrificare faceret, postmodum in uxorem eam haberet. Cumque eam in thalamum induxisset et eam amplexari vellet, statim caecus effectus est. Deos adiit quaerens, si evadere posset. Responderunt dicentes: "Quia sanctam Anastasiam contristasti, nobis traditus es et amodo semper nobiscum in inferno torqueberis." Cumque domum reduceretur, inter manus puerorum vitam finivit.
Tunc Anastasia alii praefecto traditur, ut eam in custodia deti-

ten, er habe sich in einen Dämon verwandelt. Sie schlugen auf ihn ein, machten sich davon und ließen ihn allein.
Als er dann zum Kaiser ging, um sich darüber zu beschweren, schlugen ihn die einen mit Stöcken, die anderen bewarfen ihn mit Schmutz und Sand. Denn sie vermuteten, er habe sich in eine Furie verwandelt. Seine Augen aber waren getrübt, so daß er sein abstoßendes Äußeres nicht sehen konnte. Es schien ihm nämlich, daß er selbst wie alle anderen weiße Kleider anhabe. Deshalb wunderte er sich sehr, als sie ihn alle so verspotteten, ihn, den sie doch sonst so ehrerbietig behandelt hatten. Als er schließlich von den anderen erfahren hatte, daß er so abstoßend aussah, glaubte er, die Mädchen hätten ihm dies unter Anwendung von Zauberkraft angetan, und er befahl, daß sie vor ihm ausgezogen würden, um sie wenigstens nackt sehen zu können. Aber ihre Kleider blieben so fest an ihren Körpern haften, daß man sie nicht ausziehen konnte. Der Statthalter aber schlief angesichts dieses Wunders unter lautem Schnarchen so fest ein, daß er auch durch Schläge nicht geweckt werden konnte.

Anastasia und ihre Statthalter

Die Jungfrauen erhielten schließlich die Märtyrerkrone, und Anastasia wurde auf Befehl des Kaisers einem anderen Statthalter übergeben; er sollte sie zur Frau haben, wenn er sie dazu bringe, den heidnischen Göttern zu opfern. Aber als er sie in sein Schlafzimmer geführt hatte und sie umarmen wollte, wurde er auf der Stelle blind. Er wandte sich an die Götter und fragte sie, ob er wieder sehend werden könne. Sie antworteten ihm: »Weil du die heilige Anastasia betrübt hast, bist du uns ausgeliefert und wirst mit uns von nun an auf ewig in der Hölle Qualen erleiden.« Und als er wieder nach Hause zurückgeführt wurde, gab er seinen Geist in den Armen seiner Diener auf.
Dann wurde Anastasia einem zweiten Statthalter übergeben,

neret. Audiens enim, quod infinitas possessiones haberet, privatim dixit ei: "Anastasia, si vis esse Christiana, fac, quod praecepit Dominus tuus. Ille enim praecepit: 'Qui non renuntiaverit omnibus, quae possidet etc.' Omnia igitur, quae habes, mihi da et vade, quo volueris, et vere Christiana eris." Cui illa respondit: "Deus meus praecepit: 'Vende omnia, quae habes, et da pauperibus et non divitibus.' Cum ergo dives sis, contra praeceptum Dei facerem, si aliquid tibi darem."

Tunc Anastasia diro carceri fame crucianda traditur, sed a sancta Theodora, quae iam per martyrium coronata fuerat, per duos menses esca coelesti pascitur. Tandem cum ducentis virginibus ad insulas Palmarias ducta est, ubi multi propter nomen Christi fuerant relegati. Post aliquos vero dies praefectus omnes ad se vocavit et Anastasiam ad palos ligatam ignibis concremavit. Alios vero diversis suppliciis interemit.

Inter quos unus erat, qui pluries propter Christum multis divitiis spoliatus semper dicebat: "Christum saltem mihi non auferetis." Apollonia autem corpus sanctae Anastasiae in viridario facta ibi ecclesia honorifice sepelivit. Passa est autem sub Diocletiano, qui coepit circa annos Domini CCLXXXVII.

damit er sie bewache. Als er hörte, daß sie über ungeheure Besitztümer verfügte, sagte er unter vier Augen zu ihr: »Anastasia, wenn du eine Christin sein willst, dann tue, was dir dein Herr befohlen hat. Denn er hat befohlen: ›Wer nicht auf alles verzichtet, was er besitzt usw.‹ Also gib mir alles, was du hast, und geh, wohin du willst, und du wirst wahrhaftig eine Christin sein.« Sie erwiderte ihm: »Mein Gott hat befohlen: ›Verkaufe alles, was du hast, und gib es den Armen und nicht den Reichen.‹ Da du aber reich bist, würde ich gegen Gottes Gebot handeln, wenn ich dir etwas gäbe.«
Darauf wird Anastasia in einen schaurigen Kerker geworfen, um dort durch Verhungern zu Tode gequält zu werden. Doch von der heiligen Theodora, die schon die Krone des Martyriums gewonnen hatte, wird sie zwei Monate lang mit himmlischen Speisen ernährt. Schließlich wurde sie mit zweihundert Jungfrauen auf die palmarischen Inseln geschafft, wohin viele um Christi willen verbannt waren. Einige Tage später aber ließ der Statthalter alle zu sich rufen. Anastasia ließ er an Pfähle binden und verbrennen. Die anderen brachte er durch andere Qualen um.
Unter ihnen war übrigens einer, der wegen Christus mehrmals seiner vielen Reichtümer beraubt worden war und ständig rief: »Christus werdet ihr mir wenigstens nicht wegnehmen.« Apollonia aber bestattete den Leichnam der heiligen Anastasia mit großen Ehren in ihrem Garten, nachdem sie dort eine Kirche hatte bauen lassen. Sie erlebte ihre Leiden unter Diokletian, der im Jahre 287 an die Macht kam.

6

De sancto Silvestro

Silvester a matre re et nomine Iusta genitus a Cyrino presbytero eruditus hospitalitatem summe exercebat. Timotheus autem quidam Christianissimus ab eo in hospitium suscipitur, qui tamen ob persecutionem ab aliis vitabatur. Hic coronam assecutus est martyrii, dum praedicaret constantissime fidem Christi.

Putans autem Tarquinius praefectus Timotheum multis abundasse divitiis eas a Silvestro expetiit inferens ei minas mortis. Se cum vero Timotheum huismodi divitias non habuisse comperit, Silvestrum idolis immolare praecepit, alioquin in crastinum diversa reciperet genera tormentorum. Cui Silvester: "Stulte, hac nocte morieris et sempiterna tormenta recipies et, velis nolis, verum Deum esse, quem colimus, recognosces."

Silvester igitur carceri traditur et Tarquinius ad prandium invitatur. Dum ergo comederet, os piscis in eius gutture sic versatur, ut nulla ratione reicere potuerit vel glutire. Sicque media nocte defunctus ad tumulum cum luctu ducitur et Silvester cum gaudio a carcere liberatur, qui non solum a Christianis, sed etiam a paganis miro diligebatur affectu. Erat enim aspectu angelicus, sermone nitidus, integer corpore,

6

Der heilige Silvester

Der Tod des Verfolgers

Silvesters Mutter hieß Justa, die Gerechte, und sie trug diesen Namen zu Recht. Sein Lehrer war der Priester Cyrinus. Silvester war äußerst gastfreundlich. Ein gewisser Timotheus, ein sehr frommer Christ, wurde einmal von ihm als Gast aufgenommen, jedoch wegen einer Christenverfolgung von den anderen Leuten gemieden. Der Mann erlangte die Krone des Martyriums, weil er mit großer Standhaftigkeit den Glauben an Christus verkündigte.

Der Statthalter Tarquinius aber glaubte, daß Timotheus gewaltigen Reichtum besessen habe, und verlangte von Silvester, daß er das Geld herausgebe, und bedrohte ihn mit dem Tode. Als er aber merkte, daß Timotheus in Wirklichkeit keinen Reichtum dieser Art besessen hatte, befahl er Silvester, den heidnischen Göttern zu opfern, andernfalls habe er am nächsten Tag verschiedene Arten der Folter zu erleiden. Ihm entgegnete Silvester: »Du Dummkopf, heute Nacht wirst du sterben und ewige Qualen erleiden und, ob du willst oder nicht, erkennen, daß der wahre Gott derjenige ist, den wir verehren.«

Silvester wird daraufhin in den Kerker geworfen. Tarquinius kommt einer Einladung zum Essen nach. Während er also speiste, blieb eine Fischgräte so fest in seinem Halse stecken, daß er sie unmöglich wieder ausspucken oder herunterschlucken konnte. So starb er mitten in der Nacht und wurde unter großem Wehklagen bestattet. Silvester aber wurde unter Jubelrufen aus dem Kerker befreit; denn er wurde nicht nur von den Christen, sondern auch von den Heiden mit außerordentlicher Hingabe geliebt. Er sah nämlich aus wie ein Engel und war ein glänzender Redner. Er lebte in Keuschheit und handelte wie ein Heiliger. Er war ein vorzüglicher

sanctus opere, consilio magnus, fide catholicus, spe patientissimus, caritate diffusus.

Mortuo igitur Melchiade, episcopo urbis Romae, Silvester ab omni plebe plurimum renitens in summum pontificem est electus. Hic omnium orphanorum et viduarum et pauperum nomina in matricula scripta habebat et omnibus necessaria providebat. Hic quartum et sextum diem et sabbatum ieiuniis instituit observandum, quintum vero quasi dominicum reservandum. Graecis vero Christianis dicentibus sabbatum potius quam quintum diem celebrandum respondit hoc fieri non debere, et quia hoc est traditionis apostolicae et quia dominicae debetur compassio sepulturae. Cui illi: "Unum est sabbatum sepulturae, in quo semel in anno ieiunium exhibendum." Quibus Silvester: "Sicut omnis dies dominicus resurrectionis gloria sic omne sabbatum decoratur dominica sepultura." Igitur de sabbato acquiescunt, sed de quinta feria vehementer contendunt asserentes non debere Christianorum solemnitatibus sociari. Silvester autem eius dignitatem praecipue in tribus ostendit. Quoniam hac die Dominus coelum ascendit et corporis sui et sanguinis sacramentum instituit et sacrum chrisma ecclesia confecit. Omnes igitur rationibus eius acquiescunt.

Ratgeber, ein rechtgläubiger Christ, sehr geduldig in seiner Hoffnung, und er war allen Menschen in Nächstenliebe zugetan.

Silvester wird Bischof von Rom

Als Melchiades, der Bischof von Rom gestorben war, wurde Silvester vom ganzen Volk, obwohl er sich heftig dagegen wehrte, in das höchste Priesteramt gewählt. Er nahm die Namen aller Waisen, Witwen und Armen in ein Verzeichnis auf und sorgte dafür, daß alle das Notwendigste erhielten. Den Mittwoch, den Freitag und den Samstag erklärte er zu Fastentagen, den Donnerstag ließ er wie den Sonntag feiern. Als aber die griechischen Christen sagten, der Samstag verdiene es eher, gefeiert zu werden, als der Donnerstag, antwortete Silvester, das dürfe nicht geschehen, da dies aus der Zeit der Apostel überliefert sei und man am Samstag über das Begräbnis des Herrn trauern müsse. Jene entgegneten ihm: »Es ist nur ein Samstag der Samstag des Begräbnisses. Also muß man auch nur einmal im Jahr am Samstag fasten.« Darauf Silvester: »Wie jeder Sonntag mit dem Glorienschein der Auferstehung so wird auch jeder Samstag mit dem Begräbnis des Herrn geschmückt.« Sie gaben sich also mit dem Samstag zufrieden, aber um den Donnerstag stritten sie heftig; denn sie behaupteten, es gehöre sich nicht, diesen Tag mit christlichen Feierlichkeiten zu begehen. Silvester aber veranschaulichte ihnen die Würde dieses Tages vor allem an drei Tatsachen: Erstens ist der Herr an einem Donnerstag in den Himmel emporgestiegen; zweitens hat er das Sakrament seines Leibes und seines Blutes an einem Donnerstag eingesetzt; drittens hat die Kirche an diesem Tag das heilige Öl geweiht. Alle gaben sich dann mit seinen Begründungen zufrieden.

Persequente autem Constantino Christianos Silvester de urbe exiit et in quodam monte cum suis clericis mansit. Ipse autem Constantinus merito persecutionis tyrannicae in incurabilem cecidit plagam leprae. Tandem ad consilium pontificum idolorum adducta sunt tria milia puerorum, ut eos occidi faceret et se in eorum sanguine recenti et calido balnearet. Egrediente autem eo ad locum, ubi balneum parari debebat, matres puerorum eidem occurrerunt, quae resolutis crinibus miserabiliter ululabant, et lacrimans Constantinus iussit stare currum et erigens se dixit: "Audite me, comites et commilitones et omnes populi, qui adstatis. Dignitas Romani populi de fonte nascitur pietatis, quae etiam hanc legem dedit, ut capitali sententiae subderetur, quicumque in bello occidisset infantem. Quanta ergo erit crudelitas, ut hoc nostris faciamus filiis, quod fieri prohibuimus alienis? Quid iuvat barbaros superasse, si a crudelitate vincamur? Nam vicisse extraneas nationes ratione virium est bellantium populorum, vincere autem vitia et peccata virtus morum. In illis ergo proeliis fortiores nos exsistimus illis, in his vero nobis ipsis fortiores simus. Qui enim fuerit in isto certamine superatus victoriam obtinet victus. Victor autem post victoriam vincitur, si pietas ab impietate superatur. Vincat ergo pietas in isto congressu. Bene enim omnium adversariorum poterimus esse victores, si sola pietate vincamus. Omnium enim se esse dominum comprobat, qui servum se monstravit pietatis. Melius est ergo me mori salva vita innocentium quam per eorum interitum vitam

Konstantin verfolgt die Christen

Als Konstantin die Christen verfolgte, verließ Silvester die Stadt und versteckte sich mit seinen Priestern auf einem Berg. Konstantin selbst aber wurde aufgrund seiner tyrannischen Verfolgung von unheilbarer Lepra befallen. Daraufhin wurden auf den Rat der Götzenpriester dreitausend Kinder herbeigeschafft, damit er sie töten lasse und in ihrem frischen und warmen Blut bade. Er fuhr dann zu der Stelle, wo das Bad bereitet werden sollte. Die Mütter der Kinder liefen ihm entgegen. Mit aufgelösten Haaren weinten und klagten sie laut. Konstantin kamen auch die Tränen, und er ließ seinen Wagen anhalten, stand auf und sprach: »Hört mir zu, edle Herren und alle Leute, die ihr hier steht. Die Würde des römischen Volkes entspringt der Quelle der Frömmigkeit, der auch dieses Gesetz zu verdanken ist, daß mit dem Tod bestraft wird, wer im Krieg ein Kind tötet. Wie groß wird also die Grausamkeit sein, wenn wir unseren eigenen Kindern antun, was wir fremden Kindern anzutun verboten haben? Was hilft es uns, die Barbaren überwunden zu haben, wenn wir uns der Grausamkeit hingeben? Denn ein Sieg über fremde Völker wird durch den vernünftigen Einsatz militärischer Mittel erzielt. Aber Fehler und Sünden zu überwinden, ist eine Leistung des Charakters. Auf dem Schlachtfeld sind wir also tüchtiger als die fremden Völker; in unseren inneren Kämpfen aber wollen wir noch stärker sein als wir selbst. Denn wer in diesem Kampf überwältigt wird, erringt einen Sieg, obwohl er besiegt ist. Der Sieger aber wird nach seinem Sieg besiegt, wenn seine Frömmigkeit von seiner Ruchlosigkeit überwältigt wird. Es möge also die Frömmigkeit in diesem Streit siegen. Wir werden nämlich leicht Sieger sein können über alle Feinde, wenn wir allein durch die Frömmigkeit siegen. Wer zeigt, daß er ein Diener der Frömmigkeit ist, beweist, daß er Herr über alles ist. Deshalb ist es besser für mich zu sterben, und das Leben unschuldiger Kinder bleibt verschont, als durch den Mord an ihnen mein

recuperare crudelem. Quam tamen recuperare incertum est, cum tamen certum sit, quod sic recuperata crudelis est." Iussit igitur, ut matribus sui pueri redderentur et dona plurima et infinita et vehicula praeberentur. Sicque matres, quae flendo venerant, ad loca sua cum gaudio redierunt. Ipse autem imperator ad palatium suum reversus est.

Sequente vero nocte Petrus et Paulus apparuerunt ei dicentes: "Quoniam exhorruisti effusionem sanguinis innocentis, misit nos Dominus Iesus Christus dare tibi recuperandae consilium sanitatis. Silvestrum igitur episcopum, qui apud montem Siraptim latitat, accerse. Hic tibi piscinam ostendet, in qua immersus tertio ab omni curaberis leprae morbo. Tu vero Christo hanc vicissitudinem reddas, ut idolorum templa diruas, Christi restaures ecclesias et eius deinceps cultor fias." Evigilans igitur Constantinus statim milites misit ad Silvestrum. Videns autem Silvester milites statim ad palmam martyrii credidit se vocari. Deo autem se recommendans et socios secum adhortans Constantino intrepidus praesentatur. Cui Constantinus ait: "Bene te venisse gratulamur." Qui a Silvestro resalutatus narravit ei per ordinem sui somnii visionem. Percunctanti vero Constantino, qui essent illi duo dii, qui sibi apparuerunt, Silvester respondit illos esse Christi apostolos et

Leben zu erhalten, das dann das Leben eines grausamen Verbrechers wäre. Außerdem ist es durchaus nicht sicher, daß ich es erhalte; sicher aber ist, daß es, wenn es auf diese Weise erhalten wird, das Leben eines grausamen Verbrechers ist.«
Darauf gab er den Befehl, den Müttern ihre Kinder zurückzugeben, sie mit Geschenken zu überhäufen und ihnen Wagen zur Verfügung zu stellen. So fuhren die Mütter, die weinend hergekommen waren, voll Freude nach Hause zurück. Der Kaiser selbst aber kehrte in seinen Palast zurück.

Konstantins Heilung

In der folgenden Nacht erschienen ihm Petrus und Paulus und sprachen zu ihm: »Da du ja davor zurückgeschreckt bist, unschuldiges Blut zu vergießen, hat uns der Herr Jesus Christus geschickt, um dir einen Weg zu zeigen, wie du deine Gesundheit wiederbekommen kannst. Laß den Bischof Silvester herbeiholen, der sich auf dem Berg Sirapte versteckt hält. Er wird dir einen Brunnen zeigen, in dem du dreimal untertauchen mußt, um von der Lepra völlig zu genesen. Du aber mögest Christus folgende Gegenleistung erbringen: Zerstöre die Tempel der heidnischen Götter. Baue die Kirchen Christi wieder auf und werde dann sein Diener.« Als Konstantin aufwachte, schickte er sofort Soldaten zu Silvester. Als Silvester aber die Soldaten erblickte, glaubte er, daß er gleich zum Martyrium gerufen werde. Er legte sein Leben in Gottes Hand, ermahnte seine Gefährten und trat furchtlos vor Konstantin hin. Zu ihm sprach dann Konstantin: »Wir freuen uns, daß du wohlbehalten hierhergekommen bist.« Silvester erwiderte seinen Gruß, und Konstantin erzählte ihm der Reihe nach von der Erscheinung, die er im Traum gehabt hatte. Als Silvester von Konstantin gefragt wurde, wer denn die beiden Götter gewesen seien, die ihm erschienen seien, antwortete er, es seien die Apostel Christi und keine Götter.

non deos. Tunc ad preces imperatoris Silvester apostolorum imagines sibi iussit afferri. Quas ut imperator aspexit, tales esse, qui sibi apparuerunt, exclamavit.

Silvester igitur eum catechumenon fecit et unius hebdomadae sibi ieiunium indixit et carceres aperire monuit. Cumque in aquam descendisset baptismatis, mirabilis ibi emicuit splendor lucis, sicque inde mundus exivit et Christum se vidisse aperuit.
Prima autem die sui baptismatis hanc legem dedit, ut Christus in urbe Romana tamquam verus Deus coleretur. Secunda, ut, si quis Christum blasphemaret, puniretur. Tertia, ut, quicumque Christiano fecisset iniuriam, bonorum suorum parte dimidia privaretur. Quarta, ut sicut imperator Romae sic Romanus pontifex caput ab universis episcopis habeatur. Quinta, ut, quicumque in ecclesias confugerit, ab omnibus servetur iniuriis immunis. Sexta, ut nullus nisi de licentia sui antistitis ecclesiam aedificat intra muros alicuius civitatis. Septima, ut ad aedificationem ecclesiarum decimae possessionum regalium tribuantur. Octava imperator ad ecclesiam Sancti Petri venit et de suis culpis se lamentabiliter accusavit. Postmodum arrepto bidente ad fundamentum ecclesiae basilicae construendum terram primus aperuit et duodecim cophinos in suis scapulis foras eiecit. [...]

Darauf ließ Silvester auf Bitten des Kaisers die Bilder der Apostel holen. Als der Kaiser sie gesehen hatte, rief er aus: »Ja, das waren die beiden, die mir erschienen sind.«

Konstantin wird getauft

Silvester machte ihn zu seinem Schüler, verordnete ihm eine Fastenzeit von einer Woche und mahnte ihn, die Gefängnisse zu öffnen. Als Konstantin dann in das Wasser der Taufe gestiegen war, flammte dort ein wunderbares, hell erstrahlendes Licht auf, und er stieg darauf rein aus dem Wasser und erklärte, er habe Christus gesehen.

Am ersten Tag nach seiner Taufe ordnete er an: Christus soll in Rom als wahrer Gott verehrt werden. Am zweiten Tag: Jeder, der Christus schmäht, soll bestraft werden. Am dritten Tag: Jeder, der einem Christen ein Unrecht angetan hat, soll die Hälfte seines Vermögens verlieren. Am vierten Tag: Wie der Kaiser von Rom so soll auch der römische Bischof von allen Bischöfen als Oberhirte anerkannt werden. Am fünften Tag: Jeder, der in einer Kirche Zuflucht sucht, soll vor allem Unrecht geschützt sein. Am sechsten Tag: Niemand darf ohne Erlaubnis eines Bischofs innerhalb der Mauern einer Stadt eine Kirche bauen. Am siebten Tag: Für den Kirchenbau soll der zehnte Teil des kaiserlichen Vermögens gegeben werden. Am achten Tag ging der Kaiser in die Kirche des heiligen Petrus und bekannte unter großem Klagen seine Sünden. Danach ergriff er eine Hacke, brach als erster die Erde für den Bau einer Basilika auf und schaffte auf seinen Schultern zwölf Körbe mit Erde fort. [. . .]

Post aliquos vero dies idolorum pontifices ad imperatorem venerunt dicentes: "Sacratissime imperator, ille draco, qui est in fovea, postquam fidem Christi recepisti, plus quam trecentos homines quotidie interficit flatu suo." Consulente super hoc Constantino Silvestrum respondit: "Ego per Christi virtutem eum ab omni cessare laesione faciam." Promittunt pontifices se, si hoc faciat, credituros. Orante autem Silvestro Sanctus Spiritus ei apparuit dicens: "Securus ad draconem descende tu et duo presbyteri, qui sunt tecum, cumque ad eum veneris, eum taliter alloquaris: 'Dominus noster Iesus Christus de virgine natus, crucifixus et sepultus, qui resurrexit et sedet ad dextram patris, hic venturus est iudicare vivos et mortuos. Tu ergo Satana, eum in hac fovea, dum venerit, exspecta.' Os autem eius ligabis filo et anulo crucis habente signum desuper sigillabis. Postea ad me sani et incolumes venietis et panem, quem vobis paravero, comedetis." Descendit itaque Silvester cum duobus presbyteris in foveam per gradus CL duas secum ferens laternas. Tunc draconi praedicta verba dixit et os ipsius stridentis et sibilantis, ut iussus fuerat, alligavit et ascendens invenit duos magos, qui eos secuti fuerant, ut viderent, si usque ad draconem descenderent, ex draconis foetore paene mortuos. Etiam eos secum adduxit incolumes atque sanos, qui statim cum multitudine infinita conversi sunt sicque Romanorum populus a duplici

Die Zähmung des Drachen

Einige Tage später kamen die Götzenpriester zum Kaiser und sprachen: »Allerheiligster Kaiser, der Drache, der in der Höhle lauert, seitdem du den Glauben an Christus angenommen hast, tötet mit seinem Gifthauch täglich mehr als dreihundert Menschen.« Konstantin fragte in dieser Sache Silvester um Rat, der folgendes empfahl: »Ich werde ihn mit der Kraft Christi dazu bringen, von allen seinen Untaten abzulassen.« Daraufhin versprachen die Priester, daß sie an Christus glauben würden, wenn er dies tue. Silvester betete, und der Heilige Geist erschien ihm mit den Worten: »Steige ohne Sorgen zu dem Drachen in die Höhle und nimm dir zwei Priester mit. Wenn du bei ihm angekommen bist, dann rede ihn folgendermaßen an: ›Jesus Christus, unser Herr, geboren von einer Jungfrau, gekreuzigt und begraben, auferstanden und sitzend zur Rechten des Vaters wird kommen, um die Lebenden und die Toten zu richten. Du, Satan, warte in dieser Grube auf ihn, bis er kommt.‹ Dann wirst du ihm das Maul mit einem Faden zubinden und mit einem Ring, der das Zeichen des Kreuzes trägt, ein Siegel aufdrücken. Dann werdet ihr gesund und wohlbehalten zu mir kommen und das Brot, das ich euch bereitet habe, essen.«

Silvester stieg daraufhin mit zwei Priestern in die Grube, hundertfünfzig Stufen tief, und er hatte zwei Laternen bei sich. Dann sagte er dem Drachen die Worte, die ihm aufgetragen waren, und wie es ihm befohlen war, band er dem Drachen, obwohl er knurrte und zischte, das Maul zu. Dann stieg er wieder nach oben und fand dort zwei Zauberer, die ihm gefolgt waren, um zu sehen, ob er und die beiden Priester tatsächlich zu dem Drachen hinabstiegen. Jetzt lagen sie vom Gestank des Drachen halbtot auf der Treppe. Auch sie nahm er unversehrt und gesund mit nach oben. Sie wurden zusammen mit unzählig vielen anderen sofort zum Glauben bekehrt, und so wurde das römische Volk vor einem zwei-

morte liberatus, scilicet a cultura daemonis et veneno draconis.

Tandem beatus Silvester morti appropinquans clerum de tribus admonuit, scilicet ut inter se caritatem haberent, ecclesias suas diligentius gubernarent et gregem a luporum morsibus custodirent. Post haec in Domino feliciter obdormivit circa annum Domini CCCXX.

fachen Tod bewahrt: vor der Verehrung des Teufels und dem Gift des Drachen.
Als Silvester schließlich seinem Tod nahe war, mahnte er den Klerus, drei Dinge zu beachten: Sie sollten sich gegenseitig lieben, ihre Kirchen mit großer Sorgfalt verwalten und die Herde vor den Bissen der Wölfe bewahren. Darauf entschlief er um das Jahr 320 selig im Herrn.

7

De sancto Paulo eremita

Paulus primus eremita, ut testatur Hieronymus, qui eius vitam conscripsit, fervente Decii persecutione eremum vastissimum adiit ibique in quadam spelunca LX annis hominibus incognitus permansit. Iste autem Decius dicitur fuisse Gallienus, qui fuit binomius, qui coepit anno Domini CCLVI. Videns enim sanctus Paulus Christianis tot tormentorum genera irrogari in eremum aufugit, eo siquidem tempore duo iuvenes Christiani comprehenduntur, quorum unus toto corpore melle perungitur et sub ardore solis aculeis muscarum et crabronum et vesparum lacerandus exponitur. Alter vero mollissimo lecto imponitur et in loco amoenissimo collocatur, ubi aeris erat temperies, rivorum sonitus, cantus avium et florum olfactus. Funibus tamen floreis coloribus obtectis sic iuvenis cingitur, ut manibus vel pedibus se iuvare non posset. Adest quaedam iuvencula corpore pulcherrima et impudica ac impudice tractat iuvenem Dei amore repletum. Cum autem ille in carne motus contrarios rationi sensisset, non habens arma, quibus ab hoste se eruat, linguam propriam dentibus suis incidit et in faciem impudicae exspuit et sic tentationem dolor fugavit et trophaeum laude dignum promeruit. Horum et aliorum poenis sanctus Paulus territus eremum petiit.

7

Der heilige Einsiedler Paulus

Warum Paulus zum Einsiedler wurde

Paulus, der erste Eremit, ging, wie sein Biograph Hieronymus bezeugt, während der Christenverfolgung des Decius in die tiefste Einöde und lebte dort sechzig Jahre unerkannt in einer Höhle. Dieser Decius aber soll eigentlich Gallienus gewesen sein, der zwei Namen hatte und im Jahre 256 Kaiser wurde. Als nämlich der heilige Paulus sah, daß den Christen so vielfältiges Leid angetan wurde, floh er in die Einsamkeit. So wurden zu dieser Zeit tatsächlich zwei junge Männer christlichen Glaubens gefangengenommen: Der eine von ihnen wird am ganzen Körper mit Honig bestrichen und in der Sommerhitze den Stichen der Stechfliegen, Hornissen und Wespen ausgesetzt. Der andere aber wird auf ein besonders weiches Bett gelegt und zu einem sehr schönen Platz gebracht, wo ein warmer Wind wehte, ein Bach plätscherte, die Vögel sangen und die Blumen dufteten. Doch er wird mit Stricken, die mit bunten Blumen durchwirkt sind, so festgebunden, daß er weder Hände noch Füße bewegen kann. Bei ihm befindet sich ein sehr schönes junges Mädchen ohne Schamgefühl, das den von der Liebe zu Gott erfüllten Jüngling auf unanständige Weise berührt. Als er aber gegen seinen Willen fleischliche Regungen empfand und weil er keine Waffen hatte, mit denen er sich von dem Feind hätte befreien können, biß er sich mit seinen Zähnen seine eigene Zunge ab und spuckte sie der Schamlosen ins Gesicht. Auf diese Weise vertrieb der Schmerz die Versuchung, und er errang einen ruhmvollen Sieg. Entsetzt über die Quälereien an diesen und anderen Menschen floh Paulus in die Wüste.

Eo tempore cum Antonius primum se inter monachos eremicolam cogitaret, in somniis alium se multo meliorem eremum colere edocetur. Qui dum eum per silvas inquireret, obvium habuit hippocentaurum, hominem equo mixtum, qui ei viam dextram demonstravit. Postmodum obvium habuit animal, ferens fructus palmarum, supra imagine hominis insignitum, deorsum vero caprae formam habens. Qui dum ipsum per Deum coniuraret, ut sibi diceret, quis esset, respondit se esse Satyrum, deum silvarum secundum errorem gentilium. Postremo obviavit ei lupus, qui eum ad cellam sancti Pauli perduxit.
Paulus autem Antonium praesentiens ostium sera clausit. Antonius vero rogat, ut sibi aperiat, asserens se numquam inde recessurum, sed ibi potius moriturum. Victus Paulus ei aperuit, statimque ambo in amplexus ruunt.

Cumque hora prandii adesset, corvus duplicatam panis partem attulit. Cumque de hoc Antonius miraretur, respondit Paulus, quod Deus sibi omni die taliter ministrabat et praebendam propter hospitem duplicaverat. Pia lis oritur, quis magis dignus esset panem dividere. Defert Paulus hospiti et Antonius seniori. Tandem uterque manum apponunt et in aequas partes panem dividunt.

Antonius auf dem Weg zu Paulus

Damals glaubte Antonius, daß er der erste Mönch sei, der in der Wüste lebte. Im Traum aber wird er belehrt, daß ein andrer, noch viel besserer Mensch die Wüste bewohne. Während er ihn in den Wäldern suchte, kam ihm ein Hippozentaur entgegen, ein Lebewesen halb Mensch, halb Pferd, das ihm den richtigen Weg zeigte. Danach begegnete ihm wieder ein Lebewesen, das Früchte von Palmen bei sich hatte und oben wie ein Mensch aussah, unten die Gestalt einer Ziege hatte. Als Antonius dieses Wesen im Namen Gottes inständig darum bat, ihm zu sagen, wer es sei, antwortete es: »Ich bin Satyrus, der Gott der Wälder nach dem Irrglauben der Heiden.« Schließlich kam ihm noch ein Wolf entgegen, der ihn zur Zelle des heiligen Paulus führte.
Paulus aber verriegelte seine Tür, als er den heiligen Antonius ankommen sah. Antonius bat jedoch darum, daß Paulus ihn einlasse, und fügte hinzu, er werde auf keinen Fall wieder fortgehen, sondern lieber vor der Tür sterben. Paulus ließ sich überreden und öffnete die Tür, und beide fielen sich sogleich in die Arme.

Der doppelte Brotlaib

Als es aber Zeit war zu essen, brachte ein Rabe einen doppelten Brotlaib. Da Antonius darüber erstaunt war, erklärte ihm Paulus, daß Gott ihn jeden Tag auf diese Weise bediene und das Brot wegen des Gastes verdoppelt habe. Nun begann ein frommer Streit darüber, wer von beiden eher dazu berechtigt sei, den Brotlaib zu teilen. Paulus trägt es dem Gast, Antonius dem Älteren an. Schließlich fassen beide an und teilen das Brot in zwei gleiche Teile.

Cum autem Antonius rediens iam cellae suae appropinquaret, vidit angelos Pauli animam deferentes. Qui velociter rediens invenit corpus Pauli flexis genubus in modum orantis erectum, ita ut ipsum vivere aestimaret. Sed cum ipsum mortuum didicisset, ait: "O sancta anima, quod gerebas in vita, in morte monstrasti." Cum autem non haberet, unde sepulturam faceret, ecce duo leones advenerunt et foveam paraverunt sepultoque eo ad silvam redierunt. Antonius autem tunicam Pauli ex palmis contextam assumpsit, qua postmodum in solemnitatibus utebatur. Obiit autem circa annos CCLXXXVII.

Paulus' Ende

Als nun Antonius heimkehrte und sich schon seiner Zelle näherte, sah er, daß die Engel die Seele des Paulus in den Himmel trugen. Er kehrte schleunigst um und fand den Körper des Paulus in knieender Haltung und aufrecht, als ob er in ein Gebet versunken sei, so daß er meinte, Paulus sei noch am Leben. Als er aber festgestellt hatte, daß Paulus tot war, sagte er: »Du heilige Seele, was du im Leben getan hast, das hast du sogar im Tode bewiesen.« Als er aber nicht wußte, wie er ihn bestatten sollte, kamen plötzlich zwei Löwen, gruben ein Grab und kehrten nach Paulus' Bestattung wieder in den Wald zurück. Antonius aber nahm das aus Palmenblättern gefertigte Hemd des Paulus an sich, das er später zu feierlichen Anlässen trug. Paulus starb um das Jahr 287.

8

De sancto Macario

Macarius abbas descendit per vastitatem deserti et intravit dormire in monumentum, ubi sepulta erant corpora paganorum, et extraxit unum corpus sub caput suum tamquam pulvinarium. Daemones autem volentes eum terrere vocabant quasi unam mulierem dicentes: "Surge et veni nobiscum ad balneum." Et alter daemon sub ipso tamquam ex mortuo illo dicebat: "Peregrinum quendam habeo super me, non possum venire." Ille autem non expavit, sed respondebat corpori illi dicens: "Surge et vade, si potes." Et audientes daemones fugerunt voce magna clamantes: "Vicisti nos, domine."

Dum aliquando abbas Macarius in palude ad cellam suam praeteriret, occurrit ei diabolus cum falce messoria et volens eum cum falce percutere non potuit. Et dixit ei: "Multam violentiam patior a te, Macari, quia non possum praevalere adversum te. Ecce enim quidquid tu facis, et ego facio. Ieiunas tu, et ego penitus non comedo, vigilas tu, et ego modo non dormio. Unum est solummodo, in quo me superas." Et dixit abbas: "Quid est illud?" Cui ille: "Humilitas tua, per quam non praevaleo adversum te."

8

Der heilige Macarius

Das Kopfkissen

Der Abt Macarius ging einst durch eine völlig verlassene Gegend und trat, um zu schlafen, in ein Grabmal ein, wo die Körper der Heiden bestattet waren. Er zog einen Leichnam aus seinem Grab heraus und legte ihn wie ein Kissen unter seinen Kopf. Die bösen Geister aber wollten ihm Angst machen. Sie redeten den Leichnam an, als ob es sich um eine Frau handelte, und sagten zu ihm: »Steh auf und komm mit uns ins Bad.« Ein anderer böser Geist erwiderte, als ob er aus dem Toten unter Macarius' Kopf spräche: »Ich habe einen Pilger auf mir liegen; ich kann nicht kommen.« Macarius aber bekam davon keine Angst, sondern sagte zu dem Leichnam: »Steh ruhig auf und geh, wenn du kannst.« Als die bösen Geister dies hörten, flohen sie und schrien laut: »Du hast uns besiegt, Herr.«

Die Demut

Macarius ging einmal an einem Sumpf vorbei, um zu seiner Zelle zu gelangen. Da trat ihm der Teufel mit einer Sichel entgegen. Er wollte ihn mit der Sichel niederschlagen, konnte es aber nicht. Darauf sagte er zu ihm: »Macarius, ich leide sehr unter dir. Denn ich kann dich nicht besiegen, tue ich doch alles, was auch du tust. Du fastest, und auch ich esse nichts. Du wachst, und auch ich verzichte auf jeden Schlaf. Es gibt aber offensichtlich eines, worin du mich übertriffst.« Darauf fragte der Abt: »Was ist das?« Der Teufel antwortete: »Es ist deine Demut, in der ich dir unterlegen bin.«

Dum tentationes ipsum iuvenem molestarent, surgens et magnum saccum arenae humeris suis imponens diebus multis sic per desertum ibat. Quem Theosebius inveniens dixit: "Abba, cur tantum onus portas?" Et ille: "Vexo vexantem me."

Abbas Macarius vidit Satanam transeuntem in habitu hominis et habentem vestimentum lineum laceratum, et per omnia foramina dependebant ampullae et dixit ei: "Quo vadis?" Et ille: "Vado potionare fratres." Cui Macarius: "Quare tot ampullas portas?" Respondit: "Gustum fratribus porto, et si unum alicui non placebit, offeram aliud vel tertium, et sic per ordinem, ut aliquid placeat." Et cum rediret, dixit ei Macarius: "Quid fecisti?" Respondit: "Omnes sanctificati sunt et nemo mihi acquievit, nisi unus, qui vocatur Theotistus." Surgens autem Macarius illuc ivit et fratrem tentatum inveniens sua eum exhortatione convertit. Post haec iterum eum Macarius inveniens dixit: "Quo vadis?" Cui ille: "Ad fratres vado." Revertenti occurrit senex et dixit: "Quid faciunt fratres illi?" Cui diabolus: "Male." Et dixit: "Quare?" – "Quia omnes sancti sunt et, quod est maius malum, unum, quem habebam, amisi et omnibus sanctior factus est." Audiens hoc senex gratias egit Deo.

Der Sack

Als er noch jung war, litt er unter den Versuchungen des Leibes. Er stand auf, legte sich einen großen Sack mit Sand auf die Schultern und ging so viele Tage durch die Wüste. Da traf ihn Theosebius und fragte ihn: »Warum, Herr Abt, schleppt Ihr eine so schwere Last?« Macarius antwortete: »Ich quäle den, der mich quält.«

Die Flaschen

Der Abt Macarius sah, wie der Satan in der Gestalt eines Menschen an ihm vorbeiging. Er trug ein zerrissenes Kleid aus Leinen, und aus allen Öffnungen hingen Flaschen heraus. Da fragte ihn Macarius: »Wohin gehst du?« Der Teufel antwortete: »Ich gehe, um den Brüdern zu trinken zu geben.« Darauf Macarius: »Warum nimmst du so viele Flaschen mit?« Der Teufel erwiderte: »Ich bringe sie den Brüdern zum Probieren, und wenn einem die eine Flasche nicht zusagt, dann werde ich ihm eine zweite oder dritte anbieten und so weiter, bis ihm irgendeine gefällt.« Als er zurückkam, wurde er von Macarius gefragt: »Was hast du nun ausgerichtet?« Der Teufel erwiderte: »Sie sind alle heilig geworden, und keiner ist mit mir zufrieden gewesen außer einem mit dem Namen Theotistus.« Da machte sich Macarius auf und ging zu Theotistus. Er fand den vom Teufel in Versuchung geführten Bruder und brachte ihn mit mahnenden Worten wieder auf den rechten Weg. Danach begegnete Macarius dem Teufel zum zweiten Mal und fragte ihn: »Wohin gehst du?« Der Teufel antwortete: »Ich gehe zu den Brüdern.« Als er zurückkam, ging ihm der alte Mann entgegen und fragte: »Was machen die Brüder?« Darauf der Teufel: »Es steht schlecht um sie.« – »Warum?« fragte Macarius. »Weil sie alle heilig sind, und was das größte Übel ist, ich habe den einen, den ich bereits besaß, verloren, und der ist noch heiliger als alle anderen geworden.« Als der Alte das hörte, dankte er Gott.

Quodam die sanctus Macarius caput defuncti reperit et, dum orasset, interrogavit illud, cuius caput fuerit. Et respondit se fuisse paganum. Et dixit ei Macarius: "Ubi est anima tua?" Respondit: "In inferno." Cumque requireret, si multum in profundo esset, respondit, quod tantum in profundo esset, quantum distaret terra a coelo. Cui Macarius: "Suntne aliqui te profundiores?" Respondit: "Etiam, Iudaei." Cui iterum ille: "Et ultra Iudaeos suntne aliqui profundiores?" Cui ille: "Profundiores omnibus sunt falsi Christiani, qui Christi sanguine redempti tantum pretium parvi pendunt."

Dum per quandam solitudinem profundissimam pergeret, ad milliare harundinem figebat, ut postmodum redire sciret. Sed dum iam novem diaetas fecisset et in quodam loco quiesceret, diabolus omnes harundines collegit et ad caput eius posuit, unde ad redeundum plurimum laborabat.

Frater quidam plurimum cogitationibus suis molestabatur, quod scilicet in cella sua inutiliter esset, sed si inter homines habitaret, multis prodesse posset. Qui cum cogitationes suas Macario retulisset, ille ait: "Fili, sic illis responde: Hoc saltem facio, quia propter Christum parietes istius cellae custodio."

Die verschiedenen Tiefen der Hölle

Eines Tages fand der heilige Macarius den Kopf eines Toten. Er sprach ein Gebet und fragte den Kopf, wem er gehört habe. Er sagte, er sei Heide gewesen. Macarius sprach zu ihm: »Wo ist deine Seele?« Er antwortete: »In der Hölle.« Und als Macarius fragte, ob er tief in der Hölle sei, erwiderte er, er sei so tief in der Hölle, wie die Erde vom Himmel entfernt sei. Darauf Macarius: »Gibt es noch welche, die tiefer sind als du?« Er antwortete: »Ja, die Juden.« Macarius fragte weiter: »Und gibt es welche, die noch tiefer als die Juden sind?« Dazu jener: »Tiefer als alle anderen sind die falschen Christen, die durch Christi Blut erlöst sind und ein so großes Geschenk mißachten.«

Die Gemeinheit des Teufels

Macarius ging einmal durch eine völlig menschenleere Gegend. Nach jeder Meile steckte er ein Schilfrohr in die Erde, um später seinen Rückweg wiederzufinden. Aber als er neun Tage gegangen war und sich irgendwo hinlegte, um sich auszuruhen, sammelte der Teufel alle Schilfrohre ein und legte sie neben den Kopf des Schlafenden. Daher hatte er sehr große Mühe heimzufinden.

Die Skrupel des Klausners

Ein gewisser Bruder litt sehr unter dem Gedanken, daß er in seiner Klause völlig nutzlos sei, aber sehr hilfreich wirken könne, wenn er unter den Menschen lebe. Nachdem er Macarius von seinen Gedanken erzählt hatte, sagte dieser: »Mein Sohn, halte deinen Gedanken folgende Überlegung entgegen: Ich tue dies nur, weil ich um Christi willen die Wände dieser Klause bewache.«

Dum quendam pulicem se pungentem manu occidisset et multum de illo sanguinis emanasset, reprehendens se, quod propriam vindicasset iniuriam, nudus sex mensibus in deserto mansit et inde a scabronibus totus laceratus exivit. Post hoc multis clarus virtutibus in pace quievit.

Der Floh

Macarius schlug einst einen Floh tot, der ihn gebissen hatte. Als viel Blut aus diesem herausgequollen war, machte er sich Vorwürfe, weil er sich für die Untat, die der Floh an ihm begangen hatte, gerächt hatte. Also hielt er sich sechs Monate lang völlig nackt in der Wüste auf und kam von Ungeziefer völlig zerstochen wieder nach Hause. Darauf starb er in Frieden, durch viele gute Taten berühmt geworden.

9

De sancto Antonio

Antonius cum XX esset annorum et audiret legi in ecclesia: "Si vis perfectus esse, vade et vende omnia, quae habes, et da pauperibus", omnia sua vendens pauperibus erogavit et eremiticam vitam duxit. Vir innumerabilia daemonum tentamenta sustinuit. Quadam vice dum spiritum fornicationis virtute fidei superasset, diabolus in specie pueri nigri ante eum prostratus apparuit et se ab eo victum confessus est. Nam et hoc precibus impetravit, ut videret fornicationis daemonem iuvenibus insidiantem. Quem cum in praedicta forma vidisset, dixit: "Vilissima mihi apparuisti specie, te ultra non timebo."

Alia vice dum in quodam tumulo latitaret, multitudo daemonum eum adeo laceravit, quod minister eius quasi mortuum eum propriis umeris asportaret. Cumque eum omnes, qui convenerant, quasi mortuum plorassent, dolentibus cunctis subito Antonius reviviscit et a ministro ad praedictum tumulum se iterum portari fecit. Qui cum ibi ex dolore vulnerum prostratus iaceret, ex virtute animi ad conflictum daemones excitabat. Tunc illi in formis variis ferarum apparuerunt et eum iterum dentibus, cornibus et unguibus crude-

9

Der heilige Antonius

Der schwarze Knabe

Als Antonius zwanzig Jahre alt war und in der Kirche eine Stimme sprechen hörte: »Wenn du vollkommen sein willst, dann geh hin und verkaufe alles, was du hast, und gib es den Armen«, verkaufte er seinen gesamten Besitz, verteilte den Gewinn unter die Armen und führte das Leben eines Eremiten. Aber er mußte unzählige Versuchungen der bösen Geister über sich ergehen lassen. Als er einmal den Gedanken an sinnliche Lust durch die Kraft des Glaubens überwunden hatte, warf sich ihm der Teufel in Gestalt eines schwarzen Knaben zu Füßen und bekannte ihm, daß er von ihm besiegt worden sei. Denn Antonius hatte Gott darum gebeten, daß er den Dämon der sinnlichen Begierde, der den jungen Männern zusetze, sehen dürfe. Als er diesen in der genannten Gestalt gesehen hatte, sprach er: »Du hast mir einen äußerst elenden Anblick geboten. In Zukunft werde ich dich nicht mehr fürchten.«

Die bösen Geister

Als er sich einmal in einem Grabmal versteckte, setzte ihm eine große Menge böser Geister so schrecklich zu, daß sein Diener ihn wie tot auf den Schultern wegtragen mußte. Und alle, die sich um ihn versammelt hatten, weinten, als ob er tatsächlich tot sei. Während sich nun alle ihrem Schmerz hingaben, wachte Antonius wieder auf und ließ sich erneut von seinem Diener zu dem besagten Grabmal tragen. Als er nun dort von den Schmerzen seiner Wunden überwältigt auf der Erde lag, reizte er mit der Kraft seines Herzens die bösen Geister wiederum zum Kampf. Darauf erschienen jene in Gestalt verschiedener Tiere und verwundeten ihn mit ihren

lissime laceraverunt. Tunc subito splendor mirabilis ibi apparuit et daemones cunctos fugavit. Antonius autem continuo sanatus est. Ibique Christum adesse intellegens ait: "Ubi eras, bone Iesu? Ubi eras? Quare non a principio fuisti hic, ut me adiuvares et vulnera mea sanares?" Cui Dominus: "Antoni, hic eram, sed exspectabam videre certamen tuum: Nunc autem, quia viriliter dimicasti, in toto orbe te faciam nominare."

Tanti autem fervoris erat, quod, cum Maximianus imperator Christianos occideret, ipse martyres sequebatur, ut cum iis martyr fieri mereretur, et vehementer tristabatur, eo quod sibi martyrium non daretur.

Cum autem in alteram eremum pergeret, argenteum discum reperit et intra se sic dicere coepit: "Unde hic argenteus discus, ubi hominum vestigia nulla videntur? Si enim viatori cecidisset, utique prae sui magnitudine latere non posset. Hoc, diabole, artificium tuum est, voluntatem tamen meam numquam poteris immutare." Et hoc dicens, discus ut fumus evanuit. Postmodum ingentem massam veri auri reperit, sed ut incendium aurum fugit, sicque ad montem fugiens XX annis ibi permansit innumeris coruscans miraculis.

Zähnen, Hörnern und Krallen auf fürchterliche Weise. Dann erstand plötzlich eine wunderbare Helligkeit um ihn herum und vertrieb alle bösen Geister. Antonius aber wurde auf der Stelle ganz gesund. Da erkannte er, daß Christus da war, und er sprach: »Wo warst du, mein guter Jesus? Wo warst du? Warum bist du nicht von Anfang an hier gewesen, um mir zu helfen und meine Wunden zu heilen?« Der Herr erwiderte ihm: »Antonius, ich war hier. Aber ich wartete ab, um deinen Kampf zu sehen: Jetzt aber werde ich dich in aller Welt berühmt machen, weil du so tapfer gekämpft hast.«

Die göttliche Leidenschaft

Antonius war von göttlicher Leidenschaft so erfüllt, daß er, als Kaiser Maximian die Christen ermordete, sich selbst den Märtyrern anschloß, um sich das Martyrium zu verdienen, und er wurde sehr traurig, weil ihm das Martyrium nicht zuteil wurde.

Die silberne Schale und der Goldklumpen

Als er aber in eine andere einsame Gegend zog, fand er eine silberne Schale und sprach zu sich selbst: »Wo kommt bloß die silberne Schale her, da doch keine Spuren von Menschen zu sehen sind? Wenn sie nämlich ein Wanderer verloren hätte, dann hätte ihm dies doch angesichts ihrer Größe nicht entgehen können. Teufel, das ist dein Werk, doch du wirst meinen Willen niemals ändern können.« Und während er dies sagte, verschwand die Schale wie Rauch. Danach fand er einen gewaltigen Klumpen aus reinem Gold, aber er mied das Gold, als ob es Feuer wäre, und floh auf einen Berg, wo er zwanzig Jahre blieb und durch unzählige Wunder berühmt wurde.

Quadam vice dum in spiritu raptus esset, totum mundum laqueis se invicem connectentibus plenum vidit. Qui exclamans ait: "O quis istos evadet?" Et audivit: "Humilitas."

Aliquando dum ab angelis in aere elevaretur, adsunt daemones et eius transitum prohibent, peccata eius ab exordio nativitatis eius obicientes. Quibus angeli: "Non debetis illa narrare, quae Christi pietate iam sunt deleta. Si qua autem scitis, ex quo factus est monachus, illa proferte." Et cum in probatione deficerent, liber Antonius in sublime tollitur et liber deponitur.

Narrat Antonius de se dicens: "Vidi aliquando diabolum celsum corpore. Qui se Dei virtutem et providentiam ausus est dicere et ait: 'Quid vis, ut a me tibi detur, Antoni?' At ego sputa in os eius congeminans totum me in eum Christi nomine armatus ingessi, et statim evanuit."
Huic diabolus aliquando in tanta proceritate apparuit, quod coelum capite tangere videretur. Quem cum Antonius, quis esset, interrogasset et ipse se satanam esse dixisset, addidit satanas: "Cur me sic impugnant monachi et maledicunt Christiani?" Cui Antonius: "Iuste hoc faciunt, quia tuis saepe insidiis molestantur. Et ille: "Ego eos nequaquam molesto,

Die Verstrickung

Als er einmal geistig entrückt war, sah er die ganze Welt von Stricken umspannt. Da schrie er laut: »Ach, wer wird dieser Verstrickung entkommen?« Darauf hörte er: »Die Demut.«

Eine Himmelfahrt

Einmal wurde er von Engeln in die Luft gehoben. Da waren aber auch böse Geister und hinderten ihn an seinem Weg in die Höhe. Sie warfen ihm alle seine Sünden vor, die er seit frühester Jugend begangen hatte. Da sprachen die Engel zu den bösen Geistern: »Ihr braucht nicht zu erwähnen, was schon durch Christi Liebe getilgt ist. Wenn ihr aber von Sünden wißt, seitdem er Mönch ist, dann bringt es vor.« Weil sie aber dafür keine Beweise erbringen konnten, wurde Antonius in den Himmel gehoben und ohne Störung wieder auf die Erde zurückgesetzt.

Der Teufel in Riesengestalt

Antonius erzählte folgende Geschichte über sich selbst: »Ich habe einmal den Teufel in riesengroßer Gestalt gesehen. Er wagte zu behaupten, er sei die Kraft und die Weisheit Gottes. ›Was soll ich dir geben, Antonius?‹ Ich aber spuckte ihm ins Gesicht und stürzte mich bewaffnet mit dem Namen Christi voll auf ihn, und er verschwand sofort.«
Einmal erschien ihm der Teufel in so großer Gestalt, daß er den Himmel mit dem Kopf zu berühren schien. Antonius fragte ihn, wer er denn sei, und er erklärte, er sei der Satan, und fügte noch hinzu: »Warum bekämpfen mich die Mönche so und warum schmähen mich die Christen?« Antonius erwiderte: »Sie tun recht daran, weil sie so oft durch deine Untaten in Bedrängnis gebracht werden.« Darauf der Satan: »Ich

sed ipsi invicem se conturbant. Ego enim ad nihilum sum redactus, quia iam in cunctis partibus regnat Christus."

Quidam sagittarius beatum Antonium gaudentem cum fratribus quadam vice conspexit et ei displicuit. Cui Antonius: "Pone sagittam in arcu et trahe." Quod et fecit, cumque hoc secundo et tertio fieri mandasset, dixit sagittarius: "Tantum trahere potero, quod de eius fractione dolebo." Cui Antonius: "Sic est in opere Dei, quoniam, si supra mensuram tendere vellemus, citius frangeremur. Expedit ergo rigorem aliquando relaxari." Hoc audiens ille aedificatus recessit.

Interrogavit quidam Antonium dicens: "Quid custodiens placebo Deo?" Et respondens dixit: "Quocumque vadis, semper Deum pro oculis tuis habeas; in his, quae agis, testimonium sacrae scripturae adhibeas; in quocumque loco sederis, non inde cito recedas. Haec tria custodi et salvus eris."

bedränge sie nie, sondern sie verwirren sich gegenseitig. Denn ich bin zu einem Nichts geworden, weil Christus schon überall regiert.«

Der Bogenschütze

Einmal sah ein Bogenschütze, wie der heilige Antonius mit seinen Brüdern fröhlich zusammensaß. Das mißfiel ihm. Da sagte Antonius zu ihm: »Lege einen Pfeil auf deinen Bogen und spanne die Sehne.« Der Bogenschütze tat das, und als Antonius ihn ein zweites und ein drittes Mal dazu aufgefordert hatte, sagte der Bogenschütze: »Ich werde meinen Bogen nur so lange spannen können, bis ich zu beklagen habe, daß er zerbrochen ist.« Darauf Antonius: »So ist es auch mit dem Dienst an Gott. Wenn wir uns über das rechte Maß hinaus anstrengen wollten, dann würden wir ziemlich schnell zerbrechen. Es ist also angebracht, die Anspannung dann und wann zu lockern.« Als der Bogenschütze das hörte, ging er innerlich erbaut davon.

Die drei Regeln

Jemand fragte Antonius: »Was muß ich beachten, um Gott zu gefallen?« Er gab ihm zur Antwort: »Habe stets, wohin du auch gehst, Gott vor Augen; in allem, was du tust, beziehe dich auf das Zeugnis der Heiligen Schrift; wo du auch sitzt, da geh nicht so schnell wieder fort. – Beachte diese drei Regeln, und du wirst selig sein.«

Abbas quidam interrogavit Antonium dicens: "Quid faciam?" Cui Antonius: "Non confidas in tua iustitia, ventris et linguae sit tibi continentia et ne poeniteаris de re transacta." Dixit iterum Antonius: "Sicut pisces, si in sicco tardaverint, moriuntur, ita et monachi extra cellam tardantes aut cum viris saecularibus immorantes a quietis proposito resolvuntur." Iterum dixit Antonius: "Qui sedet in solitudine et quiescit, a tribus bellis eripitur, scilicet auditus, locutionis et visus, et contra unum tantummodo pugnam habebit, scilicet cordis."

Quidam fratres cum quodam sene ad abbatem Antonium visitandum iverunt. Dixitque Antonius fratribus: "Bonum comitem habuistis senem hunc." Deinde dixit seni: "Bonos fratres invenisti tecum, abba?" Cui ille: "Bonos quidem inveni, sed habitatio eorum non habet ianuam. Quicumque enim vult, intrat in stabulum et solvit asinum." Hoc autem dicebat, quoniam omnia, quae erant in corde eorum, statim erant in ore.

Dixit abbas Antonius: "Scire convenit: Quoniam sunt tres motus corporales, unus quidem naturae, alius ex ciborum plenitudine, tertius ex daemone." Frater quidam renuntiaverat saeculo, sed non plene, quia quaedam sibi retinebat. Cui

Über die Ruhe des Herzens

Ein Abt fragte Antonius: »Was soll ich tun?« Antonius antwortete: »Vertraue nicht auf deine Gerechtigkeit, beherrsche deinen Bauch und deine Zunge und trauere Vergangenem nicht nach.« Er fügte noch hinzu: »Wie die Fische sterben, wenn sie auf dem Trockenen bleiben, so werden auch die Mönche, wenn sie außerhalb ihrer Zelle verweilen und mit den Menschen der Welt zusammenkommen, von ihrem Vorsatz, ein Leben der inneren Ruhe zu führen, abgebracht.« Weiterhin sagte Antonius: »Wer sich in der Abgeschiedenheit befindet und zur Ruhe kommt, hält sich aus einem dreifachen Kampf heraus: aus dem Kampf des Hörens, des Sprechens und des Sehens, und er wird nur noch gegen eines kämpfen müssen: gegen sein Herz.«

Die offene Tür

Einige Brüder kamen einmal mit einem alten Mann zu Vater Antonius zu Besuch. Antonius sprach zu den Brüdern: »Ihr habt in diesem Greis einen guten Begleiter.« Dann sagte er zu dem alten Mann: »Hast du auch gute Brüder gefunden, Vater?« Darauf jener: »Gewiß habe ich gute Brüder gefunden, aber ihre Wohnung hat keine Tür. Denn jeder, der will, tritt ein in den Stall und bindet den Esel los.« Er meinte damit, daß alles, was in ihren Herzen war, sofort auf ihren Lippen war.

Abkehr von der Welt

Der Abt Antonius sagte: »Man sollte folgendes wissen: Es gibt drei leibliche Regungen: eine kommt von der Natur, die zweite aus der Üppigkeit des Essens und die dritte vom Teufel.« Ein Bruder hatte sich von der Welt abgekehrt, aber nicht vollständig, weil er noch einen Teil seines Vermögens bei sich

Antonius: "Vade et eme carnes." Qui vadens emit carnes, et portans eas dum veniret, lacerabant eum canes. Cui Antonius: "Qui renuntiant saeculo et volunt habere pecunias, ita impugnati a daemonibus discerpuntur."

Antonius dum in eremo taedio afficeretur, dixit: "Domine, volo salvus fieri et non permittunt me cogitationes meae." Et surgens exivit foras et vidit quendam sedentem atque operantem et deinde surgentem et orantem. Erat autem angelus Domini et dixit ei: "Sic fac et salvus eris."

Cum quadam vice fratres de statu animarum ab Antonio quaesivissent, sequenti nocte vox vocavit eum dicens: "Surge et exi et vide." Et ecce vidit quendam longum et terribilem caput usque ad nubes tollentem, qui quosdam pennatos ad coelum volare cupientes extensis manibus prohibebat et alios libere pervolantes retinere non poterat. Et maximum gaudium mixtum cum nimio dolore audiebat et intellexit animarum illum esse adscensum et diabolum prohibentem, qui quasdam obnoxias retineret et de sanctorum volatu, quos retinere non poterat, sic doleret.

behielt. Antonius sagte zu ihm: »Geh und kauf Fleisch.« Er ging hin und kaufte Fleisch, aber während er mit dem Fleisch über die Straße ging, bissen ihn die Hunde. Antonius sagte dazu: »Wer der Welt absagt und Geld behalten will, wird so von den bösen Geistern angefallen und zerrissen.«

Die Langeweile

Als Antonius in der Einsamkeit einmal von Langeweile befallen wurde, sagte er: »Herr, ich will selig werden, und meine Gedanken erlauben es mir nicht.« Darauf stand er auf und ging hinaus. Da sah er jemanden sitzen und arbeiten und dann aufstehen und beten. Es war ein Engel des Herrn, und er sagte zu ihm: »Handle so und du wirst selig werden.«

Der Flug der Seelen in den Himmel

Als Antonius einmal von seinen Brüdern über die Beschaffenheit der Seelen befragt wurde, rief ihn in der folgenden Nacht eine Stimme und sagte: »Steh auf, geh hinaus und schaue.« Und siehe da, er erblickte eine große, schreckenerregende Gestalt mit einem Kopf, der bis zu den Wolken reichte. Er hinderte einige geflügelte Wesen, die in den Himmel fliegen wollten, mit ausgebreiteten Armen daran, konnte einige aber nicht davon abhalten, ungestört in die Höhe zu fliegen. Antonius hörte gewaltige Freudenschreie vermischt mit furchtbarem Klagen und erkannte folgendes: den Aufstieg der Seelen und den Teufel, der sie daran zu hindern suchte, einige Schuldbeladene zurückhielt und sich über den freien Flug der Heiligen, die er nicht zurückhalten konnte, so sehr ärgerte.

Aliquando dum cum fratribus operaretur Antonius, suspiciens in coelum cum tristem visionem vidisset, provolutus ante Deum rogavit, ut futurum scelus averteret. Fratribus vero super hoc interrogantibus cum lacrimis et singultibus dixit, quod inauditum scelus saeculis immineret. "Vidi", inquit, "altare Dei a multitudine equorum circumdatum, qui calcibus omnia discerpebant. Magno enim turbine fides catholica subvertetur et homines iumentis similes Christi sacramenta diripient." Factaque est vox Domini dicens: "Abominabuntur altare meum." Post duos autem annos erumpentibus Arianis ecclesiae unitatem sciderunt, baptisteria et ecclesias polluerunt et super altaria Christianos ad instar ovium mactaverunt.

Dux quidam Aegyptius Arianus nomine Ballachius cum ita ecclesiam Dei infestaret et virgines et monachos nudatos publice verberaret, sic ei scripsit Antonius: "Video iram Dei super te venientem. Iam desine persequi Christianos, ne ira Dei te occupet, qui proximum tibi minatur interitum." Infelix legit epistolam, irrisit et in eam exsecrans ad terram proiecit ac portitores verberibus multis afficiens Antonio talia remandavit: "Quando tibi est tanta cura de monachis, ad te quoque perveniet nostri disciplina rigoris."
Post quinque autem dies equum suum mansuetissimum insi-

Die traurige Erscheinung

Als Antonius einmal mit seinen Brüdern bei der Arbeit war und am Himmel eine traurige Erscheinung erblickte, fiel er vor Gott auf die Knie und bat darum, daß er das künftige Unheil abwende. Als die Brüder ihn nach dem Sinn dieser Erscheinung fragten, sagte er unter Tränen und Seufzern, daß die Welt von einem unerhörten Unglück heimgesucht werde. »Ich habe gesehen«, sagte er, »daß der Altar Gottes von zahlreichen Pferden umringt war, die mit ihren Hufen alles zerstampften. Das bedeutet: Der rechte Glaube wird von einem großen Sturm umgestoßen, und die Menschen werden wie die Tiere die Heiligtümer Christi zerstören.« Darauf hörte man die Stimme des Herrn, die sprach: »Sie werden meinen Altar entweihen.« Als zwei Jahre später die Arianer losstürmten, zerrissen sie die Einheit der Kirche, beschmutzten die Taufkapellen und Kirchen und schlachteten die Christen wie Schafe auf den Altären.

Die Bestrafung des Ketzers

Ein ägyptischer Fürst mit Namen Ballachius bekämpfte als Arianer die Kirche des Herrn auf diese Weise: Er ließ Nonnen und Mönche in aller Öffentlichkeit nackt auspeitschen. Daraufhin erhielt er von Antonius folgenden Brief: »Ich sehe den Zorn Gottes über dich kommen. Höre jetzt auf, die Christen zu verfolgen, damit der Zorn Gottes dich nicht trifft, der dir deinen baldigen Untergang androht.« Der Unglückselige las den Brief, lachte darüber, verfluchte ihn, warf ihn auf die Erde, ließ die Briefboten heftig verprügeln und Antonius folgendes ausrichten: »Da du dir so große Sorgen um die Mönche machst, wird unsere strenge Zucht auch über dich kommen.«

Fünf Tage später aber wollte er sein an sich sehr gefügiges

dens morsu ipsius equi ad terram proicitur et corrosis atque laceratis cruribus intra triduum exspiravit.

Cum quidam fratres verbum salutis ab Antonio quaesivissent, ait ille: "Audiistis Dominum dicentem, si quis te percusserit in maxillam, praebe ei alteram." Dicunt ei: "Hoc implere non possumus." Et ille: "Saltem de una patienter ferte." Et illi: "Etiam nec haec possemus." Quibus Antonius: "Saltem ne velitis percutere magis quam percuti." Et illi: "Nec hoc possemus." Tunc Antonius dixit discipulo suo: "Sucos praepara fratribus istis, quia nimis delicati sunt: Sola oratio necessaria est vobis." Haec in vitis patrum leguntur.
Tandem beatus Antonius CV anno vitae suae fratres deosculans in pace quievit sub Constantino, qui coepit circa annum Domini CCCXL.

Pferd besteigen. Es biß ihn aber und warf ihn zu Boden. Dann zerstampfte und zerriß es seine Glieder, und er starb drei Tage später.

Die empfindlichen Brüder

Einige Brüder erbaten sich von Antonius ein Wort des Heils. Er sagte daraufhin: »Ihr habt den Herrn folgendes sagen hören: Wenn dich jemand auf die Backe schlägt, dann halte ihm auch noch die andere hin.« Darauf die Brüder: »Das können wir nicht erfüllen.« Antonius: »Dann ertragt doch wenigstens den Schlag auf die eine Backe.« Sie antworteten: »Auch das könnten wir nicht.« Antonius erwiderte: »Habt wenigstens nicht den Wunsch, lieber zu schlagen als geschlagen zu werden.« Die Brüder: »Auch das könnten wir nicht.« Darauf sagte Antonius zu seinem Schüler: »Bereite diesen Brüdern einen Saft, denn sie sind gar zu empfindlich: Ihr habt nur das Gebet nötig.« Das kann man in den Lebensbeschreibungen der Väter nachlesen.

Schließlich küßte der heilige Antonius im 105. Jahr seines Lebens seine Brüder zum Abschied und starb in Frieden zur Zeit des Kaisers Konstantin, der seine Regierung im Jahre 340 antrat.

10
De sancto Sebastiano

Sebastianus vir Christianissimus, Narbonensis genere, civis Mediolanensis Diocletiano et Maximiano imperatoribus adeo carus erat, ut principatum ei primae cohortis traderent et suo aspectui iuberent semper adstare. Hic militarem chlamidem ad hoc tantum ferebat, ut Christianorum animas, quas in tormentis videbat deficere, confortaret. Dum autem praeclarissimi viri Marcellianus et Marcus gemini fratres pro fide Christi decollari deberent, ad eos parentes adveniunt, ut ipsorum animos a suo proposito revocarent. Advenit ergo mater et soluto capite scissisque vestibus uberibusque ostensis aiebat: "O perdulces filii, circumdat me inaudita miseria et intolerabilis luctus. Heu me miseram, amitto filios meos ad mortem ultro tendentes. Quos si mihi hostes auferrent, per media sequerer bella raptores, si violenta iudicia concluderent carcere, irrumperem moritura. Novum hoc pereundi genus est, in quo carnifex rogatur, ut feriat; vita optatur, ut pereat; mors invitatur, ut veniat. Novus hic luctus, nova miseria, in qua natorum iuventus sponte amittitur et parentum miseranda cogitur senectus, ut vivat." Haec dicente matre pater senior manibus adducitur servorum et capite adsperso pulvere huiusmodi voces dabat ad coelum: "Ad mortem ultro proficiscentibus filiis valedicturus adveni, ut, quae meae sepulturae

10

Der heilige Sebastian

Die neue Art zu sterben

Sebastian war ein sehr guter Christ. Er stammte aus Narbonne und war Bürger in Mailand. Bei den Kaisern Diokletian und Maximian war er so beliebt, daß sie ihm das Kommando der ersten Kohorte gaben und ihm befahlen, immer in ihrer Nähe zu sein. Er trug seine Uniform nur zu dem Zweck, die Seelen der Christen zu stärken, die er auf der Folter verzagen sah. Als nun die Zwillingsbrüder Marcellianus und Marcus, zwei sehr berühmte Männer, für ihren Glauben an Christus enthauptet werden sollten, gingen ihre Eltern zu ihnen, um sie von ihrem Willen zum Martyrium abzubringen. Die Mutter kam also mit aufgelösten Haaren, zerrissenen Kleidern und entblößten Brüsten und klagte: »Meine lieben Söhne, mich packt unerhörtes Leid und unerträgliche Trauer. Ach, ich Arme, ich verliere meine Söhne, weil sie freiwillig dem Tod entgegengehen. Wenn Feinde sie mir wegnähmen, würde ich mitten im Schlachtgetümmel die Räuber verfolgen. Wenn unbarmherzige Urteile sie im Kerker einschlössen, stürmte ich hinein, auch wenn ich sterben sollte. Das aber ist eine neue Art zu sterben, wo der Henker darum gebeten wird zuzuschlagen. Man wünscht, daß das Leben vernichtet werde. Der Tod wird eingeladen zu kommen. Das ist eine neue Trauer, ein neues Unglück, bei dem das junge Leben der Kinder freiwillig geopfert wird und die Eltern dazu gezwungen werden, in einem beklagenswerten Alter weiterzuleben.« Während die Mutter diese Worte spricht, wird der alte Vater auf die Arme der Diener gestützt herbeigeführt, und nachdem er Staub über seinen Kopf gestreut hatte, rief er folgende Worte gen Himmel: »Ich bin gekommen, um mich von meinen Söhnen zu verabschieden, die freiwillig in den Tod gehen, und um die Stätte, die ich mir für mein Begräbnis

paraveram, filiorum sepulturis infelix expendam. O filii mei, baculus senectutis et geminum meorum viscerum lumen, cur sic mortem diligitis? Venite hic, iuvenes, flete super iuvenes sponte pereuntes. Venite huc, senes, et mecum super filios meos plangite, accedite huc, patres, et prohibete, ne talia patiamini. Deficite plorando, oculi mei, ne videam filios meos gladio caedi."

Haec dicente patre adveniunt coniuges adspectibus eorum proprios filios offerentes atque eiulando clamantes: "Quibus nos dimittitis? Qui erunt horum infantium domini? Quis vestras largas dividet possessiones? Heu quam ferrea pectora, quia parentes despicitis, amicos respuitis, uxores abicitis, filios abdicatis et vos carnificibus spontaneos exhibetis."

Inter hoc autem coeperunt virorum corda mollescere. Tunc sanctus Sebastianus, qui ibi aderat, erumpens in medium dixit: "O fortissimi milites Christi, nolite per misera blandimenta coronam deponere sempiternam." Sed parentibus dixit: "Nolite timere, non separabuntur a vobis, sed vadunt in coelum vobis parare sidereas mansiones. Nam ab initio mundi haec vita in se sperantes fefellit, se exspectantes decepit, de se praesumentes irrisit et ita nullum omnino certum reddidit, ut omnibus probetur esse mentita. Vita haec admonet furem, ut rapiat, iracundum, ut saeviat, mendacem, ut fallat. Ipsa imperat crimina, iubet facinora, suadet iniusta. Haec autem persecutio, quam hic patimur, hodie excandescit et cras evanescit, hodie exardescit et cras refrigescit, sub una

bereitet hatte, für das Begräbnis meiner Söhne zu verwenden, ich Unglücklicher. Ach, meine Söhne, Stütze des Alters und doppeltes Licht meines Herzens, warum liebt ihr den Tod so sehr? Kommt hierher, ihr Jungen, weint über die Jungen, die freiwillig in den Tod gehen. Kommt hierher, ihr Greise, und trauert mit mir über meine Söhne, kommt her, ihr Väter, und verhindert, daß auch ihr solches erleiden müßt. Werdet blind vom Weinen, meine Augen, damit ich nicht mit ansehen muß, wie meine Söhne mit dem Schwert getötet werden.«
Als der Vater diese Worte gesprochen hatte, kamen auch ihre Frauen zu ihnen, hielten ihnen ihre eigenen Söhne entgegen, klagten und schrien. »Wem liefert ihr uns aus? Welche Herren werden diese unmündigen Kinder haben? Wer wird eure großen Besitztümer teilen? Ach, wie hartherzig seid ihr doch, die ihr eure Eltern verachtet, eure Freunde zurückweist, eure Frauen von euch stoßt, euch von euren Söhnen lossagt und euch freiwillig euren Henkern ausliefert.«
Unter dem Eindruck dieser Worte begannen die Herzen der Männer weich zu werden. Da trat der heilige Sebastian, der gerade da war, mitten unter sie und sprach: »Ihr unglaublich tapferen Soldaten Christi, laßt euch durch diese Mitleid erregenden Worte nicht dazu bringen, auf den ewigen Ruhm des Martyriums zu verzichten.« Aber auch zu den Eltern sagte er: »Fürchtet euch nicht, denn sie werden nicht von euch getrennt, sondern sie gehen in den Himmel, um euch Wohnungen in den Sternen zu bereiten. Denn seit dem Anfang der Welt hat dieses Leben die Menschen, die auf es bauten, getäuscht, und die es suchten, betrogen, und die ihm vertrauten, verspottet. Und es hat überhaupt niemandem jemals Sicherheit geboten, so daß es sich für alle als trügerisch erwies. Das Leben fordert den Dieb auf zu stehlen, den Jähzornigen zu wüten, den Lügner zu täuschen. Es fordert zu Schandtaten heraus, befiehlt Verbrechen, rät zu Ungerechtigkeiten. Diese Verfolgung aber, die wir hier erleiden, entbrennt heute und verraucht morgen, glüht heute auf und erkühlt morgen, in einer Stunde wird sie in Gang gesetzt, und

hora inducitur et sub una hora excluditur. Dolor autem aeternus renovatur, ut saeviat, augmentatur, ut exurat, inflammatur, ut puniat. In amore ergo martyrii nostros iam suscitemus affectus. Ibi enim diabolus se vincere existimat, qui, dum capit, captus est, dum tenet, tentus est, dum vincit, victus est, et dum torquet, torquetur, dum iugulat, occisus est, et dum insultat, irrisus est."

Igitur dum beatus Sebastianus haec ex ore proferret, subito per unam fere horam a splendore nimio de coelo descendente illuminatus est et sub illo splendore pallio candidissimo amictus et ab angelis septem clarissimis circumdatus. Iuvenis etiam apparuit iuxta eum dans ei pacem et dicens: "Tu semper mecum eris."

Cum autem beatus Sebastianus haec et his similia praedicaret, Zoe, uxor Nicostrati, in cuius domo sancti custodiebantur, quae loquelam amiserat, pedibus eius provoluta nutibus veniam postulabat. Tunc Sebastianus ait: "Si ego Christi servus sum et si vera sunt omnia, quae ex ore meo haec mulier audivit et credidit, aperiat os eius, qui aperuit os Zachariae prophetae sui." Ad hanc vocem mulier exclamavit: "Benedictus sermo eris tui et benedicti, qui omnibus, quae locutus es, credunt. Vidi enim angelum librum tenentem ante te, ubi omnia, quae dixisti, scripta erant."

Vir autem eius hoc audiens procidit ad pedes sancti Sebastiani sibi postulans indulgeri statimque absolvens martyres rogabat, ut liberi abirent. Qui dixerunt nullatenus se deserturos victoriam, quam cepissent. Tantam igitur gratiam et virtutem verbis sancti Sebastiani Dominus contulerat, quod non solum

in einer Stunde verschwindet sie. Das ewige Leiden aber erneuert sich ständig, um zu wüten, vergrößert sich, um zu brennen, entflammt, um zu peinigen. Im Verlangen nach dem Martyrium wollen wir also unsere Sinne erregen. Dort nämlich glaubt der Teufel zu siegen; aber während er fängt, ist er gefangen, während er festhält, wird er selbst festgehalten, während er siegt, ist er besiegt, während er quält, wird er gequält, während er würgt, ist er selbst schon tot, während er höhnt, ist er selbst dem Spott preisgegeben.«

Als der heilige Sebastian diese Worte hervorstieß, wurde er ganz plötzlich fast eine Stunde lang von einem herrlichen Licht, das vom Himmel kam, umstrahlt und in diesem Licht von einem leuchtend weißen Gewand umhüllt und von sieben weißglänzenden Engeln umgeben. Außerdem erschien neben ihm ein junger Mann, grüßte ihn freundlich und sprach zu ihm: »Du wirst immer mit mir zusammen sein.«

Als aber der heilige Sebastian dies und anderes dieser Art verkündete, warf sich Zoe, die Frau des Nicostratus, in dessen Haus die Heiligen festgehalten wurden, ihm zu Füßen. Weil sie die Sprache verloren hatte, bat sie ihn mit stummen Blicken um Verzeihung. Da sprach Sebastian: »Wenn ich ein Knecht Christi bin und wenn alles wahr ist, was diese Frau aus meinem Munde vernahm und gläubig angenommen hat, möge derjenige, der den Mund seines Propheten Zacharias öffnete, ihr den Mund öffnen.« Nach diesen Worten rief die Frau aus: »Gesegnet sei das Wort deines Mundes, und gesegnet seien diejenigen, die allem, was du gesagt hast, Glauben schenken. Denn ich habe einen Engel gesehen, der dir ein Buch vorhielt, wo alles, was du gesagt hast, geschrieben steht.«

Als ihr Mann dies hörte, fiel er dem heiligen Sebastian zu Füßen und bat ihn um Vergebung. Und sofort ließ er die Märtyrer frei und forderte sie auf, in Freiheit fortzugehen. Sie aber sagten, sie würden auf keinen Fall auf den Sieg verzichten, den sie errungen hätten. Der Herr hatte nämlich den Worten des heiligen Sebastian eine so große Anmut und Kraft

Marcellinum et Marcum in martyrii constantia roboravit, sed etiam patrem eorum nomine Tranquillinum et matrem cum multis aliis ad fidem convertit, quos omnes Policarpus presbyter baptizavit.
Tranquillinus autem morbo gravissimo laborans mox, ut baptizatus est, sanitatem recepit.

Praefectus autem urbis Romae, qui et ipse morbo gravissimo laborabat, rogavit Tranquillinum, ut ad se adduceret eum, qui sibi sanitatem dederat. Cum ergo ad eum venissent Policarpus presbyter et Sebastianus et ipse eos rogaret, ut etiam sanitatem reciperet, dixit ei Sebastianus, ut prius idola abnegaret et confringendi ea sibi potestatem traderet et sic sanitatem reciperet. Cui quum Chromatius praefectus diceret, quod servi sui hoc facerent et non ipse, dixit Sebastianus: "Timidi deos suos confringere formidant, sed et si diabolus hac occasione eos laederet, dicerent eos infideles esse ob hoc laesos, quod deos suos confringerent."
Sicque Policarpus et Sebastianus accincti plus quam CC idola confregerunt. Post hoc autem dixerunt Chromatio: "Cum nobis idola confringentibus sanitatem recipere non debuisti nec recepisti, certum est, quia aut infidelitatem nondum abiecisti aut aliqua idola reservasti." Tunc indicavit se habere thalamum, in quo erat omnis disciplina stellarum, pro quo pater suus plus quam ducenta pondera auri expenderat et per quem futura omnia praevidebat. Cui Sebastianus: "Quamdiu hoc

verliehen, daß er nicht nur Marcellinus und Marcus in ihrer Standhaftigkeit angesichts des Martyriums bestärkte, sondern auch ihren Vater Tranquillinus und ihre Mutter zusammen mit vielen anderen zum Glauben bekehrte, und der Priester Policarpus taufte sie alle.
Tranquillinus aber, der an einer sehr schweren Krankheit litt, wurde unmittelbar nach seiner Taufe wieder gesund.

Die Zerstörung der Götzenbilder

Der Präfekt von Rom, der selbst auch an einer schweren Krankheit litt, bat Tranquillinus, daß er ihn zu dem führe, der ihn gesund gemacht habe. Als nun Policarpus, der Priester, und Sebastian zu ihm gekommen waren und er sie bat, auch ihn zu heilen, sagte Sebastian zu ihm, er solle sich vorher von den Götzenbildern abwenden und ihm die Erlaubnis geben, sie zu zerstören, und dann werde er seine Gesundheit zurückerhalten. Als Chromatius, der Präfekt, ihm antwortete, daß dies die Sklaven täten und er es nicht zu tun brauche, sagte Sebastian: »Sie haben Angst, ihre Götter zu zerbrechen, und wenn sie der Teufel bei dieser Gelegenheit verletzte, dann würde man behaupten, sie seien als Gotteslästerer verletzt worden, weil sie ihre Götter zerbrachen.«
Daraufhin nahmen sich Policarpus und Sebastian das entsprechende Werkzeug und zerstörten mehr als zweihundert Götzenbilder. Dann sagten sie zu Chromatius: »Wenn du, obwohl wir die Götzenbilder zerbrachen, deine Gesundheit noch nicht zurückerhalten durftest und nicht zurückerhalten hast, ist es sicher, daß du entweder deinen Unglauben noch nicht abgelegt oder irgendwelche Götzenbilder vor der Zerstörung bewahrt hast.« Daraufhin erklärte Chromatius, er besitze ein Zimmer, in dem sich eine Darstellung des Sternenhimmels befinde; sein Vater habe für dieses Werk mehr als zweihundert Pfund Gold bezahlt und mit seiner Hilfe die Zukunft lückenlos voraussehen können. Ihm erwiderte Seba-

integrum habueris, te ipsum integrum non habebis." Cumque ad hoc ille assentiret, Tiburtius, eius filius, iuvenis egregius dixit: "Non patiar opus destrui tam praeclarum, sed ne paternae sanitati videar esse contrarius, duo clibani accendantur, ut, si destructo opere pater meus sanitatem non receperit, ambo viri concrementur." Cui Sebastianus: "Sic fiat, ut locutus es."

Dum igitur illa confringerentur, angelus praefecto apparuit et sibi a Domino Iesu sanitatem redditam nuntiavit statimque sanus effectus cucurrit post eum, ut eius pedes oscularetur. Qui cum prohibuit ex eo, quod baptismum nondum receperat, sicque ipse et Tiburtius filius eius et mille CCCC de eius familia baptizati sunt.

Zoe autem ab infidelibus tenta et diu cruciata emisit spiritum. Quod cum audiisset Tranquillinus, proripuit et dixit: "Feminae nos ad coronam praecedunt. Ad quid vivimus?" Ipse autem post paucos dies lapidatus est. Sanctus autem Tiburtius super prunas allatas iubetur aut incensum diis imponere aut super istas nudis plantis incedere. Qui sibi signum crucis faciens constanter super ipsas nudis ingressus est plantis dicens: "Videtur mihi, quod super roseos flores incedam in nomine Domini nostri Iesu Christi." Cui Fabianus praefectus dixit: "Quis ignorat magicam artem Christum vos docuisse?"

stian: »Solange sich dies unversehrt in deinem Besitz befindet, wirst du selbst nicht unversehrt sein.« Deshalb gab er seine Zustimmung zur Zerstörung des Werkes. Tiburtius, sein Sohn, ein bemerkenswerter junger Mann, sagte jedoch folgendes: »Ich werde nicht zulassen, daß das so berühmte Werk zerstört wird. Aber damit es nicht heißt, ich verhinderte die Genesung meines Vaters, sollen zwei große Öfen angezündet werden, damit die beiden lebendig verbrannt werden können, wenn mein Vater nach der Zerstörung des Werkes seine Gesundheit nicht wiedererlangt.« Sebastian: »Es möge geschehen, wie du es gesagt hast.«

Während man also den künstlichen Sternenhimmel zerstörte, erschien dem Präfekten ein Engel und verkündete ihm, daß er seine Gesundheit vom Herrn Jesus Christus zurückerhalten habe. Als er merkte, daß er gesund war, lief er sofort hinter dem Engel her, um ihm die Füße zu küssen. Der Engel hinderte ihn daran, weil er noch nicht die Taufe erhalten hatte, und so ließen er selbst, sein Sohn Tiburtius und vierhundert seiner Diener und Knechte sich taufen.

Der Tod der Märtyrer

Zoe aber wurde von den Ungläubigen gefaßt und starb, nachdem sie lange gefoltert worden war. Als Tranquillinus dies erfahren hatte, lief er hinaus auf die Straße und rief: »Unsere Frauen gehen uns zum Martyrium voraus. Wozu leben wir noch?« Wenige Tage später wurde er gesteinigt. Der heilige Tiburtius aber wurde vor die Wahl gestellt, entweder den heidnischen Göttern über glühenden Kohlen ein Weihrauchopfer darzubringen oder mit nackten Füßen über diese Kohlen zu gehen. Er schlug das Zeichen des Kreuzes und ging standhaft mit nackten Füßen über die glühenden Kohlen. Dabei sprach er: »Mir scheint, ich gehe über Rosenblüten im Namen unseres Herrn Jesu Christi.« Darauf sagte der Präfekt Fabianus: »Wer weiß nicht, daß Christus euch die Zauberei

Cui Tiburtius: "Obmutesce, infelix, quia non es dignus nomen tam sanctum et tam mellifluum nominare." Tunc iratus praefectus iussit eum decollari.
Marcellianus autem et Marcus stipiti affiguntur, cumque fuissent affixi, psallentes dicebant: "Ecce quam bonum et quam iucundum habitare fratres in unum." Quibus praefectus: "Infelices, deponite amentiam et vos ipsos liberate." Cui illi: "Numquam tam bene epulati sumus. Utinam tamdiu sic nos esse permittas, quamdiu corporis tegimur indumento." Tunc praefectus iussit eos lanceis per latera transverberari, et sic martyrium consummaverunt.

Post hoc praefectus Diocletiano imperatori de Sebastiano suggessit. Quem ad se vocans dixit: "Ego te inter primos in palatio meo semper habui et tu contra salutem meam et deorum iniuriam hactenus latuisti." Cui Sebastianus: "Pro salute tua Christum semper colui et pro statu Romani imperii Deum, qui in coelis est, semper adoravi." Tunc Diocletianus iussit eum in medium campum ligari et a militibus sagittari, qui ita eum sagittis impleverunt, ut quasi hericius videretur, et aestimantes illum mortuum abierunt. Qui intra paucos dies liberatus stans super gradum palatii imperatores venientes de malis, quae Christianis inferebant, dure redarguit. Dixerunt imperatores: "Istene est Sebastianus, quem diu sagittis interfici iusseramus?" Cui Sebastianus: "Ad hoc me Dominus

gelehrt hat?« Ihm erwiderte Tiburtius: »Sei still, du Unseliger, denn du verdienst es nicht, diesen so heiligen und süßen Namen zu nennen.« Darauf geriet der Präfekt in Zorn und ließ ihn enthaupten.
Marcellianus und Marcus wurden an einen Pfahl gebunden, und als sie festgebunden waren, zitierten sie den Vers des Psalms: »Siehe, wie fein und lieblich es ist, wenn Brüder einträchtig beieinander wohnen« [Ps. 132,1]. Da sagte der Präfekt zu ihnen: »Ihr Unseligen, legt eure Torheit ab und ihr seid frei.« Die beiden antworteten: »Niemals ging es uns so gut. Laß uns bitte so lange in diesem Zustand, wie wir in der Hülle unseres Körpers sind.« Der Präfekt gab daraufhin den Befehl, ihnen eine Lanze in die Seite zu stoßen. So erfuhren sie das Martyrium.

Der Igel

Kurze Zeit später berichtete der Präfekt beim Kaiser Diokletian über Sebastian. Der Kaiser ließ ihn zu sich rufen und sprach: »Ich habe dich immer eine führende Stellung in meinem Palast einnehmen lassen, und du hast heimlich gegen mich gearbeitet und deine Untaten gegen die Götter bisher verborgen.« Sebastian erwiderte: »Für dein Wohlergehen habe ich Christus stets gedient und immer zu Gott im Himmel für das Heil des römischen Reiches gebetet.« Diokletian ließ ihn daraufhin mitten auf dem Feld festbinden und von seinen Soldaten mit Pfeilen durchbohren, die ihn so übersäten, daß er wie ein Igel aussah. Weil die Soldaten meinten, er sei tot, gingen sie fort. Aber nach wenigen Tagen wurde Sebastian befreit, stellte sich auf die Treppe des Kaiserpalastes und machte den Kaisern, die sogleich herauskamen, wegen der Grausamkeiten, die sie den Christen antaten, schwere Vorwürfe. Die Kaiser sprachen: »Ist das nicht Sebastian, den wir vor langer Zeit mit Pfeilschüssen töten ließen?« Darauf Sebastian: »Der Herr hielt es für richtig, mich wieder zu erwek-

resuscitare dignatus est, ut conveniam vos et redarguam vos de malis, quae Christi famulis irrogatis." Tunc imperator tamdiu eum fustigari iussit, donec spiritum exhalaret. Fecitque corpus eius in cloacam proici, ne a Christianis pro martyre coleretur. Sanctus autem Sebastianus sequente nocte sanctae Luciae apparuit et corpus eius sibi revelavit et, ut iuxta vestigia apostolorum illud sepeliret, praecepit. Quod et factum est. Passus autem sub Diocletiano et Maximiano imperatoribus, qui coeperunt circa annos Domini CCLXXXVII. [...]

ken, um zu euch zu kommen und euch wegen der Verbrechen, die ihr den Dienern Christi antut, Vorwürfe zu machen.« Darauf ließ der Kaiser ihn so lange mit Stöcken schlagen, bis er seinen Geist aufgab. Er veranlaßte dann, daß Sebastians Leichnam in die Kloake geworfen werde, damit er von den Christen nicht als Märtyrer verehrt werde. Der heilige Sebastian aber erschien in der folgenden Nacht der heiligen Lucia und zeigte ihr seinen Leichnam. Er gab ihr den Auftrag, ihn zu Füßen der Apostel zu bestatten. Das geschah dann auch. Er erlitt sein Martyrium zur Zeit der Kaiser Diokletian und Maximian, die ihre Regierung im Jahre 287 antraten. [. . .]

11
De sancto Vincentio

Vincentius quasi vitium incendens vel vincens incendia vel victoriam tenens. Ipse enim incendit, id est, consumpsit vitia per carnis mortificationem; vicit incendia suppliciorum per constantem poenarum perpessionem; victoriam tenuit mundi per ipsius despectionem. Vicit enim tria, quae erant in mundo, scilicet falsos errores, immundos amores, mundanos timores, quos vicit per sapientiam, munditiam et constantiam. De quibus dicit Augustinus: "Ut cum omnibus erroribus, amoribus et timoribus vincatur hic mundus, sanctorum martyria docent et docuerunt."

Vincentius, nobilis genere, sed fide ac religione nobilior, beati Valerii episcopi diaconus fuit. Cui episcopus, quia expeditioris erat linguae, vices suas commiserat et ipse orationi et contemplationi vacabat.
Iussu igitur Daciani praesidis Valentiam trahuntur et diro carceri mancipantur. Cumque eos fame paene defecisse cerneret, eos suo adspectui iussit adstare, quos cumque sanos cerneret et gaudentes, iratus in hanc vocem prorupit: "Quid dicis tu, Valeri, qui sub nomine religionis contra decreta prin-

11
Der heilige Vincentius

Die Bedeutung des Namens

Vincentius bedeutet soviel wie *vitium incendens* ›der die böse Tat verbrennt‹, oder *vincens incendia* ›der das Feuer besiegt‹, oder *victoriąm tenens* ›der den Sieg behält‹. Denn er verbrannte, d. h. vernichtete die Laster durch Abtötung des Fleisches; er besiegte das Feuer der Folter durch standhaftes Ertragen der Qualen; er behielt den Sieg über die Welt, indem er sie verachtete. Er besiegte nämlich drei Dinge, die es in der Welt gibt: den Irrglauben, die unreine Liebe und die irdische Furcht, die er durch Weisheit, Reinheit und Standhaftigkeit überwand. Darüber sagt Augustin: »Wie diese Welt mit allen ihren Irrtümern, Begehrlichkeiten und Ängsten überwunden wird, lehrt uns in Vergangenheit und Gegenwart das Martyrium der Heiligen.«

Vincentius vor dem römischen Statthalter

Vincentius stammte aus einer hochgestellten Familie. Aber in seinem Glauben und seiner Frömmigkeit überragte er alle. Er war der Diakon des heiligen Bischofs Valerius. Dieser hatte Vincentius seine eigenen Aufgaben übertragen, weil er besser reden konnte, und verwendete seine Zeit für das Gebet und die innere Einkehr.

Auf Befehl des römischen Statthalters Dacian wurden beide nach Valencia gebracht und mit schwerer Kerkerstrafe belegt. Als der Statthalter vermutete, sie müßten fast schon verhungert sein, ließ er sie zu sich kommen, und als er bemerkte, daß sie gesund und fröhlich waren, stieß er voll Zorn die folgenden Worte aus: »Was sagst du dazu, Valerius, daß du unter dem Mantel der Frömmigkeit gegen die Anordnungen der

cipum facis?" Cum autem beatus Valerius lenius responderet, dixit ei Vincentius: "Noli, pater venerabilis, quasi mente timida submurmurare, sed libera voce exclama. Si ergo iubes, pater sancte, responsis iudicem aggrediar." Cui ille: "Iamdudum tibi, fili carissime, loquendi curam commiseram et nunc pro fide, qua adstamus, responsa committo." Tunc Vincentius conversus ad Dacianum: "Hactenus", inquit, "a te sermo de neganda fide peroravit, sed nefariam apud Christianos prudentiam esse cognosce Deitatis cultum abnegando blasphemare."

Tunc iratus Dacianus episcopum in exsilium mitti praecepit, Vincentium vero, tamquam contumacem et praesumptuosum iuvenem, ut eius exemplo alii terreantur, in equuleum distentum membris omnibus iussit dissipari. Cumque corpore totus dissiparetur, ait Dacianus: "Dic mihi, Vincenti, ubi nunc tuum miserrimum corpus conspicis?" At ille subridens ait: "Hoc est, quod semper optavi." Tunc iratus praeses coepit ei omnia genera tormentorum minari, nisi ei assensum praeberet. Cui Vincentius: "O felicem me, quo mihi irasci te gravius putas, eo melius incipis misereri. Insurge ergo, miser, et toto malignitatis spiritu debacchare: Videbis me Dei virtute plus posse, dum torquor, quam possis ipse, qui torques." Ad hoc praeses coepit clamare et carnifices virgis et fustibus verberare. Et ait Vincentius: "Quid dicis, Daciane? Tu ipse me

Regierung verstößt?« Als der heilige Valerius eine kaum hörbare Antwort gab, sagte Vincentius: »Ehrwürdiger Vater, flüstere nicht so, als ob du Angst hättest, sondern rede mit lauter Stimme. Wenn du mir den Auftrag gibst, heiliger Vater, werde ich dem Richter mit meinen Antworten entgegentreten.« Darauf erwiderte der Bischof: »Liebster Sohn, seit langem hatte ich es dir überlassen, an meiner Stelle zu sprechen, und auch jetzt überlasse ich es dir, für den Glauben, für den wir hier stehen, einzutreten.« Darauf wandte sich Vincentius an Dacian: »Was dein Reden über die Verleugnung unseres Glaubens betrifft, so wisse, daß es bei uns Christen als teuflische Vorsicht gilt, die Verehrung unseres Gottes durch Verleugnung zu beflecken.«

Auf der Folter

Darüber geriet Dacian in Zorn und gab den Befehl, den Bischof in die Verbannung zu schicken. Vincentius aber, der sich in seinen Augen als frecher und unverschämter junger Mann erwiesen hatte, ließ er, damit andere durch sein Beispiel abgeschreckt würden, auf die Folter spannen, wo ihm alle Glieder ausgerenkt werden sollten. Als nun sein ganzer Körper zerschunden war, sprach Dacian zu ihm: »Sag mir, Vincentius, wo siehst du noch etwas von deinem erbärmlichen Leib?« Vincentius aber lachte: »Das ist es, was ich immer gewünscht habe.« Darauf wurde Dacian sehr wütend und begann ihm alle Arten der Folterung anzudrohen, wenn er ihm nicht nachgäbe. Vincentius: »Ich bin so glücklich. Je mehr du mir zu zürnen meinst, desto mehr beginnst du mein Mitleid zu erregen. Mach dich also ans Werk, du Unglücklicher, und tobe dich mit der ganzen Kraft deiner Bosheit an mir aus: Du wirst sehen, daß ich, während ich gefoltert werde, mit Gottes Hilfe mehr ausrichten kann als du, der du mich folterst.« Darauf fing der Statthalter an zu schreien und die Folterknechte mit Ruten und Stöcken zu prügeln. Vin-

vindicas de tortoribus meis." Tunc praeses amens factus dixit carnificibus: "Miserrimi, nihil facitis. Cur deficiunt manus vestrae? Adulteros et parricidas vincere potuistis, ut nihil inter illata supplicia celare possent, et nunc solus Vincentius vestra potuit superare tormenta."

Tunc carnifices pectines ferreos usque ad intima costarum fixerunt, ita ut de toto eius corpore sanguis efflueret et solutis costarum compaginibus viscera interna paterent. Et ait Dacianus: "Commiserere tui, Vincenti, ut possis tam pulchram recuperare iuventutem et ea, quae supra sunt, lucrari tormenta." Et ait Vincentius: "O venenosa diaboli lingua, tormenta tua non timeo, sed hoc solum valde metuo, quod te mihi fingis velle misereri. Nam quo te magis iratum video, eo amplius et magis exsulto. Nolo, ut aliquid minuas de suppliciis, ut te victum in omnibus fatearis." Tunc ex equuleo depositus atque ad ignis craticulam raptus moras carnificum arguendo ad poenam alacriter properabat. Craticulam ergo sponte conscendens ibidem assatur, exuritur et crematur membrisque omnibus uncini ferrei et ardentes laminae infiguntur, dumque flamma respergitur, vulnera vulneribus imprimuntur. Sal insuper in ignem spargitur, ut in corpus eius undique vulneratum resiliens stridentibus flammis crudelius comburatur. Iamque non ad artus, sed ad viscera tela iaciuntur iamque intima viscera de eius corpore extra labuntur. Inter haec ille immobilis et sursum erectis luminibus Dominum precabatur.

Cumque ministri haec Daciano retulissent, "Heu", ait Dacia-

centius sagte dazu: »Was soll das, Dacian? Du selbst nimmst für mich Rache an meinen Peinigern.« Der Statthalter geriet außer sich und schrie die Henkersknechte an: »Ihr Elenden, nichts erreicht ihr. Warum ermüden eure Arme? Ihr wart in der Lage, Ehebrecher und Mörder so kleinzukriegen, daß sie ihre Schandtaten nicht mehr verheimlichen konnten, und jetzt hat es Vincentius als einziger geschafft, eure Folterungen zu überstehen.«

Darauf stießen ihm die Henker eiserne Kämme tief in das Innere des Brustkorbes, so daß das Blut über seinen ganzen Körper strömte und die Eingeweide sichtbar wurden, nachdem die Rippen ihre feste Verbindung verloren hatten. Dacianus sagte dazu: »Habe doch Erbarmen mit dir selbst, Vincentius, damit du deine jugendliche Schönheit zurückgewinnen und dir noch weitere Folterqualen ersparen kannst.« Vincentius erwiderte: »Giftige Zunge des Teufels, deine Folterungen fürchte ich nicht; ich habe allein davor sehr viel Angst, daß du dich entschließt, mich schonen zu wollen. Denn je zorniger ich dich sehe, desto größer ist meine Freude. Ich will nicht, daß du meine Leiden verminderst, sondern zugibst, daß du in jeder Hinsicht verloren hast.« Darauf wurde er von der Folter genommen und zu einem Feuerrost geschleppt. Er wirft den Henkern ihre Langsamkeit vor und kann es nicht erwarten, die Qualen endlich zu erleiden. Freiwillig steigt er auf den Rost, läßt sich dort braten, rösten und brennen. In seinen ganzen Körper werden eiserne Haken und glühende Bleche getrieben, und während er vom Feuer erfaßt wird, entstehen in seinen Wunden neue Wunden. Außerdem wird Salz in das Feuer gestreut, damit es auf seinen schon überall mit Wunden bedeckten Körper spritze und er von den zischenden Flammen noch grauenvoller verbrannt werde. Nunmehr dringen die Eisen nicht mehr nur in die Glieder, sondern in die Eingeweide, und seine inneren Organe quellen aus seinem Leib nach außen. Trotzdem bleibt er unbeweglich und betet, die Augen nach oben gerichtet, zum Herrn.

Als die Diener Dacian von diesen Vorgängen berichtet hat-

nus, "vincimini, sed iam nunc ut in poena diutius vivat, ipsum taeterrimo carceri includite et ibi testas acutissimas congerite, pedes eius ligno affigite, sine omni humano solacio extensum sic super testas relinquite et, cum defecerit, nuntiate."

Favent quantocius ministri crudeles domino crudeliori, sed ecce rex, pro quo miles patitur, poenam commutavit in gloriam. Nam tenebrae carceris ab immensa luce expelluntur, testarum asperitas in omnium florum suavitatem mutatur, compedes dissolvuntur et angelorum solacio venerando perfruitur. Cumque super flores cum angelis psallens incederet, modulatio dulcis et mira suavitas florum procul diffunditur. Perterriti custodes cum per rimas carceris, quod intus, vidissent, ad fidem conversi sunt.
Haec audiens Dacianus amens factus ait: "Et quid ei amplius faciemus? Ecce enim victi sumus. Transferatur ad lectulum et stramentis mollioribus reponatur, ne plus eum gloriosum faciamus, si forte defecerit in tormentis, sed postquam recreatur, novis iterum suppliciis puniatur."
Cum igitur ad stratum molliorem deportatus esset et ibidem paululum quievisset, statim spiritum tradidit circa annos Domini CCLXXXVII sub Diocletiano et Maximiano.

ten, sagte er: »Ach, ihr habt euch unterkriegen lassen, aber damit er in seiner Qual noch länger lebe, schließt ihn in unseren scheußlichsten Kerker ein, streut dort sehr scharfe Scherben hin, bindet seine Füße an einen Pfahl, legt ihn auf die Scherben, laßt ihn ohne einen menschlichen Trost dort liegen und meldet es mir, sobald er tot ist.«

Die Wende

Schleunigst gehorchen die grausamen Diener dem noch grausameren Herrn. Aber siehe da – der König, für den der tapfere Krieger leidet, ließ das Leid zu Ruhm werden. Denn die Finsternis des Kerkers wird von einem unermeßlich hellen Licht vertrieben. Die Schärfe der Scherben verwandelt sich in zarte Blüten aller Art, die Fesseln lösen sich, und er genießt den erhabenen Trost der Engel. Und als er mit den Engeln singend über die Blumen schritt, drangen der süße Klang und der wunderbare Duft der Blumen überall hin. Die Wächter erschraken, und als sie durch die Ritzen des Kerkers geschaut hatten, was drinnen geschah, wurden sie gläubig.

Dacianus hörte dies und war außer sich: »Was werden wir noch mit ihm anstellen? Denn wir sind besiegt. Man trage ihn auf ein Bett und lege ihn auf besonders weiche Kissen, damit wir ihn nicht noch berühmter werden lassen, wenn er auf der Folter sterben sollte. Wenn er sich aber erholt hat, soll er wieder mit neuen Folterqualen bestraft werden.«

Als Vincentius auf ein besonders weiches Bett gelegt worden war und dort eine Weile ausgeruht hatte, gab er sofort seinen Geist auf. Das war im Jahre 287 nach Christus, als Diokletian und Maximian regierten.

Quo audito Dacianus vehementer expavit et se sic victum dolens ait: "Etsi non potui eum superare viventem, puniam vel defunctum et sic satiabor de poena et sic poterit mihi provenire victoria."
Iussu ergo Daciani corpus eius in campum ab avibus et bestiis devorandum exponitur, sed statim angelorum custodia praemunitur et intactum a bestiis conservatur. Denique corvus ingluviei deditus alias aves se maiores impetu alarum abegit et lupum accurrentem morsibus et clamoribus effugavit, qui reflexo capite in aspectu corporis sacri fixus cernitur, utpote qui ibidem angelorum custodiam mirabatur.
Quod audiens Dacianus ait: "Puto, quod neque defunctum potero superare." Iubet ergo corpori eius ingentem molam alligari et in pelago proici, ut, quod in terra a bestiis consumi non potuit, saltem in pelago a marinis beluis devoretur. Nautae ergo corpus eius in pelagus deferentes submergunt, sed ipsis nautis velocius litora corpus petit. Quod a quadam matrona et quibusdam aliis ipso revelante invenitur et ab iis honorifice sepelitur.

De hoc martyre sic dicit Augustinus: "Beatus Vincentius vicit in verbis, vicit in poenis, vicit in confessione, vicit in tribulatione, vicit exustus, vicit submersus, vicit ortus, vicit mor-

Die Schändung des Leichnams

Nachdem Dacian dies gehört hatte, bekam er große Angst und ärgerte sich darüber, daß er auf diese Weise besiegt worden war. Er sagte: »Wenn ich ihn auch nicht bezwingen konnte, solange er lebte, so werde ich ihn doch wenigstens als Toten bestrafen und mich an seiner Bestrafung sättigen. Auf diese Weise wird mir dann der Sieg zufallen.«

Auf Dacians Befehl wurde Vincentius' Körper auf einen freien Platz geworfen, damit er von Vögeln und wilden Tieren aufgefressen werde. Aber sofort wird er von Engeln bewacht und beschützt und bleibt von den wilden Tieren unberührt. Schließlich vertrieb ein an sich doch freßgieriger Rabe andere Vögel, die größer waren als er, durch sein Flügelschlagen und jagte mit Beißen und Krächzen sogar einen Wolf in die Flucht. Man sah, wie der Rabe den Körper des Heiligen ununterbrochen anblickte, als ob er die dort wachenden Engel bewunderte.

Als Dacian davon hörte, sagte er: »Ich glaube, ich werde nicht einmal den Toten bezwingen.« Darauf ließ er einen gewaltigen Mühlstein an den Leichnam binden und ins Meer werfen, damit er, weil er auf der Erde von den wilden Tieren nicht verschlungen werden konnte, in der Tiefe des Meeres wenigstens von den Meerestieren gefressen werde. Die Seeleute schafften also seinen Körper auf die hohe See und warfen ihn ins Wasser. Aber er kam schneller an Land zurück als die Seeleute selbst. Er wurde dann von einer alten Frau und einigen anderen Leuten gefunden, weil er ihnen selbst enthüllte, wo er lag, und von ihnen in allen Ehren bestattet.

Der Sieger

Über diesen Märtyrer sagt Augustinus folgendes: »Der heilige Vincentius blieb überall Sieger: in seinen Worten, in seinem Leiden, in seinem Bekenntnis, in der Anfechtung, im

tuus." Idem: "Torquetur Vincentius, ut exerceatur, flagellatur, ut erudiatur, tunditur, ut subsolidetur, exuritur, ut repurgetur." Ambrosius in Praefatione quoque de ipso sic ait: "Torquetur Vincentius, tunditur, flagellatur et exuritur, sed invictus pro sancto nomine animus non concutitur, plus ardens igne zeli quam ferri, plus nectitur timore Dei quam saeculi, plus voluit placere Deo quam foro, plus dilexit mori mundo quam Domino."

Item Augustinus: "Ante oculos nostros mirandum spectaculum constitutum est: iudex iniquus, tortor cruentus, martyr invictus, crudelitatis pietatisque certamen." Prudentius quoque, qui claruit tempore Theodosii senioris, qui coepit anno Domini CCCLXXXVII, ipsum Daciano respondisse ait: "Tormenta, carceres, ungulae, stridensque flammis lamina atque ipsa poenarum ultima mors Christianis ludus est." Tunc Dacianus: "Vinctum, retortum bracchiis sursum ac deorsum extendite, donec compago ossium divulsa membratim crepet, ut per lacunas vulnerum iecur detectum palpitet." Ridebat hic miles Dei manus cruentas increpans, quod fixa non profundius intraret artus ungula. Cum esset in carcere, angelus dixit ad eum: "Exsurge, martyr inclite, exsurge securus et almis coetibus noster sodalis addere: O miles invictissime fortissimorum fortior, iam te ipsa saeva et aspera tormenta victorem tremunt." Exclamat Prudentius: "Tu solus insignite, solus bravii duplicis palmam tulisti, tu duas simul paravisti laureas."

Feuer, im Wasser, im Leben und im Tode. Er wurde gemartert, um gestählt zu werden, er wurde ausgepeitscht, um erzogen zu werden, er wurde gestoßen, um fest zu werden, er wurde ins Feuer geworfen, um geläutert zu werden.« Ambrosius sagt über ihn in seiner Praefatio: »Vincentius wurde gefoltert, gestoßen, ausgepeitscht und gebrannt, aber seine Bereitschaft, für den heiligen Namen Christi einzutreten, wurde nicht erschüttert. Das Feuer seines Eifers brannte heftiger in ihm als die Glut des Eisens. Die Ehrfurcht vor Gott fesselte ihn mehr als die Furcht vor der Welt. Er wollte Gott mehr gefallen als dem Volk. Er wollte lieber der Welt entsagen als dem Herrn.«

Ebenso Augustinus: »Vor unseren Augen zeigte sich ein wunderbares Schauspiel: ein ungerechter Richter, ein grausamer Folterknecht, ein unbesiegbarer Märtyrer, ein Kampf zwischen Grausamkeit und Frömmigkeit.« Auch Prudentius, der zur Zeit des älteren Theodosius, der im Jahre 387 an die Regierung kam, eine Berühmtheit war, berichtet, Vincentius habe Dacian folgendes geantwortet: »Folterung, Gefängnis, Nägel, glühende Platten und sogar der Tod als letzte Marter sind für uns Christen ein Spiel.« Darauf Dacian: »Fesselt ihn, renkt ihm die Arme aus, bis seine Gelenke auseinanderbrechen, so daß man durch die Öffnungen seiner Wunden seine bloße Leber zucken sieht.« Da lachte der Kämpfer Christi und schimpfte über die blutverschmierten Hände, weil der Nagel nicht tief genug in die Glieder eindrang. Als er im Kerker war, sprach ein Engel zu ihm: »Steh auf, du ruhmreicher Märtyrer, steh auf ohne Furcht und reihe dich als unser Gefährte in unsere segenspendende Schar ein. Du unbesiegbarer Kämpfer, du Tapferster der Tapferen, jetzt schrecken vor dir sogar die wildesten Folterknechte zurück, weil du sie besiegt hast.« Prudentius ruft aus: »Du hast als einziger auf unerhörte Weise die Palme eines doppelten Sieges errungen, du hast dir zwei Lorbeerkränze zugleich erkämpft.«

12
De sancto Iuliano

[...] Cum quidam rusticus, ut ait Gregorius Turonensis, in die dominica arare vellet, protinus contractis digitis manubrium securis, cum qua vomerem mundare volebat, eius dextrae adhaesit. Sed post duos annos in ecclesia sancti Iuliani ad eius preces curatus est.

[...] Fuit etiam alius Iulianus, qui utrumque parentem nesciens occidit. Cumque is Iulianus praedictus iuvenis ac nobilis quadam die venationi insisteret et quendam cervum repertum insequeretur. Subito cervus versus eum divino nutu se vertit eique dixit: "Tu me insequeris, qui patris et matris tuae occisor eris?" Quod ille audiens vehementer extimuit et, ne sibi forte contingeret, quod a cervo audierat, relictis omnibus clam discessit. Ad regionem remotam pervenit ibique cuidam principi adhaesit et tam strenue ubique et in bello et in pace se habuit, quod princeps eum militem fecit et quandam castellanam viduam in coniugem ei tradidit et castellum pro dote accepit.

Interea parentes Iuliani pro amissione filii Iuliani nimium dolentes vagabundi ubique pergebant et filium suum sollicite quaerebant. Tandem ad castrum, ubi Iulianus praeerat, devenerunt. Tunc autem Iulianus a castro casu recesserat. Quos cum uxor Iuliani vidisset et, quinam essent, inquisivisset, et

12

Der heilige Julianus

Du sollst den Feiertag heiligen

[. . .] Ein Bauer wollte einmal, wie Gregor von Tours erzählt, an einem Sonntag pflügen. Plötzlich verkrampften sich seine Finger und der Stiel des Beiles, mit dem er den Pflug reinigen wollte, blieb an seiner rechten Hand hängen. Aber nach zwei Jahren wurde er in der Kirche des heiligen Julianus durch dessen Gebete geheilt.

Der Elternmörder

[. . .] Es gibt auch noch einen anderen Julianus, der beide Eltern tötete, ohne es zu wissen. Eines Tages ging dieser Julianus, ein vornehmer junger Mann, auf die Jagd. Da entdeckte er einen Hirsch und setzte ihm nach. Plötzlich drehte sich der Hirsch auf Gottes Weisung nach ihm um und sagte zu ihm: »Mich verfolgst du, der du der Mörder deines Vaters und deiner Mutter sein wirst?« Über diese Worte erschrak er sehr, und um zu verhindern, was er von dem Hirsch gesagt bekommen hatte, ließ er alles zurück und ging heimlich fort. Er kam dann in ein weit entferntes Land und trat dort in den Dienst eines Fürsten. Er verrichtete seine Aufträge in Krieg und Frieden so gewissenhaft, daß der Fürst ihn zum Ritter schlug und ihm eine verwitwete Burgherrin zur Frau gab. Die Burg erhielt er als Mitgift.
Inzwischen litten Julianus' Eltern sehr unter dem Verlust ihres Sohnes und reisten überall in der Welt umher und suchten ihren Sohn in großer Sorge. Schließlich kamen sie auch zu der Burg, wo Julianus wohnte. Zu dieser Zeit aber hatte Julianus seine Burg gerade verlassen. Als seine Frau die Eltern erblickt und sie gefragt hatte, wer sie denn seien, und sie ihr

illi omnia, quae filio suo acciderant, enarrassent, intellexit, quod viri sui parentes erant, ut puto, quia hoc a viro suo forte frequenter audierat. Ipsos igitur benigne suscepit et pro amore viri sui lectum iis dimisit et ipsa sibi alibi lectulum collocavit. Facto autem mane castellana ad ecclesiam perrexit et ecce Iulianus mane veniens in thalamum quasi uxorem suam excitaturus intravit et inveniens duos pariter dormientes, uxorem cum adultero suo, silenter extracto gladio ambos pariter interemit. Exiens autem domum vidit uxorem eius ab ecclesia revertentem et admirans interrogavit, quinam essent illi, qui in suo lecto dormirent. At illa ait: "Parentes vestri sunt, qui vos diutissime quaesierunt, et eos in vestro thalamo collocavi." Quod ille audiens paene exanimis effectus amarissime flere coepit ac dicere: "Heu miser, quid faciam? Quia dulcissimos meos parentes occidi. Ecce impletum est verbum cervi, quod, dum vitare volui, miserrimus adimplevi. Iam vale, soror dulcissima, quia de cetero non quiescam, donec sciam, quod Deus poenitentiam meam acceperit." Cui illa: "Absit, dulcissime frater, ut te deseram et sine me abeas, sed quae fui tecum particeps gaudii, ero particeps et doloris."
Tunc insimul recedentes iuxta quoddam magnum flumen, ubi multi periclitabantur. Quoddam hospitale maximum statuerunt, ut ibi poenitentiam facerent et omnes, qui vellent transire fluvium, incessanter transveherent et hospitio universos pauperes reciperent. Post multum vero temporis media nocte, dum Iulianus fessus quiesceret et gelu grave esset,

alles, was ihrem Sohn passiert war, erzählt hatten, erkannte sie, daß es die Eltern ihres Mannes waren, weil sie – wie ich glaube – diese Geschichte schon oft von ihrem Mann gehört hatte. Sie nahm die Eltern also freundlich auf und überließ ihnen aus Liebe zu ihrem Mann ihr Ehebett und stellte sich selbst an einer anderen Stelle ein Bett auf. So geschah es. Die Burgherrin aber ging am frühen Morgen in die Kirche. Kurz darauf kam Julianus zurück und ging gleich in sein Schlafzimmer, weil er seine Frau wecken wollte. Und er fand dort zwei schlafende Personen vor: seine Frau mit ihrem Liebhaber, wie er annahm. Schweigend zog er sein Schwert und tötete die beiden Schlafenden. Als er aber sein Haus verließ, sah er, wie seine Frau vom Kirchgang zurückkam, und fragte sie überrascht, wer denn die Leute seien, die in seinem Bett schliefen. Sie erwiderte ihm: »Es sind Eure Eltern, die Euch so lange gesucht haben; ich habe sie in Eurem Schlafzimmer untergebracht.« Als er das hörte, verlor er fast seinen Verstand und begann bitterlich zu weinen. Dabei sagte er: »Ach, ich Unseliger, was soll ich tun? Habe ich doch meine liebsten Eltern getötet. Nun ist tatsächlich das Wort des Hirsches Wirklichkeit geworden, das ich Unglücklicher, während ich ihm entgehen wollte, selbst erfüllt habe. Nun leb wohl, süßeste Schwester. Denn ich werde nicht eher ruhen, bis ich weiß, daß Gott meine Reue angenommen hat.« Darauf sagte sie: »Es soll nicht sein, liebster Bruder, daß ich dich verlasse und du ohne mich fortgehst, sondern wie ich mit dir die Freude geteilt habe, werde ich auch das Leid mit dir teilen.«

Dann brachen sie gemeinsam auf und kamen an einen großen Fluß, wo viele Leute unter Lebensgefahr hinüberzukommen versuchten. Sie bauten ein großes Gasthaus, um dort Buße zu tun und alle, die den Fluß überqueren wollten, unablässig hinüberzufahren und alle Armen als Gäste aufzunehmen. Viel später aber geschah einmal mitten in der Nacht folgendes: Julianus hatte sich müde zur Ruhe gelegt, und es war sehr kalt. Da hörte er eine Stimme, die erbärmlich jammerte und Julianus in traurigem Tonfall zum Übersetzen über den Fluß

audivit vocem miserabiliter lamentantem ac Iulianum, ut se traduceret, lugubri voce invocantem. Quod ille audiens concitus surrexit et iam gelu deficientem inveniens in domum suam portavit et ignem accendens ipsum calefacere studuit. Sed cum calefieri non posset et, ne ibi deficeret, timeret, ipsum in lectulum suum portavit et diligenter cooperuit. Post paululum ille, qui sic infirmus et quasi leprosus apparuerat, splendidus scandit ad aethera et hospiti suo dixit: "Iuliane, Dominus misit me ad te mandans tibi, quod tuam poenitentiam acceptavit et ambo post modicum in Domino quiescetis." Sicque ille disparuit et Iulianus cum uxore sua post modicum plenus bonis operibus et eleemosynis in Domino requievit. [...]

aufforderte. Julianus vernahm die Stimme, erwachte und stand auf. Da fand er einen fast erfrorenen Mann und brachte ihn in sein Haus. Er machte Feuer an und versuchte, ihn aufzuwärmen. Als ihm das aber nicht gelang und er fürchtete, daß der Mann sterben würde, brachte er ihn in sein eigenes Bett und deckte ihn sorgfältig zu. Kurz darauf stieg der Mann, der so schwach und wie ein Aussätziger ausgesehen hatte, in strahlender Schönheit gen Himmel und sagte zu seinem Gastgeber: »Julianus, der Herr hat mich zu dir geschickt und läßt dir ausrichten, daß er deine Reue angenommen hat und daß ihr beide nach kurzer Zeit Ruhe finden werdet im Herrn.« Mit diesen Worten verschwand er, und ein wenig später entschlief Julianus im Herrn zusammen mit seiner Frau, erfüllt von guten Taten und Werken der Barmherzigkeit. [. . .]

13

De sancto Blasio

Blasius cum omni mansuetudine et sanctitate polleret, Christiani eum in Sebaste, civitate Cappadociae, in episcopum elegerunt. Qui episcopatu suscepto ob Diocletiani persecutionem speluncam petiit et ibi eremiticam vitam duxit. Cui aves pabulum afferebant ac fere ad eum unanimiter confluebant et, dum usque imponeret manum iis benedicens, non recedebant ab eo. Denique si quae infirmabantur, ad eum continuo veniebant et sanitatem ad integrum reportabant.

Praeses igitur illius regionis dum milites suos ad venandum misisset et illi in vanum alibi laborantes ad antrum sancti Blasii casu pervenissent, magnam ibidem bestiarum multitudinem ante ipsum stantium repererunt; quas dum nullatenus capere possent, attoniti suo domino nuntiarunt; qui statim milites plures misit et, ut ipsum cum omnibus Christianis ad se adducerent, praecepit. In ipsa autem nocte ter Christus ei apparuit dicens: "Surge et offer mihi sacrificium." Ecce autem advenerunt milites dicentes: "Egredere, vocat te praeses." Quibus respondit sanctus Blasius: "Bene venistis, filii, nunc video, quod Deus non est oblitus mei." Pergens vero cum iis numquam a praedicatione cessavit et coram iis mirabilia multa fecit.

13

Der heilige Blasius

Der Einsiedler

Da Blasius sich durch Sanftmut und Heiligkeit in allen Dingen auszeichnete, wählten ihn die Christen in Sebaste, einer Stadt in Kappadokien, zum Bischof. Nachdem er das Bischofsamt erhalten hatte, versteckte er sich wegen der Christenverfolgung des Diokletian in einer Höhle und führte dort das Leben eines Einsiedlers. Die Vögel pflegten ihm etwas zu essen zu bringen und fast wie auf Verabredung bei ihm zusammenzutreffen und nicht eher fortzufliegen, bis er ihnen die Hand aufgelegt und sie gesegnet hatte. Wenn schließlich welche von ihnen krank waren, kamen sie sofort zu ihm und wurden wieder ganz gesund.

Eines Tages hatte der Herr über jene Gegend seine Ritter zur Jagd ausgeschickt, und als sie sich anderswo ohne Erfolg abgemüht hatten, waren sie durch Zufall zur Höhle des heiligen Blasius gekommen. Dort sahen sie nun eine große Zahl von Tieren vor der Höhle stehen. Als sie diese aber nicht fangen konnten, bekamen sie es mit der Angst zu tun und berichteten dies ihrem Herrn. Er schickte sofort noch mehr Ritter und befahl ihnen, Blasius zusammen mit allen anderen Christen zu ihm zu bringen. In eben jener Nacht aber erschien ihm Christus dreimal und sprach: »Steh auf und bringe mir ein Opfer dar.« In dem Augenblick aber kamen die Ritter und sprachen: »Komm heraus, der Herr dieses Landes ruft dich.« Der heilige Blasius antwortete ihnen: »Ihr seid zur rechten Zeit gekommen, meine Söhne, jetzt sehe ich, Gott hat mich nicht vergessen.« Er ging mit ihnen und hörte nicht auf, vor ihnen zu predigen, und tat in ihrer Gegenwart viele Wunder.

Tunc mulier quaedam filium suum morientem, in cuius gutture os piscis transversum erat, ad pedes eius attulit et, ut sanaretur, eum lacrimis postulabat. Sanctus vero Blasius super eum manus imponens oravit, ut puer ille et omnes, qui in eius nomine aliquid peterent, sanitatis beneficium obtinerent, et statim sanatus est.

Mulier quaedam paupercula unum solum porcum habens, quem tamen violenter lupus rapuerat, sanctum Blasium deprecabatur, ut sibi reddi faceret suum porcum. Qui subridens dixit: "Mulier, noli contristari, reddetur tibi porcus tuus." Continuo lupus venit et porcum viduae reddidit.

Ingrediens Blasius civitatem iussu principis carceri mancipatur. Alia vero die iussit praeses ipsum sibi praesentari. Quem videns blandis sermonibus salutavit dicens: "Gaude, Blasi amice deorum." Cui Blasius: "Gaude et tu, optime praeses, sed ne dicas eos deos, sed daemones, quia aeterno igni cum his, qui eos honorant, traduntur." Iratus praeses eum fustibus caedi iussit et in carcerem retrudi fecit. Cui Blasius dixit: "Insensate, speras per poenas tuas Dei mei a me auferre amorem, qui ipsum in me habeo corroboratorem?"
Audiens haec vidua illa, cui porcum reddiderat, porcum ipsum occidit et caput cum pedibus, candela et pane ad sanc-

Die Fischgräte

Da legte ihm eine Frau ihren sterbenden Sohn vor die Füße, in dessen Hals eine Fischgräte steckte, und bat ihn unter Tränen um Hilfe. Der heilige Blasius betete, damit dieser Junge und alle anderen, die in seinem Namen etwas wünschten, die Wohltat der Gesundheit erführen, und der Junge wurde sofort gesund.

Das Schwein

Eine sehr arme Frau besaß nur ein einziges Schwein, das ihr auch noch ein Wolf geraubt hatte. Sie flehte den heiligen Blasius an, er möge ihr helfen, ihr Schwein wiederzubekommen. Blasius lächelte und sprach: »Sei nicht traurig, Frau, dein Schwein wird dir zurückgegeben.« Sofort kam der Wolf und gab der Witwe das Schwein zurück.

Blasius im Gefängnis

Als Blasius in die Stadt kam, wurde er auf Befehl des Fürsten in den Kerker geworfen. Am nächsten Tag aber ließ der Herr ihn zu sich führen. Als er ihn sah, begrüßte er ihn mit freundlichen Worten: »Blasius, Freund der Götter, freue dich.« Blasius erwiderte: »Auch du, bester Herr, freue dich. Aber nenne diese da nicht Götter, sind es doch Dämonen, weil sie zusammen mit denen, die sie verehren, dem ewigen Feuer übergeben werden.« Voll Zorn ließ ihn der Herr mit Stöcken schlagen und wieder in den Kerker werfen. Darauf sprach Blasius zu ihm: »Du Tor, hoffst du wirklich, mir mit deinen Strafmaßnahmen die Liebe zu meinem Gott auszutreiben, die ich doch zu meiner Stärkung in mir trage?«
Als die Witwe, der er das Schwein wiederbeschafft hatte, diese Worte hörte, schlachtete sie das Schwein und brachte

tum Blasium deportavit. Ille gratias agens comedit sibique dixit: "Singulis annis candelam in ecclesia nominis mei offeras, et tibi et quicumque hoc fecerit, bene erit." Quod semper egit et sibi prosperitas multa fuit.
Post hoc cum eductum praeses a carcere ad deos inclinare non posset, iussit eum in ligno suspendi et carnes eius cum ferreis pectinibus laniari et sic iterum in carcerem reportari.

Septem ergo mulieres sequentes guttas sanguinis colligebant, quae mox tenentur et ad deorum sacrificium compelluntur. Quae dixerunt: "Si vis, ut deos tuos adoremus cum reverentia, mitte eos ad stagnum, ut faciebus ablutis mundius adorare possimus." Laetus praeses efficitur et citius, quod dixerat, adimpletur. Illae vero deos arripuerunt et eos in stagni medium proiecerunt dicentes: "Si dei sunt, videbimus." Quod praeses audiens et prae ira insaniens et se ipsum percutiens dixit ministris: "Cur non tenuistis deos nostros, ut non mitterentur in profundum laci?" Cui dixerunt: "Dolose tecum locutae sunt mulieres et eos in stagnum proiecerunt." Cui mulieres: "Deus verus dolos non patitur, sed et si dii fuissent, praescivissent utique, quid iis facere volebamus."

dem heiligen Blasius den Kopf und die Füße, eine Kerze und ein Stück Brot. Er dankte ihr, aß und sagte zu ihr: »Opfere jedes Jahr in der Kirche, die meinen Namen trägt, eine Kerze, und dir und allen, die dasselbe tun, wird es gutgehen.« Sie tat dies regelmäßig, und es brachte ihr viel Glück.
Darauf wurde Blasius aus dem Gefängnis geholt. Als der Herr ihn aber nicht dazu bringen konnte, an die Götter zu glauben, ließ er ihn an einen Pfahl hängen, ihm mit eisernen Kämmen das Fleisch aufreißen und in diesem Zustand erneut in den Kerker werfen.

Die Götter im Teich

Es folgten ihm sieben Frauen und sammelten seine Blutstropfen. Kurz darauf wurden sie verhaftet und dazu aufgefordert, den heidnischen Göttern zu opfern. Sie aber sprachen: »Wenn du willst, daß wir deine Götter in Ehrfurcht anbeten, dann laß sie zu dem Teich bringen, damit ihre Gesichter gewaschen werden und wir sie in größerer Reinheit anbeten können.« Darüber freute sich der Herr, und seine Befehle wurden rasch ausgeführt. Die Frauen aber packten die Götter und warfen sie mit folgenden Worten mitten in den Teich: »Ob es Götter sind, werden wir sehen.« Als der Herr davon hörte, raste er vor Zorn, schlug sich selbst und sagte zu seinen Dienern: »Warum habt ihr unsere Götter nicht festgehalten, um sie davor zu bewahren, daß sie in der Tiefe des Sees versanken?« Sie antworteten ihm: »Die Frauen haben dich mit listigen Worten betrogen und die Götter in den Teich geworfen.« Darauf die Frauen: »Der wahre Gott duldet keine Listen; aber wenn sie wirklich Götter gewesen wären, dann hätten sie doch schon vorher gewußt, was wir ihnen antun wollten.«

Et iratus praeses iussit plumbum liquefactum et pectines ferreos et VII loricas igne candentes ex una parte parari et ex alia VII camisias afferri lineas. Quo dicente, ut ex his, quod mallent, eligerent, una illarum duos parvulos habens audacter cucurrit et lineas camisias accipiens in caminum proiecit. Pueri vero matri dixerunt: "Non nos, mater dulcissima, post te relinquas, sed sicut nos replesti dulcedine lactis, sic nos reple dulcedine regni coelestis." Tunc praeses iussit eas suspendi et carnes earum pectinibus ferreis laniari. Quarum carnes ut nix albissimae erant et pro sanguine lac fluebat. Cum autem supplicia invitae ferrent, angelus Domini ad eas venit et eas viriliter confortavit dicens: "Nolite timere, bonus enim operarius, qui bene incepit et bene perficit et a conducente se benedictionem meretur pro completo opere et mercedem accipit pro labore et gaudium possidet pro mercede."

Tunc praeses iussit eas deponi et in caminum mitti. Quae divinitus exstincto igne exierunt illaesae. Quibus praeses: "Iam nunc magicam artem dimittite et deos nostros adorate." Quae responderunt: "Perfice, quod coepisti, quia iam ad regnum coeleste vocatae sumus." Tunc ille data sententia eas decollari mandavit. Quae, dum decollari deberent, flexibus genubus adoraverunt dicentes: "Deus, qui nos a tenebris separasti et in lucem dulcissimam adduxisti, qui nos sacrificium tuum fecisti, animas nostras suscipe et ad vitam aeternam facias nos pervenire." Et sic truncatis capitibus ad Dominum migraverunt.

Die Entscheidung der Frauen

Voll Zorn ließ der Herr flüssiges Blei, eiserne Kämme und sieben glühende Eisenpanzer auf die eine Seite legen und sieben Hemden aus Leinen auf die andere Seite. Er forderte die Frauen auf, sie sollten von diesen Gegenständen auswählen, was sie am liebsten hätten. Eine von ihnen, die zwei kleine Kinder hatte, trat mutig vor, nahm die Leinenhemden und warf sie in den Ofen. Die Kinder aber sagten zu ihrer Mutter: »Liebste Mutter, laß uns nicht allein zurück, sondern wie du uns mit deiner süßen Milch genährt hast, so erfülle uns mit der Süße des himmlischen Reiches.« Da ließ der Herr die Frauen aufhängen und mit den eisernen Kämmen das Fleisch herunterreißen. Ihr Fleisch aber war ganz weiß wie Schnee, und anstelle von Blut floß Milch hervor. Als sie aber die Folterschmerzen aus eigener Kraft nicht mehr ertragen konnten, kam ein Engel des Herrn zu ihnen und machte ihnen Mut mit folgenden Worten: »Fürchtet euch nicht, denn der ist ein guter Arbeiter, der sein Werk gut anfing und gut zu Ende bringt und für die Vollendung des Werkes den Segen dessen, der es übernimmt, verdient und Lohn erhält für seine Arbeit und sich freut über den Lohn.«

Darauf ließ der Herr sie vom Pfahl abbinden und in den Ofen werfen. Sie aber kamen unverletzt wieder heraus, nachdem das Feuer durch Gottes Fügung verloschen war. Der Herr sagte zu ihnen: »Laßt jetzt endlich ab von eurer Zauberei und betet unsere Götter an.« Sie antworteten: »Vollende, was du angefangen hast; denn wir sind schon in das Himmelreich gerufen worden.« Da fällte er sein Urteil und ordnete ihre Enthauptung an. Als sie nun enthauptet werden sollten, knieten sie nieder und beteten: »Gott, Du hast uns aus der Finsternis befreit und in das lieblichste Licht geführt; Du hast uns zu Deinem Opfer auserkoren. Nimm also unsere Seelen auf und laß uns in das ewige Leben eingehen.« So wurden sie enthauptet und gingen zum Herrn.

Post hoc iussit praeses Blasium sibi praesentari et dixit ei: "Vel nunc adoras deos vel non?" Cui Blasius: "Impie, non timeo minas tuas. Age, ut vis. Corpus enim meum penitus tibi trado." Tunc iussit mitti in stagnum. Ipse vero aquam signavit et mox sicut terra arida fixa permansit; dixitque: "Si veri sunt dei vestri, ostendite virtutem eorum et ingredimini huc." Ingressique LXV viri stagnum continuo sunt submersi. Angelus autem Domini descendens dixit ei: "Egredere, Blasi, et coronam tibi a Deo paratam suscipe." Cumque exiisset, dixit ad eum praeses: "Omnino decrevisti non adorare deos?" Cui Blasius: "Cognosce, miser, quia Christi servus sum nec daemones adoro." Et statim iussit eum decollari. Ipse autem oravit ad Dominum, ut, quicumque per infirmitatem gutturis vel alia quacumque infirmitate eius patrocinia postularet, exaudiretur et continuo liberaretur. Et ecce vox de coelis ad eum venit, quod si fieret, ut oravit. Sicque cum duobus puerulis decollatus est circa annos Domini CCLXXXIII.

Blasius' Ende

Danach ließ der Herr den heiligen Blasius zu sich kommen und sagte zu ihm: »Betest du jetzt zu den Göttern oder nicht?« Blasius erwiderte: »Du Ruchloser, ich fürchte deine Drohungen nicht. Tue, was du willst. Ich gebe meinen Leib ganz in deine Gewalt.« Darauf ließ ihn der Herr in den Teich werfen. Er aber segnete das Wasser, und es wurde fest wie trockenes Land. Er sagte dazu: »Wenn eure Götter wahre Götter sind, dann beweist deren Kraft und kommt hierher.« Da gingen fünfundsechzig Männer in den Teich und versanken sofort. Ein Engel des Herrn aber stieg herab und sprach: »Komm heraus, Blasius, und empfange die Krone, die dir von Gott bereitet ist.« Als er den Teich wieder verlassen hatte, sagte der Herr zu ihm: »Hast du dich nun endgültig dazu entschlossen, nicht zu unseren Göttern zu beten?« Blasius antwortete: »Erkenne doch, du Unglücklicher, daß ich Christi Diener bin und keine Dämonen anbete.« Darauf gab der Herr den Befehl, Blasius unverzüglich zu enthaupten. Er aber betete zu Gott, daß jeder, der aufgrund eines Halsleidens oder irgendeiner anderen Krankheit um seine Unterstützung bitte, erhört und umgehend geheilt werde. Und da kam eine Stimme vom Himmel zu ihm, die versprach, daß es so geschehen solle, wie er es erbeten hatte. Dann wurde er zusammen mit den beiden kleinen Kindern im Jahr 283 enthauptet.

14
De sancta Agatha virgine

Agatha virgo ingenua et corpore pulcherrima in urbe Cataniensium Deum semper in omni sanctitate colebat. Quintianus autem consularis Siciliae, cum esset ignobilis, libidinosus, avarus et idolis deditus, beatam Agatham comprehendere nitebatur, ut, quia erat ignobilis, comprehendendo nobilem timeretur, quia libidinosus, eius pulchritudine frueretur, quia avarus, eius divitias raperet, quia idololatra, diis eam faceret immolare. Fecitque eam ad se adduci. Quae cum adducta esset et eius immobile propositum cognovisset, tradidit eam cuidam meretrici nomine Aphrodisiae et novem filiabus eius eiusdem turpitudinis, ut per XXX dies suaderent et quomodo eius animum immutarent. Et modo promittendo laeta modo terrendo aspera sperabant eam a bono proposito revocare. Quibus beata Agatha dixit: "Mens mea super petram solidata est et in Christo fundata, verba vestra venti sunt, promissiones vestrae pluviae, terrores vestri flumina sunt. Quae quantumvis impugnant, stat fundamentum domus meae, cadere non valebit." Haec autem dicens flebat quotidie et orabat sitiens ad martyrii palmam pervenire.

14

Die heilige Jungfrau Agatha

Agatha und der Statthalter

Die Jungfrau Agatha stammte aus einer vornehmen Familie. Sie war sehr schön und lebte in der Stadt Catania. Sie ehrte Gott stets in vollkommener Reinheit. Quintianus aber, der Statthalter von Sizilien, stammte aus einfachen Verhältnissen, war wollüstig und habgierig und ein Anhänger der heidnischen Götter. Er setzte alles daran, die heilige Agatha zu besitzen; denn er wollte durch die Verbindung mit einer Frau von edler Abkunft an Ansehen gewinnen, weil er selbst ja aus einfachen Verhältnissen stammte, und weil er wollüstig war, wollte er in den Genuß ihrer Schönheit kommen, weil er habsüchtig war, ihren Reichtum besitzen, und weil er ein Götzenanbeter war, sie dazu zwingen, den heidnischen Göttern zu opfern. Deshalb also ließ er sie zu sich bringen. Als sie nun zu ihm geführt worden war und er erkannt hatte, daß er sie nicht beeinflussen konnte, übergab er sie einer Kupplerin mit Namen Aphrodisia und ihren neun Töchtern, die wie ihre Mutter in Schande lebten. Sie sollten Agatha dreißig Tage lang gut zureden und ihre Einstellung ändern. Sie hofften, Agatha von ihren guten Vorsätzen abzubringen, indem sie ihr einerseits schöne Dinge versprachen und sie andrerseits mit Drohungen einzuschüchtern versuchten. Die heilige Agatha aber sprach zu ihnen: »Mein Geist ist auf einen Felsen gebaut und auf Christus gegründet; eure Worte sind Wind, eure Versprechungen Regen, eure Drohungen fließendes Wasser. Wie sehr dies alles auch gegen mich anstürmt, das Fundament meines Hauses steht fest, es wird nicht zerbrechen können.« Sie wiederholte dies jeden Tag unter Tränen, betete und sehnte sich danach, die Palme des Martyriums zu erlangen.

Videns igitur Aphrodisia ipsam immobilem permanere dixit Quintiano: "Facilius possunt saxa molliri et ferrum in plumbi mollitiem converti quam ab intentione Christiana mens istius puellae converti seu revocari." Tunc Quintianus fecit eam ad se adduci et ait illi: "Cuius conditionis es?" Cui illa: "Non solum ingenua, sed et spectabilis genere, ut omnis parentela mea testatur." Cui Quintianus: "Si ingenua es, cur moribus te servilem personam habere ostendis?" Illa respondit: "Quia ancilla Christi sum, ideo servilem meam exhibeo personam." Quintianus dixit: "Si te ingenuam dicis, quomodo ancillam asseris?" Illa respondit: "Summa ingenuitas est, in qua servitus Christi comprobatur." Quintianus dixit: "Elige, quod volueris, aut scilicet diis sacrificare aut diversa supplicia sustinere." Cui Agatha: "Sit talis uxor tua, qualis Venus dea tua, et tu talis sis, qualis fuit deus tuus Iuppiter."

Tunc Quintianus iussit eam alapis caedi dicens: "In iniuriam iudicis noli temerario ore garrire." Agatha respondit: "Miror te virum prudentem ad tantam stultitiam devolutum, ut illos dicas deos tuos esse, quorum vitam non cupias tuam coniugem vel te imitari, et dicas tibi iniuriam fieri, si eorum vivas exemplo. Nam si dei tui sunt boni, bonum tibi optavi, si autem exsecraris eorum consortia, mecum sentis." Quintianus dixit: "Quid mihi superfluus verborum cursus? Aut sacrifica diis aut te faciam diversis suppliciis interire." Agatha respondit: "Si feras mihi promittas, audito Christi nomine

Agathas Standhaftigkeit

Da Aphrodisia sah, daß Agatha standhaft blieb, sagte sie zu Quintianus: »Leichter können Steine erweicht und Eisen so weich wie Blei gemacht werden, als daß der Sinn dieses Mädchens von ihrer christlichen Gesinnung abgebracht werden könnte.« Darauf ließ Quintianus sie zu sich bringen und sprach zu ihr: »Aus welchen Verhältnissen kommst du?« Sie antwortete ihm: »Ich bin nicht nur freigeboren, sondern stamme auch aus einer angesehenen Familie, wie meine gesamte Verwandtschaft beweist.« Quintianus erwiderte: »Wenn du freigeboren bist, warum benimmst du dich dann wie eine Sklavin?« Sie antwortete: »Weil ich eine Magd Christi bin, benehme ich mich wie eine Sklavin.« Quintianus sagte dazu: »Wenn du sagst, daß du freigeboren bist, wie kannst du da behaupten, eine Magd zu sein?« Sie entgegnete. »Die höchste Form freier Geburt ist die Knechtschaft Christi.« Quintianus erwiderte. »Entscheide dich: Entweder du opferst den Göttern oder du nimmst vielfältige Strafen auf dich.« Darauf Agatha: »Deine Frau möge so sein wie deine Göttin Venus, und du mögest so sein wie dein Gott Jupiter.«

Daraufhin ließ Quintianus sie ohrfeigen und sagte dazu: »Beleidige deine Richter nicht, indem du dummes Zeug redest.« Agatha erwiderte: »Ich wundere mich, daß du, obwohl du doch ein so kluger Mann bist, einer so großen Dummheit verfällst zu behaupten, jene seien deine Götter, deren Leben nachzuahmen, du offensichtlich weder für dich noch für deine Gattin wünschst, und du würdest beleidigt, wenn du nach deren Vorbild lebtest. Denn wenn deine Götter gute Götter sind, dann habe ich dir doch Gutes gewünscht; wenn du aber die Gemeinschaft mit ihnen verfluchst, dann denkst du so wie ich.« Quintianus entgegnete ihr: »Was sollen diese überflüssigen Worte? Opfere den Göttern, oder ich sorge dafür, daß du durch verschiedenartige Strafen zu Tode kommst.« Agathas Antwort war: »Wenn du mir wilde Tiere

mansuescunt. Si ignem adhibeas, de coelo mihi rorem salvificum angeli ministrabunt. Si plagas vel tormenta ingeras, habeo spiritum sanctum, per quem despicio universa." Tunc iussit eam trahi ad carcerem, quia voce eum publice confundebat. Ad quem laetissime et glorianter ibat et quasi ad epulas invitata agonem suum Domino commendabat.

Sequente die dixit ei Quintianus: "Abnega Christum et adora deos." Quae cum abnueret, iussit eam in equuleum suspendi et torqueri. Dixit Agatha: "Ego in his poenis ita delector, sicut qui bonum nuntium audit aut qui videt, quem diu desideravit, aut qui multos thesauros invenit. Non enim potest triticum in horreum poni, nisi theca fuerit fortiter conculcata et in paleis redacta. Sic anima mea non potest intrare in paradisum cum palma martyrii, nisi diligenter feceris corpus meum a carnificibus attrectari." Tunc iratus Quintianus iussit eius mamillam torqueri et tortam diutissime iussit abscidi. Cui Agatha: "Impie crudelis et dire tyranne, non es confusus amputare in femina, quod ipse in matre suxisti? Ego habeo mamillas integras in anima mea, ex quibus nutrio omnes sensus meos, quas ab infantia Domino consecravi."

Tunc iussit eam in carcerem recipi prohibens ingressum medicorum et panem vel aquam sibi ab aliquo ministrari. Et ecce circa mediam noctem venit ad eam quidam senex, quem antecedebat puer luminis portitor, diversa secum ferens medica-

versprichst, werden sie zahm, nachdem sie Christi Namen gehört haben. Wenn du mich dem Feuer überläßt, werden mir die Engel heilenden Tau vom Himmel bringen. Wenn du mich schlägst oder folterst, habe ich den Heiligen Geist, mit dessen Hilfe ich alles verachte.« Darauf ließ er sie in den Kerker schleppen, weil sie ihn mit ihren Worten vor allen Leuten lächerlich machte. Sehr fröhlich und stolz ging sie in den Kerker, und als ob sie zu einem Festessen eingeladen sei, legte sie ihren Streit in Gottes Hände.

Am nächsten Tag sagte Quintianus zu ihr: »Verleugne Christus und bete die Götter an.« Als sie dies zurückwies, ließ er sie auf die Folter hängen und martern. Da sprach sie: »Ich genieße diese Qualen wie einer, der eine gute Nachricht erhält oder jemanden sieht, nach dem er sich lange gesehnt hat, oder einen großen Schatz findet. Der Weizen kann nämlich nicht in die Scheune gebracht werden, wenn die Kapsel nicht tüchtig gedroschen und zu Spreu zerkleinert ist. So kann auch meine Seele nicht mit der Palme des Martyriums in das Paradies eingehen, wenn du nicht dafür sorgst, daß mein Leib von den Henkersknechten gepeinigt wird.« Voll Zorn ließ Quintianus sie an ihren Brüsten foltern und sie nach langer Quälerei abschneiden. Agatha: »Du ruchloser, grausamer, unbarmherziger Tyrann, macht es dir denn nichts aus, einer Frau das abzuschneiden, woran du selbst bei deiner Mutter gesaugt hast? In meiner Seele habe ich noch unversehrte Brüste, aus denen ich alle meine Sinne mit Nahrung versorge und die ich von Kindheit an meinem Herrn geweiht habe.«

Der alte Mann

Darauf ließ er sie wieder in den Kerker sperren. Er verbot, daß sie von einem Arzt versorgt werde und von jemandem Brot oder Wasser erhalte. Doch mitten in der Nacht kam ein alter Mann zu ihr, dem ein Knabe mit einer Lampe vorausging. Er hatte verschiedene Heilmittel bei sich und sagte zu

menta et dixit ei: "Licet consularis insanus tormentis te afflixerit, tu cum tuis responsis amplius afflixisti, et licet ubera tua torserit, sed illius ubertas in amaritudinem convertetur. Et quoniam ibi eram, quando hoc patiebaris, vidi, quia mamilla tua potest curam salutis suscipere." Cui Agatha: "Medicinam carnalem corpori meo numquam exhibui, et turpe est, ut, quod tamdiu servavi, nunc perdam." Dixit ei senex: "Filia, ego Christianus sum, ne verecunderis." Cui Agatha: "Et unde verecundari possum, cum tu sis senex et grandaevus, ego vero ita crudeliter lacerata, quod nemo de me possit concipere voluptatem? Sed ago tibi gratias, domine pater, quia sollicitudinem tuam mihi impendere dignatus es." Cui ille: "Et quare non permittis, ut curem te?" Agatha respondit: "Quia habeo Dominum Iesum Christum, qui solo verbo curat omnia et sermone restaurat universa. Hic si vult, potest me continuo curare." Et subridens senior dixit: "Et ego apostolus eius sum et ipse me misit ad te et in nomine eius scias te esse sanatam." Et continuo Petrus apostolus disparuit. Et procidens beata Agatha gratias agens invenit se undique sanatam et mamillam suam pectori restitutam.

Cum ergo ex immenso lumine custodes territi aufugissent et apertum carcerem reliquissent, rogant eam quidam, ut abiret. "Absit," inquit, "ut fugiam et coronam patientiae perdam et custodes meos tribulationibus tradam." Post dies quattuor dixit ei Quintianus, ut deos adoraret, ne graviora supplicia sustineret. Cui Agatha: "Verba tua fatua sunt et vana, aerem maculantia et iniqua. Miser sine intellectu, quomodo vis, ut

ihr: »Obwohl dich der wahnsinnige Statthalter schrecklich gefoltert hat, hast du ihn mit deinen Antworten doch noch schwerer getroffen, und mag er sich auch an deinen Brüsten grausam vergangen haben, sein Brüsten wird sich in Bitterkeit verwandeln. Und da ich dabei war, als du dies erleiden mußtest, habe ich gesehen, daß deine Brüste geheilt werden können.« Ihm erwiderte Agatha: »Ein leibliches Heilmittel habe ich meinem Körper niemals zugeführt, und es wäre eine Schande, jetzt aufzugeben, was ich so lange bewahrt habe.« Der alte Mann erwiderte ihr: »Meine Tochter, ich bin Christ, du brauchst dich nicht zu schämen.« Agatha: »Warum sollte ich mich schämen, da du doch ein ganz alter Mann bist und ich so grauenvoll zerschunden, daß niemand an mir Lust empfinden könnte? Aber ich danke dir, mein Herr und Vater, daß du es für wert hältst, dich um mich zu kümmern.« Darauf sprach jener: »Und warum erlaubst du es nicht, daß ich dich gesund pflege?« Agatha: »Weil ich den Herrn Jesus Christus habe, der allein mit seinem Wort alles gesund pflegt und mit seiner Rede die ganze Welt erneuert. Wenn er es will, kann er mich sofort gesund machen.« Da lächelte der Greis und sprach: »Ich bin sein Apostel, und er selbst hat mich zu dir geschickt, und du mögest wissen, daß du in seinem Namen geheilt bist.« Unmittelbar darauf verschwand der Apostel Petrus. Die heilige Agatha warf sich nieder und dankte Gott, und da entdeckte sie, daß sie ganz geheilt und ihre Brüste wieder nachgewachsen waren.

Die Wächter waren unterdessen, verschreckt durch das gewaltige Licht, geflohen und hatten den Kerker offengelassen. Einige von ihnen baten sie fortzugehen. Sie aber sagte: »Es soll nicht sein, daß ich fliehe, die Krone meines Leidens verliere und meinen Wächtern Schwierigkeiten bereite.« Vier Tage danach forderte Quintianus sie erneut dazu auf, die Götter anzubeten, um nicht noch schwerere Strafen zu erleiden. Agatha sagte dazu: »Deine Worte sind einfältig und sinnlos. Sie verschmutzen die Luft und sind bösartig. Du Elender ohne Verstand, wie kannst du es wollen, daß ich

lapides adorem et Deum coeli, qui me sanavit, dimittam?" Quintianus dixit: "Et quis te sanavit?" Cui Agatha: "Christus, filius Dei." Quintianus dixit: "Iterum tu Christum audes nominare, quem ego nolo audire?" Agatha: "Quamdiu vixero, Christum corde et labiis invocabo." Quintianus dixit: "Nunc videbo, si Christus te curabit." Et iussit testas fractas spargi et sub testas carbones ignitos mitti et ipsam desuper nudo corpore volutari. Quod cum fieret, ecce terrae motus nimius factus est, qui totam civitatem ita concussit, ut palatium corruens duos consiliarios Quintiani opprimeret et omnis populus ad eum concurreret clamans, quod propter iniustum Agathae cruciatum talia paterentur. Tunc Quintianus ex una parte terrae motum, ex alia seditionem populi metuens ipsam iterum in carcerem recipi iussit, ubi sic oravit dicens: "Domine Iesu Christe, qui me creasti et ab infantia custodisti, qui corpus meum a pollutione servasti et a me amorem saeculi abstulisti et qui tormenta me vincere fecisti et in iis virtutem patientiae tribuisti, accipe spiritum meum et iube me ad tuam misericordiam pervenire." Haec cum orasset, cum ingenti voce spiritum tradidit circa annum Domini CCLIII sub Daciano imperatore. [...]

Steine anbete und den Gott im Himmel, der mich geheilt hat, verlasse?« Quintianus: »Wer hat dich geheilt?« Agatha: »Christus, Gottes Sohn.« Quintianus: »Du wagst es wieder, Christus zu nennen, von dem ich nichts hören will?« Agatha: »Solange ich lebe, werde ich Christus mit meinem Herzen und mit meinen Lippen anrufen.« Quintianus: »Jetzt will ich sehen, ob Christus für dich sorgen wird.« Und er ließ zerbrochene Scherben ausstreuen, auf die Scherben glühende Kohlen gießen und sie selbst nackt darüber wälzen. Als das geschah, gab es ein gewaltiges Erdbeben, das die ganze Stadt so sehr erschütterte, daß der Palast zusammenstürzte und zwei Senatoren des Quintianus unter sich begrub und das ganze Volk bei ihm zusammenströmte und schreiend beklagte, daß sie dies alles wegen Agathas ungerechter Marterung erleiden müßten. Da bekam Quintianus nicht nur vor dem Erdbeben, sondern auch vor der Erhebung des Volkes große Angst und ließ Agatha wieder in den Kerker zurückbringen, wo sie das folgende Gebet sprach. »Herr Jesus Christus, der Du mich erschaffen und von Kindheit an beschützt hast, der Du meinen Leib vor Unreinheit bewahrt und mir das Verlangen nach der Welt genommen hast, der Du mich befähigt hast, die Folter zu besiegen, und mir die Kraft gabst, sie mit Geduld zu ertragen, nimm meinen Geist auf und laß mich Deine Barmherzigkeit empfangen.« Nachdem sie dieses Gebet gesprochen hatte, verschied sie unter lautem Rufen. Das geschah im Jahre 253 zur Zeit des Kaisers Dacian. [. . .]

15

De sancto Matthia apostolo

Matthias apostolus in locum Iudae substitutus est. Sed primo ortum et originem ipsius Iudae breviter videamus. Legitur enim in quadam historia licet apocrypha, quod fuit quidam vir in Jerusalem nomine Ruben, qui alio nomine dictus est Simon de tribu Dan, vel secundum Hieronymum de tribu Isaschar. Qui habuit uxorem, quae Cyborea nuncupata est. Quadam igitur nocte cum sibi mutuo debitum exsolvissent, Cyborea obdormiens somnium vidit, quod perterrita cum gemitibus et suspiriis viro suo retulit dicens: "Videbatur mihi, quod filium flagitiosum parerem, qui totius gentis nostrae causa perditionis exsisteret." Cui Ruben: "Nefariam rem", inquit, "nec relatu dignam profaris et spiritu, ceu puto, phitonico raperis." Cui illa: "Si me concepisse sensero et filium peperero, absque dubio non spiritus phitonicus exsistit, sed revelatio certa fuit."

Procedente igitur tempore cum filium peperisset, parentes plurimum timuerunt, et quid de eo facerent, cogitare coeperunt. Cumque filium abhorrerent occidere nec vellent destructorem sui generis enutrire, ipsum in fiscella positum mari exponunt. Quem marini fluctus ad insulam propulerunt, quae Scarioth dicitur. Ab illa igitur insula Iudas Scariotes appellatus est.

15

Der heilige Apostel Matthias

Der Traum

Der Apostel Matthias trat an Judas' Stelle. Doch wir wollen uns zunächst in aller Kürze die Geburt und die Herkunft des Judas anschauen. Man kann nämlich in einem allerdings apokryphen Geschichtswerk nachlesen, daß es in Jerusalem einen Mann namens Ruben gab, der den Beinamen Simon hatte und dem Stamm Dan oder laut Hieronymus dem Stamm Isaschar angehörte. Er hatte eine Frau mit Namen Cyborea. Als sie nun eines Nachts ihre eheliche Pflicht erfüllt hatten, hatte Cyborea einen Traum, den sie ihrem Mann unter Jammern und Klagen erzählte: »Ich träumte, ich würde einen ganz bösen Sohn gebären, der die Vernichtung unseres ganzen Volkes verursachen würde.« Ruben antwortete ihr: »Du sagst etwas Schreckliches, worüber man nicht reden darf, und du bist, wie ich glaube, von einem bösen Geist befallen.« Sie erwiderte ihm: »Wenn ich merke, daß ich schwanger bin, und einen Sohn gebäre, dann war es zweifellos kein böser Geist, sondern eine untrügliche Offenbarung.«

Judas' Kindheit

Als sie nach einiger Zeit einen Sohn gebar, bekamen die Eltern große Angst und begannen zu überlegen, was sie mit ihm machen sollten. Da sie nicht den Mut fanden, ihn zu töten und ihn aber auch nicht als Vernichter ihres Volkes aufziehen wollten, setzten sie ihn in einem Körbchen auf dem Meer aus. Die Meeresströmung trieb ihn an eine Insel, die Scarioth genannt wurde. Nach dieser Insel erhielt Judas den Beinamen Scariotes (Ischariot).

Regina autem illius loci carens liberis ad litus maris causa spatiandi processit et fiscellam a marinis fluctibus iactari videns. Ipsam aperiri praecepit inveniensque ibi puerum elegantis formae suspirans ait: "O si solaciis tantae sublevarer sobolis, ne regni mei privarer successore." Puerum igitur secreto nutriri fecit et se gravidam simulavit. Tandem se filium peperisse mentitur et per totum regnum fama haec celebris divulgatur. Princeps pro suscepta sobole vehementer exsultat et ingenti gaudio plebs laetatur. Ipsum igitur secundum magnificentiam regiam educari fecit. Non post multum vero temporis regina de rege concepit et suo tempore filium parturivit.

Cum autem pueri aliquantulum iam crevissent, ad invicem saepius colludebant. Et puerum regium Iudas crebris molestiis et iniuriis molestabat et ad fletum saepius provocabat. Regina autem hoc moleste ferens et Iudam ad se non pertinere sciens ipsum crebrius verberavit. Sed nec sic a molestia pueri desistebat. Tandem res panditur et Iudas non verus reginae filius, sed inventus aperitur. Quod Iudas ut comperit, vehementer erubuit et fratrem suum putativum filium regis latenter occidit.

Ob hoc capitalem sententiam timens cum tributariis in Jerusalem aufugit seque curiae Pilati, tunc praesidis, mancipavit. Et quoniam res similes sibi sunt habiles, Pilatus Iudam suis moribus invenit congruere et ideo coepit ipsum valde carum

Die Königin dieses Landes aber, die keine Kinder hatte, ging an der Küste des Meeres spazieren und sah, wie das Körbchen auf dem Wasser trieb. Sie ließ es öffnen und fand darin einen hübschen Knaben und seufzte: »Ach, wenn ich bei einem solchen Kinde den Trost finden könnte, daß mein Reich nicht ohne einen Erben bliebe.« Sie ließ also den Knaben heimlich aufziehen und tat so, als ob sie schwanger sei. Schließlich gab sie vor, sie habe einen Sohn geboren, und diese Nachricht wurde im ganzen Reich verbreitet. Der König freute sich sehr über den angenommenen Nachkommen, und das Volk feierte ein Freudenfest. Er ließ den Jungen in königlicher Pracht aufwachsen. Aber nach einiger Zeit wurde die Königin tatsächlich schwanger und gebar, als die Zeit gekommen war, einen Sohn.

Als nun die Jungen schon etwas größer geworden waren, spielten sie oft miteinander. Judas ärgerte den Königsohn immer wieder mit Sticheleien und bösen Streichen und brachte ihn häufig zum Weinen. Die Königin litt sehr darunter, und da sie ja wußte, daß Judas nicht ihr Sohn war, schlug sie ihn oft. Doch er hörte auch so nicht damit auf, den andern zu belästigen. Schließlich kommt alles heraus, und es wird allgemein bekannt, daß Judas nicht der rechtmäßige Sohn der Königin, sondern ein Findelkind ist. Als Judas dies erfuhr, schämte er sich sehr und tötete heimlich den Sohn des Königs, seinen vermeintlichen Bruder.

Flucht nach Jerusalem

Aus diesem Grunde fürchtete er, zum Tode verurteilt zu werden. Also schloß er sich den Leuten an, die dem König ihre Abgaben bringen wollten, und floh nach Jerusalem. Er begab sich an den Hof des Pilatus, des damaligen Statthalters. Und da sich Gleiches gern Gleichem gesellt, fand Pilatus schnell heraus, daß Judas seinen Vorstellungen entsprach, und begann, ihn deshalb besonders hochzuschätzen. Folglich wur-

habere. Universae igitur curiae Pilati Iudas praeficitur et ad eius nutum omnia disponuntur.

Quadam igitur die Pilatus de palatio suo in quoddam pomerium aspiciens illorum pomorum tanto desiderio captus est, ut paene deficere videretur. Erat autem illud pomerium Ruben, patris Iudae, sed nec Iudas patrem neque Ruben filium agnoscebat, quia et Ruben ipsum his marinis fluctibus periisse putabat et Iudas, quis pater aut quae patria sua fuerit, penitus ignorabat. Pilatus itaque accersito Iuda ait: "Tanto illorum fructuum captus sum desiderio, quod, si his frustratus fuero, spiritum exhalabo." Concitus igitur Iudas in pomerium insiliit et velocius mala carpit. Interea Ruben venit et Iudam mala sua carpentem invenit. Fortiter igitur ambo contendunt et iurgia superaddunt. Post iurgia surgunt ad verbera et mutuis se iniuriis affecerunt. Tandem Iudas Ruben in ea parte, qua cervix collo connectitur, lapide percussit, pariter et occidit. Poma igitur sustulit et Pilato, quid acciderit, enarravit. Iam die inclinante et nocte superveniente Ruben mortuus invenitur et subitanea morte praeventus esse putatur.

Tunc Pilatus omnes facultates Ruben Iudae tradidit et Cyboream uxorem Ruben coniugem Iudae dedit. Quadam igitur die dum Cyborea graviter suspiraret et Iudas, vir eius, quid haberet, diligenter interrogaret, illa respondit: "Heu infelicissima sum omnium feminarum, quia infantulum meum marinis fluctibus immersi et virum meum morte praeventum inveni, sed et dolori misere Pilatus addidit dolorem, qui me

de Judas die Verwaltung des gesamten Hofes übertragen, und alles lief nach seinem Willen ab.
Eines Tages schaute Pilatus von seinem Palast aus in einen Obstgarten und wurde von einem solchen Verlangen nach den dort wachsenden Früchten gepackt, daß er fast zu sterben schien. Der Garten aber gehörte Ruben, Judas' leiblichem Vater. Doch kannte Judas weder seinen Vater noch Ruben seinen Sohn. Denn Ruben meinte, Judas sei in den Fluten des Meeres umgekommen, und Judas waren sein Vater und seine Herkunft völlig unbekannt. Deshalb ließ Pilatus Judas zu sich kommen und sagte zu ihm: »Ich habe eine so gewaltige Lust auf diese Früchte, daß ich sterben werde, wenn ich sie nicht bekomme.« Also sprang Judas eilig in den Garten und pflückte ganz schnell einige Äpfel. Da kam Ruben und erwischte Judas beim Äpfelpflücken. Beide gerieten heftig aneinander und beschimpften sich gegenseitig. Aus dem Streit wurde eine Prügelei, und sie schlugen sich gegenseitig. Schließlich traf Judas Ruben mit einem Stein am Genick, und Ruben brach sofort tot zusammen. Judas hob das Obst auf und erzählte Pilatus, was passiert war. Als der Tag sich neigte und es Abend wurde, fand man den toten Ruben und man nahm an, er sei eines plötzlichen Todes gestorben.

Die Wahrheit

Später überließ Pilatus Judas Rubens gesamtes Vermögen und gab ihm Rubens Frau Cyborea zur Gemahlin. Eines Tages seufzte und stöhnte Cyborea heftig. Judas, ihr Mann, fragte sie mit Nachdruck, was sie denn habe. Da erwiderte sie: »Ach, ich bin die unglücklichste aller Frauen, denn ich habe meinen kleinen Sohn in den Fluten des Meeres ausgesetzt und meinen Mann vom Tod überrascht gefunden. Aber Pilatus fügte diesem Schmerz unglücklicherweise noch ein weiteres Leid hinzu, indem er mich trotz meiner tiefsten Trauer ver-

maestissimam nuptui tradidit et invitissimam tibi in coniugem copulavit."

Cumque illa omnia de infantulo enarrasset et Iudas illa, quae sibi acciderant, retulisset, inventum est, quod Iudas matrem suam in uxorem duxerit et patrem suum occiderit. Poenitentia igitur ductus suadente Cyborea Dominum nostrum Iesum Christum adiit et suorum delictorum veniam imploravit ... Dominus autem suum eum fecit discipulum. [...]

heiratete und mich dir ganz gegen meinen Willen zur Frau gab.«

Als sie ihm alles über ihren kleinen Sohn erzählt und Judas ihr berichtet hatte, was ihm passiert war, kam heraus, daß er seine Mutter geheiratet und seinen Vater getötet hatte. Judas wurde von Reue gepackt, ging auf Cyboreas Rat zu unserem Herrn Jesus Christus und flehte um Vergebung für seine Sünden . . . Der Herr aber machte Judas zu seinem Jünger. [. . .]

16

De sancto Ambrosio

Ambrosius, filius Ambrosii praefecti Romae, cum in cunabulis in atrio praetorii esset positus et dormiret, examen apum subito veniens faciem eius et os ita complevit, ut quasi in alveolum suum intrarent pariter et exirent. Quae postea evolantes in tantam aeris altitudinem sublevatae sunt, ut humanis oculis minime viderentur. Quo peracto territus pater ait: "Si vixerit infantulus iste, aliquid magni erit."

Postea cum adolevisset et videret matrem et sororem, sacrum virginem, manus sacerdotibus osculari, ipse ludens sorori dextram offerebat asserens et sibi id ab ea fieri oportere. Illa vero ut adolescentem et nescientem, quid diceret, respuebat.

Romae igitur litteris eruditus cum causas praetorii splendide peroraret, a Valentiniano imperatore ad regendam Liguriam Emiliamque provinciam directus est. Cumque Mediolanum venisset et ibidem episcopus tunc deesset, convenit populus, ut sibi de episcopo provideret. Sed cum inter Arianos et catholicos de eligendo episcopo seditio non modica oriretur, illuc Ambrosius causa sedandae seditionis perrexit et statim vox infantis insonuit dicens Ambrosium episcopum. Cuius

16

Der heilige Ambrosius

Der Bienenschwarm

Ambrosius war der Sohn des Ambrosius, des Präfekten von Rom. Als er in seiner Wiege im Hof des Palastes lag und schlief, kam plötzlich ein Bienenschwarm und bedeckte sein Gesicht und seinen Mund so vollständig, daß es so aussah, als ob die Bienen in ihren Stock ein- und ausflögen. Später flogen sie wieder fort und erhoben sich in eine solche Höhe, daß sie mit dem menschlichen Auge nicht mehr zu sehen waren. Über diesen Vorfall erschrak der Vater sehr und sagte: »Wenn der Knabe am Leben bleibt, wird etwas Großes aus ihm.«

Vergebliche Weigerung

Als er herangewachsen war und sah, daß seine Mutter und seine Schwester, eine Nonne, den Priestern die Hände küßten, hielt er im Scherz seiner Schwester die Rechte hin und sagte, daß sie auch ihm dies schulde. Sie aber wies ihn zurück in der Meinung, daß er noch jung sei und nicht wisse, was er sage.

In Rom erhielt er dann eine wissenschaftliche Ausbildung und erwies sich als ausgezeichneter Gerichtsredner. Folglich wurde er von Kaiser Valentinian mit der Verwaltung der Provinzen Liguria und Emilia beauftragt. Als er nach Mailand gekommen war und dort gerade das Bischofsamt unbesetzt war, versammelte sich das Volk, um sich einen Bischof zu wählen. Aber zwischen Arianern und Katholiken entbrannte ein mächtiger Streit über die Wahl des rechten Bischofs. Und als Ambrosius einschritt, um den Streit zu schlichten, rief gleich eine Kinderstimme, Ambrosius sei der richtige

voci omnes unanimiter consenserunt Ambrosium episcopum acclamantes.

Quo ille cognito, ut eos a se terroribus removeret, ecclesiam exiens tribunal conscendit et contra consuetudinem suam tormenta personis adhiberi iussit. Quod cum faceret, populus nihilominus acclamabat: "Peccatum tuum super nos." Tunc ille turbatus domum rediit et philosophiam profiteri voluit. Quod ut ne faceret, revocatus est. Publicas mulieres publice ad se ingredi fecit, ut his visis ab eius electione populum revocaret. Sed cum nec sic proficeret, sed semper populum "peccatum tuum super nos" acclamare videret, fugam media nocte concepit. Cumque Ticinum se pergere putaret, mane ad portam civitatis Mediolanensis, quae Romana dicitur, invenitur. Qui inventus cum custodiretur a populo, missa relatio est ad clementissimum imperatorem Valentianum, qui summo gaudio accepit, quod iudices a se directi ad sacerdotium peterentur. Laetabatur enim Probus praefectus, quod verbum suum fuerat in eo adimpletum. Dixerat enim, cum proficiscenti mandata donaret: "Vade, age, non ut iudex, sed ut episcopus."

Pendente relatione iterum absconditur, sed inventus cum adhuc esset catechumenus, baptizatur et VIII die in episcopalem cathedram sublimatur.

Cum autem post IV annos Romam ivisset et soror sua, sacra virgo, eius dextram oscularetur, sibi ridens ait: "Ecce, ut dicebam tibi, sacerdotis manum oscularis." [...]

Bischof. Alle stimmten einhellig diesem Wort zu und riefen Ambrosius zum Bischof aus.
Als er das erfuhr, verließ er die Kirche, um die Leute durch die Verbreitung von Angst und Schrecken von seiner Person abzubringen, setzte sich auf den Richterstuhl und ließ ganz gegen seine Gewohnheit einige Delinquenten foltern. Obwohl er dies tat, rief das Volk ihn dennoch zum Bischof aus: »Deine Sünde komme über uns.« Darauf ging er ganz verwirrt nach Hause und wollte sich als heidnischen Philosophen ausgeben. Man forderte ihn auf, dies zu unterlassen. Dann ließ er in aller Öffentlichkeit Freudenmädchen zu sich kommen, um das Volk davon abzubringen, ihn zu wählen, nachdem man dies gesehen habe. Aber als er auch so keinen Erfolg hatte, sondern sah, daß das Volk rief: »Deine Sünde komme über uns«, entschloß er sich, mitten in der Nacht zu fliehen. Und als er in Richtung Ticinus zu gehen glaubte, fand man ihn am nächsten Morgen an der Porta Romana in Mailand wieder. Daraufhin nahm ihn das Volk in Gewahrsam. Man schickte dann ein amtliches Schreiben an den sehr gütigen Kaiser Valentinian, der mit größter Freude zur Kenntnis nahm, daß die von ihm eingesetzten Richter für das Priesteramt in Frage kamen. Es freute sich auch Probus, der Präfekt, weil sich sein Wort an Ambrosius erfüllt hatte. Er hatte nämlich zu ihm gesagt, als er ihn verabschiedete: »Geh, bitte, nicht als Richter, sondern als Bischof.«
Während die Angelegenheit noch in der Schwebe war, versteckte sich Ambrosius ein zweites Mal. Aber man fand ihn, und weil er bisher erst Taufkandidat war, wurde er getauft und acht Tage danach auf den Bischofsstuhl gehoben.
Vier Jahre später kam er wieder nach Rom, und seine Schwester, die Nonne, küßte seine rechte Hand. Da lachte er und sagte zu ihr: »Siehst du, wie ich dir damals sagte, küßt du die Hand eines Priesters.« [. . .]

Quadam vice, ut aiunt, cum beatus Ambrosius Romam pergeret et in quadam villa Tusciae apud quendam hominem nimium locupletem hospitatus fuisset, illum hominem super statu suo sollicite requisivit. Cui ille respondit: "Status meus, domine, semper felix exsistit et gloriosus. Ecce enim divitiis infinitis abundo, servos et famulos quam plures habeo et omnia semper ad vota habui nec umquam mihi aliquid adversum accidit vel, quod contristaret, evenit." Quod audiens Ambrosius vehementer obstupuit et his, qui erant secum in comitatu, dixit: "Surgite et hinc quantocius fugiamus, quia Dominus non est in loco isto. Festinate, filii, festinate nec in fugiendo moram facite, ne nos hic divina ultio apprehendat et in peccatis illorum pariter nos involvat."
Cum ergo fugerent et aliquantulum processissent, subito se terra aperuit et hominem illum cum universis, qui ad illum pertinebant, ita absorbuit, ut nullum inde vestigium remaneret. Quod cernens Ambrosius dixit: "Ecce fratres, quam misericorditer Deus parcit, cum hic adversa tribuit, et quam severe irascitur, cum semper prospera elargitur." In eodem autem loco fovea quaedam profundissima remansisse dicitur, quae usque hodie in huius facti testimonium perseverat. [...]

Der Glückliche

Als der heilige Ambrosius, wie man erzählt, einmal nach Rom reiste und als Gast in einem Landhaus in Etrurien bei einem sehr wohlhabenden Mann wohnte, fragte er den Menschen eingehend nach seinem Befinden. Er antwortete ihm folgendes: »Herr, mir ist es immer äußerst gut gegangen. Denn ich verfüge über unermeßlichen Reichtum, besitze zahlreiche Sklaven und Diener, alles ist stets nach meinen Wünschen gegangen, niemals hatte ich Schwierigkeiten, und niemals ist etwas passiert, was mich betrübt hat.« Als Ambrosius diese Worte vernahm, erschrak er heftig und sagte zu seinen Begleitern: »Erhebt euch, und laßt uns schnell von hier fliehen. Denn der Herr ist nicht in diesem Haus. Beeilt euch, meine Söhne, beeilt euch, flieht und laßt euch durch nichts aufhalten, damit uns hier die göttliche Rache nicht trifft und nicht auch uns in die Sünden dieser Menschen verstrickt.«

Als sie nun fortliefen und erst ein kurzes Stück Weges entfernt waren, tat sich plötzlich die Erde auf und verschlang den Menschen mit allen anderen Leuten, die zu ihm gehörten, ohne daß eine Spur von ihnen zurückblieb. Als Ambrosius dies sah, sagte er: »Seht, Brüder, wie barmherzig Gott ist, wenn er uns auf Erden Unglück schickt, und wie schrecklich er zürnt, wenn er uns immer nur Glück schenkt.« Es heißt, daß an derselben Stelle eine sehr tiefe Grube zurückgeblieben sei, die die Erinnerung an dieses Ereignis bis auf den heutigen Tag bewahrt. [. . .]

17

De sancto Georgio

Georgius tribunus genere Cappadocum pervenit quadam vice in provinciam Libyae in civitatem, quae dicitur Silena. Iuxta quam civitatem erat stagnum instar maris, in quo draco pestifer latitabat, qui saepe populum contra se armatum in fugam converterat flatuque suo ad muros civitatis accedens omnes inficiebat. Quapropter compulsi cives duas oves quotidie sibi dabant, ut eius furorem sedarent, alioquin sic muros civitatis invadebat et aerem inficiebat, quod plurimi interibant.

Cum ergo iam oves paene deficerent, maxime cum harum copiam habere non possent, inito consilio ovem cum adiuncto homine tribuebant. Cum igitur sorte omnium filii et filiae hominum darentur et sors neminem exciperet, et iam paene omnes filii et filiae essent consumpti, quadam vice filia regis unica sorte est deprehensa et draconi adiudicata. Tunc rex contristatus ait: "Tollite aurum et argentum et dimidium regni mei et filiam mihi dimittite, ne taliter moriatur." Cui populus cum furore respondit: "Tu, o rex, hoc edictum fecisti et nunc omnes pueri nostri mortui sunt et tu vis filiam tuam salvare? Nisi in filia tua compleveris, quod in aliis ordinasti, succendemus te et domum tuum." Quod rex videns coepit filiam suam flere dicens: "Heu me, filia mea dulcissima, quid de te faciam? Aut quid dicam? Quando plus videbo nuptias

17

Der heilige Georg

Das Ungeheuer

Georg war ein römischer Tribun. Er stammte aus Kappadokien. Eines Tages kam er in eine Stadt in Libyen mit dem Namen Silena. In der Nähe dieser Stadt war ein See so groß wie das Meer. Darin befand sich ein unheilbringendes Ungeheuer, das schon mehrfach das Volk, das sich zu wehren versuchte, in die Flucht geschlagen hatte und mit seinem Gifthauch alle vergiftete, sobald es sich den Mauern der Stadt näherte. In dieser Zwangslage gaben ihm die Bürger täglich zwei Schafe, um sein Wüten zu mäßigen. Andernfalls rannte es gegen die Stadtmauern an und verpestete die Luft, so daß sehr viele starben.

Als dann kaum noch Schafe vorhanden waren, vor allem weil sie einfach nicht so viele besitzen konnten, hielten sie Rat und übergaben dem Ungeheuer jeweils nur noch ein Schaf zusammen mit einem Menschen. Da nun das Los die Söhne und Töchter aller Einwohner traf und niemanden ausnahm und da bereits fast alle Söhne und Töchter geopfert waren, kam eines Tages auch die einzige Tochter des Königs an die Reihe und wurde dem Drachen zugesprochen. Das betrübte den König über alle Maßen, und er sprach: »Nehmt Gold und Silber und die Hälfte meines Königreiches, aber laßt mir meine Tochter, damit sie nicht auf diese Weise umkomme.« Das Volk entgegnete ihm voll Wut: »König, du hast diesen Befehl gegeben, und jetzt sind alle unsere Kinder tot, und da willst du deine Tochter retten? Wenn du nicht auch an deiner Tochter erfüllst, was du den anderen auferlegt hast, werden wir dich und dein Haus verbrennen.« Als der König dies sah, fing er an, wegen seiner Tochter zu weinen, und sprach: »Weh mir, meine süßeste Tochter, was soll ich deinetwegen tun? Oder was soll ich sagen? Wann werde ich noch deine Hochzeit

tuas?" Et conversus ad populum dixit: "Oro, ut indutias octo dierum lugendi mihi filiam tribuatis." Quod cum populus admisisset, in fine octo dierum reversus populus est cum furore dicens: "Quare perdis populum tuum propter filiam tuam? En omnes afflatu draconis morimur." Tunc rex videns, quod non posset filiam liberare, induit eam vestibus regalibus et amplexatus eam cum lacrimis dixit: "Heu me, filia mea dulcissima, de te filios in regali gremio nutrire credebam et nunc vadis, ut a dracone devoreris. Heu me, filia mea dulcissima, sperabam ad tuas nuptias principes invitare, palatium margaritis ornare, tympana et organa audire, et nunc vadis, ut a dracone devoreris." Et deosculans dimisit eam dicens: "Utinam, filia mea, ego ante te mortuus essem, quam te sic amisissem." Tunc illa procidit ad pedes patris petens ab eo benedictionem suam. Quam cum pater cum lacrimis benedixisset, ad lacum processit.

Quam beatus Georgius casu inde transiens ut plorantem vidit, eam, quid haberet, interrogavit. Et illa: "Bone iuvenis, velociter equum adscende et fuge, ne mecum pariter moriaris." Cui Georgius: "Noli timere, filia, sed dic mihi, quid hic praestolaris omni plebe spectante?" Et illa: "Ut video, bone iuvenis, magnifici cordis es tu, sed mecum mori desideras? Fuge velociter." Cui Georgius: "Hinc ego non discedam, donec mihi, quid habeas, intimabis." Cum ergo totum sibi exposuisset, ait Georgius: "Filia, noli timere, quia in Christi

erleben?« Und zum Volk gewandt sagte er: »Ich bitte euch, gebt mir einen Aufschub von acht Tagen der Trauer um meine Tochter.« Das Volk erfüllte ihm diesen Wunsch. Am Ende der acht Tage kam das Volk wutentbrannt zu ihm zurück und rief: »Warum vernichtest du dein Volk wegen deiner Tochter? Sieh doch, wir gehen alle durch den Gifthauch des Drachen zugrunde.« Da sah der König ein, daß er seine Tochter vor ihrem Schicksal nicht mehr bewahren konnte, kleidete sie in königliche Gewänder, umarmte sie und sagte unter Tränen: »Ach, ich Armer, meine süßeste Tochter, ich glaubte, einmal deine Söhne auf meinem königlichen Schoß aufziehen zu können, und jetzt gehst du, um dich von einem Drachen verschlingen zu lassen. Ach, ich Unglücklicher, meine süßeste Tochter, hoffte ich doch, die Fürsten zu deiner Hochzeit einladen zu können, den Palast mit Perlen zu schmücken und Pauken und Trompeten zu hören, und jetzt gehst du fort, um dich von einem Drachen fressen zu lassen.« Dann küßte er sie und ließ sie gehen. Dabei sagte er: »Wenn ich doch vor dir, meine Tochter, gestorben wäre, statt dich so zu verlieren.« Darauf fiel sie ihrem Vater zu Füßen und erbat sich seinen Segen. Der Vater segnete sie unter Tränen, und sie ging zum See.

Die Rettung

Der heilige Georg kam zufällig durch diese Gegend und sah sie weinen. Er fragte sie, was sie denn habe. Sie erwiderte: »Guter Mann, steig schnell wieder auf dein Pferd und fliehe, damit du nicht mit mir zusammen umkommst.« Darauf Georg: »Fürchte dich nicht, meine Tochter, sondern sag mir, warum stehst du hier, während das ganze Volk zuschaut?« Sie antwortete: »Wie ich sehe, guter Mann, hast du ein edles Herz, aber willst du wirklich mit mir sterben? Flieh schnell.« Georg sagte: »Ich werde nicht eher hier weggehen, bis du mir verrätst, was du hast.« Sie erzählte ihm die ganze Geschichte. Georg sagte darauf: »Meine Tochter, fürchte dich nicht.

nomine te iuvabo." Et illa: "Bone miles, sed te ipsum salvare festines, mecum non pereas. Sufficit enim, si sola peream. Nam me liberare non posses et tu mecum perires."

Dum haec loquerentur, ecce draco veniens caput de lacu levavit. Tunc puella tremefacta dixit: "Fuge, bone domine, fuge velociter." Tunc Georgius equum ascendens et cruce se muniens draconem contra se advenientem audaciter aggreditur et lanceam fortiter vibrans et se Deo commendans ipsum graviter vulneravit et ad terram deiecit dixitque puellae: "Proice zonam tuam in collum draconis nihil dubitans, filia." Quod cum fecisset, sequebatur eam velut mansuetissima canis. Cum ergo eum in civitatem duceret, populi hoc videntes per montes et colles fugere coeperunt dicentes: "Vae nobis, quia iam omnes peribimus!" Tunc beatus Georgius innuit iis dicens: "Nolite timere, ad hoc enim me misit Dominus ad vos, ut a poenis vos liberarem draconis. Tantummodo in Christum credite et unusquisque vestrum baptizetur et draconem istum occidam."

Tunc rex et omnes populi baptizati sunt, beatus Georgius evaginato gladio draconem occidit et ipsum extra civitatem efferri praecepit. Tunc quattuor paria boum ipsum in magnum campum foras duxerunt. Baptizati autem sunt in illa die XX milia exceptis parvulis et mulieribus. Rex autem in honorem beatae Mariae et beati Georgii ecclesiam mirae magnitudinis construxit. De cuius altari fons vivus emanat, cuius potus omnes languidos sanat. Rex vero infinitam pecuniam beato Georgio obtulit, quam ille recipere nolens pauperibus eam dari praecepit. [...]

Denn ich werde dir in Christi Namen helfen.« Darauf wieder das Mädchen: »Guter Ritter, bring dich doch endlich in Sicherheit, um nicht mit mir sterben zu müssen. Es reicht doch, wenn ich allein zugrunde gehe. Denn retten könntest du mich nicht, und du würdest mit mir zusammen vernichtet.«

Während sie diese Worte wechselten, tauchte das Ungeheuer auf und hob seinen Kopf aus dem See. Da rief das Mädchen entsetzt: »Flieh doch, guter Herr, flieh schnell.« Darauf bestieg Georg sein Pferd, schützte sich mit dem Kreuz und ritt dem Drachen, der auf ihn loskroch, voll Kühnheit entgegen. Mutig schleuderte er seine Lanze und legte sein Schicksal in Gottes Hand. Er verwundete das Untier schwer und streckte es zu Boden. Dann befahl er dem Mädchen: »Wirf deinen Gürtel, ohne zu zögern, um den Hals des Drachen, Tochter.« Als sie dies getan hatte, folgte ihr der Drache wie ein ganz zahmer Hund. Als sie ihn dann in die Stadt führte und die Leute dies sahen, machten sie sich auf die Flucht in die Berge und auf die Hügel. Dabei schrien sie: »Wehe uns, denn jetzt werden wir alle zugrunde gehen.« Darauf winkte der heilige Georg und rief ihnen zu: »Fürchtet euch nicht, denn der Herr hat mich zu euch geschickt, um euch von dem Unheil des Drachen zu befreien. Glaubt nur an Christus; jeder einzelne von euch möge sich taufen lassen, und dann werde ich diesen Drachen töten.«

Darauf ließen sich der König und das ganze Volk taufen. Der heilige Georg aber zog sein Schwert, tötete den Drachen und gab den Befehl, das Untier aus der Stadt zu schaffen. Dann zogen ihn vier Ochsenpaare nach draußen auf ein großes Feld. Getauft wurden an jenem Tage zwanzigtausend Menschen, Kinder und Frauen nicht mitgezählt. Der König aber ließ zu Ehren der heiligen Maria und des heiligen Georg eine Kirche von wunderbarer Größe bauen. Auf deren Altar entsprang eine lebendige Quelle; ein Schluck daraus machte alle Kranken gesund. Der König bot dem heiligen Georg unendlich viel Geld an, das er aber nicht annehmen wollte und den Armen geben ließ. [. . .]

18
De virgine quadam Antiochena

Virgo quaedam fuit Antiochiae, cuius historiam Ambrosius in secundo libro *De virginibus* recitat in haec verba: Antiochiae nuper virgo quaedam fuit, fugitans publici visus ostentationem. Sed quo magis vitabat oculos, incendebat affectus eo amplius impudicos. Pulchritudo enim audita nec visa plus desideratur duobus stimulis cupiditatum amoris et cognitionis, dum et nihil occurrit, quod minus placeat, et plus putatur esse, quod placeat; quod non index oculus explorat, sed animus amator exoptat.

Itaque sancta virgo, ne diutius aleretur potiendae spes cupiditatis, integritatem pudoris professa, sic restrinxit improborum facies, ut iam non amaretur, sed proderetur. Ecce persecutio.

Puella fugere nescia, aetate pavida. Ne incideret in insidiatores pudoris, animam ad virtutem paravit, tam religiosa, ut mortem non timeret, tam pudica, ut mortem exspectaret. Venit enim coronae dies. Maxima omnium exspectatio. Producitur puella duplex professa certamen: castitatis et religionis. Sed ubi viderunt constantiam professionis, metum pudoris, paratam ad cruciatus, erubescentem ad aspectus, excogitare coeperunt, quemadmodum spe castitatis religionem tol-

18

Die Jungfrau aus Antiochia

Das Keuschheitsgelübde

Es war einmal eine Jungfrau in Antiochia, deren Geschichte Ambrosius im zweiten Buch seines Werkes *Über die Jungfrauen* mit folgenden Worten erzählt: In Antiochia lebte vor einiger Zeit eine Jungfrau, die sich davor hütete, in der Öffentlichkeit gesehen zu werden. Aber je mehr sie sich den Augen der Menschen entzog, desto mehr erregte sie die schamlosen Begierden. Denn eine Schönheit, von der man nur hört und die man nicht sieht, erweckt ein gesteigertes Verlangen, weil sie mit zweifacher Leidenschaft begehrt wird: mit Liebesverlangen und mit Neugier. Denn nichts fällt einem ins Auge, was nicht gefiele, und was gefallen könnte, wird überschätzt; denn es wird nicht vom Auge geprüft und erforscht, sondern mit unstillbarem Verlangen begehrt.

Um also die Hoffnung auf Erfüllung der Begierde nicht länger zu nähren, gelobte die heilige Jungfrau Keuschheit. Sie entzog sich so sehr den Blicken der Ruchlosen, daß sie nicht mehr begehrt, sondern verraten wurde. Da begann die Verfolgung.

Das Mädchen war unfähig zu fliehen und aufgrund seines zarten Alters noch ängstlich. Um denjenigen, die es auf seine Keuschheit abgesehen hatten, nicht in die Hände zu fallen, stärkte es seine Seele und wurde so fromm, daß es den Tod nicht mehr fürchtete, und so keusch, daß es nur noch auf den Tod wartete. Es kam der Tag seines Sieges. Sehr groß war die Erwartung aller. Das Mädchen wurde vorgeführt und stellte sich einem zweifachen Kampf: dem Kampf für die Reinheit und für den Glauben. Aber sobald die Leute die Festigkeit ihres Bekenntnisses, die Angst um ihre Keuschheit, ihre Bereitschaft zur Marter und ihre Schamhaftigkeit bei jedem Blick bemerkten, begannen sie zu überlegen, wie sie ihr mit

lerent, ut, cum id abstulissent, quod erat amplius, etiam id eriperent, quod derelinquerent. Aut sacrificare virginem aut lupanari prostitui iubetur. Quomodo colunt deos suos, qui sic vindicant, aut quemadmodum ipsi vivunt, qui ita iudicant? Haec puella, non quod de religione ambigeret, sed quod de pudore trepidaret, ipsa secum inquit: "Quid agimus hodie? Aut martyr aut virgo, altera nobis invidetur corona. Sed nec virginis nomen agnoscitur, ubi virginitatis auctor negatur. Nam quemadmodum virgo, si meretricium colas, quemadmodum virgo, si adulterium deligas, quemadmodum virgo, si amorem petas? Tolerabilius est mentem virginem quam carnem habere. Utrumque bonum, si liceat, et si non liceat, saltem non homini castae, sed Deo simus. Et Raab meretrix fuit, sed postquam Domino credidit, salutem invenit. Et Iudith se, ut adultero placeret, ornavit. Quae tamen quia hoc religione, non amore faciebat, nemo eam adulteram iudicabat. Bene successit exemplum. Nam si illa, quae se commisit religioni, et pudorem servavit et patriam, fortassis et nos servando religionem servabimus etiam castitatem. Quodsi Iudith pudicitiam religioni praeferre voluisset, perdita prima etiam pudicitiam perdidisset."

Itaque talibus informata exemplis silenter animo tenens verba Domini, quibus ait: "Quicumque perdiderit animam suam propter me, inveniet eam." Flevit et tacuit, ne eam vel loquen-

der Aussicht auf Bewahrung ihrer Reinheit ihre Frömmigkeit nehmen könnten, um ihr, wenn sie ihr das Größere genommen hätten, später auch noch das zu entreißen, was sie ihr zunächst ließen. Man befiehlt ihr, entweder den heidnischen Göttern zu opfern oder sich der Prostitution auszusetzen. Wie verehren diejenigen ihre Götter, die so entscheiden, oder wie leben sie selbst, die so richten? Nicht weil sie über ihre Frömmigkeit im Zweifel war, sondern weil sie um ihre Reinheit fürchtete, sagte die Jungfrau zu sich selbst: »Was tun wir jetzt? Entweder bin ich Märtyrerin oder Jungfrau. Nur ein Sieg wird uns zugestanden. Aber das Bekenntnis zur Jungfräulichkeit wird nicht anerkannt, sobald der Stifter der Jungfräulichkeit verleugnet wird. Denn wie kann man Jungfrau sein, wenn man Unzucht treibt, wie kann man Jungfrau sein, wenn man sich dem Ehebruch hingibt, wie kann man Jungfrau sein, wenn man die körperliche Liebe sucht? Es ist aber besser, den Geist einer Jungfrau zu bewahren als den Körper einer Jungfrau zu behalten. Beides zu erhalten, wäre wirklich schön, aber wenn das nicht möglich ist, dann wollen wir, wenn auch nicht in den Augen der Menschen, so doch wenigstens vor Gott rein bleiben. Auch Raab war eine Hure. Aber nachdem sie den Glauben an Gott gefunden hatte, fand sie auch ihr Heil. Und Judith schmückte sich, um einem Liebhaber zu gefallen. Doch weil sie dies aus Frömmigkeit und nicht aus Lust tat, verurteilte sie niemand als Ehebrecherin. Sie erweist sich als ein passendes Vorbild für mich. Denn wenn sie sich für die Frömmigkeit entschied und ihre Keuschheit und ihr Vaterland rettete, dann werden vielleicht auch wir, indem wir unsere Frömmigkeit bewahren, auch unsere Reinheit behalten. Wenn aber Judith ihre Keuschheit hätte höher stellen wollen als ihre Frömmigkeit, dann hätte sie zuerst diese und dann auch noch ihre Keuschheit verloren.«

Deshalb hielt sie im Blick auf solche Vorbilder stillschweigend die Worte des Herrn im Herzen, die da lauten: »Wer seine Seele verliert um meinetwillen, wird sie wiederfinden.« Sie weinte und schwieg, damit kein Lüstling ihre Worte

tem adulter audiret, nec pudoris elegit iniuriam, sed Christi recusavit.
Aestimate, utrum adulterare potuerit corpore, quae nec voce adulteravit. Iamdudum verecundabatur oratio mea et quasi adire gestorum seriem criminosam atque explanare formidat. Claudite aures, virgines Dei: Ducitur puella Dei ad lupanar. Sed aperite aures, virgines Dei: Virgo prostitui potest, adulterari non potest. Ubicumque Dei virgo est, templum Dei est. Nec lupanaria infamant castitatem, sed castitas etiam loci abolet infamiam.
Ingens petulantium concursus fit ad fornicem. Discite martyris miracula, sanctae virgines, dediscite locorum vocabula: Clauditur intus columba, strepunt accipitres foris. Certant singuli, quis praedam primus invadat. At illa manibus ad coelum levatis quasi ad domum orationis venisset, non ad libidinis deversorium: "Christe", inquit, "domuisti virgini feros leones, potes domare etiam hominum feras mentes. Chaldaeis roravit ignis, Iudaeis sese unda suspendit misericordia tua, non natura sua. Susanna ad supplicium genua flexit et de adulteris triumphavit. Aruit dextra, quae templi tui dona violabat. Nunc templum ipsum attrectatur tuum. Ne patiaris incestum sacrilegii, qui non passus es furtum. Benedicatur et nomen tuum, ut, quae ad adulterium virgo veni, virgo discedam."

hörte, und setzte sich gegen ihren Willen der Verletzung ihrer Keuschheit aus, aber die Sünde gegen Christus wies sie von sich.

Urteilt nun selbst, ob sie mit ihrem Körper Unzucht treiben konnte, da sie doch mit Worten keine Unzucht trieb. Meine Rede schämt sich und schreckt gleichsam davor zurück, den verbrecherischen Gang des Geschehens aufzunehmen und darzulegen. Schließt eure Ohren zu, ihr Jungfrauen Gottes: Die Magd Gottes wird in ein Bordell gebracht. Öffnet eure Ohren, ihr Jungfrauen Gottes: Eine Jungfrau kann der Unzucht ausgeliefert werden, aber sie kann keine Unzucht treiben. Denn wo eine Jungfrau Gottes ist, da ist ein Tempel Gottes. Kein Bordell beschmutzt die Reinheit, sondern die Reinheit hebt sogar die Schändlichkeit des Ortes auf.

Der Zulauf der Sünder zum Bordell ist gewaltig. Hört, ihr heiligen Jungfrauen, von den Wundern der Märtyrerin, vergeßt die Namen des Ortes: Eine Taube wird dort eingeschlossen, draußen krächzen die Geier. Sie streiten miteinander, wer als erster über die Beute herfallen kann. Jene aber hebt die Hände zum Himmel, als sei sie in ein Haus des Gebetes gekommen und nicht in eine Absteige der Wollust: »Christus«, sagt sie, »Du hast für die Jungfrau wilde Löwen gezähmt, Du kannst auch das ungestüme Verlangen der Menschen zähmen. Den Chaldäern wurde das Feuer zu Tau, den Juden hob sich die Woge des Meeres durch Deine Barmherzigkeit und nicht auf natürliche Weise. Susanna kniete nieder zum Todesstreich und siegte über die Lüstlinge. Die Hand verdorrte, die sich an den Gaben Deines Tempels verging. Jetzt wird dein Tempel selbst bedroht, dulde es nicht, daß er durch Unzucht entweiht wird, hast Du doch auch den Diebstahl nicht erlaubt. Geheiligt sei Dein Name, auf daß ich, die ich als Jungfrau an diese Stätte der Unzucht gekommen bin, als Jungfrau auch wieder fortgehen kann.«

Vix compleverat orationem et ecce miles specie terribilis irrupit. Quemadmodum virgo tremuit, cui populus tremens cessit. Sed illa non immemor lectionis: “Et Daniel”, inquit, “supplicium Susannae spectaturus advenerat, et, quam populus damnaverat, unus absolvit. Potest et in hoc lupi habitu ovis latere. Habet et Christus milites suos, qui etiam legiones habet. Aut fortasse percussor intravit. Ne verearis, anima: Et tales solent martyres facere.”

O virgo, fides tua te salvam fecit. Cui miles: “Quaeso, ne paveas, soror: Huc veni salvare animam, non perdere. Serva me, ut ipsa serveris. Quasi adulter ingressus. Si vis, martyr egrediar. Vestimenta mutemus. Conveniunt mea tibi et tua mihi, sed utraque Christo. Tua vestis me verum militem faciet et mea te virginem. Bene tu vestieris, ego melius exuar, ut me persecutor agnoscat. Sume habitum, qui abscondat feminam. Trade, qui consecret martyrem. Indue chlamydem, quae occultet membra virginis et servet pudorem. Sume pileum, qui tegat crines, abscondat ora: Solent erubescere, qui lupanar intraverunt. Sane cum egressa fueris, ne respicias retro: Memor uxoris Loth, quae naturam suam, quia impudicos licet castis oculis adspexit, amisit. Nec verearis, ne quid pereat sacrificio. Ego pro te hostiam Deo meo reddam. Tu pro me milites Christo habens bonam militiam castitatis, quae stipendiis militat sempiternis, loricam iustitiae, quae spiri-

Der Ritter

Kaum hatte sie ihr Gebet beendet, da stürmte ein schaurig aussehender Ritter herein. Wie erschrak da die Jungfrau vor ihm, dem auch das Volk erschrocken den Weg freigab. Doch sie dachte an die Worte der Schrift: »Auch Daniel«, sprach sie, »war gekommen, um Susannas Hinrichtung beizuwohnen, und er allein sprach sie frei, obwohl das ganze Volk sie verurteilt hatte. Es kann in diesem Kleid eines Wolfes auch ein Lamm stecken. Auch Christus hat seine Soldaten und sogar Legionen. Oder vielleicht ist es der Henker; dann fürchte dich nicht, meine Seele: Solche Leute pflegen Märtyrer zu machen.«

Ach, Mädchen, dein Glaube hat dich gerettet. Der Ritter spricht zu ihr: »Fürchte dich bitte nicht, meine Schwester: Ich bin hierher gekommen, um deine Seele zu retten, nicht um sie zu verderben. Rette mich, damit du gerettet wirst. Wie ein Lüstling bin ich hereingekommen. Wenn du es willst, werde ich als Märtyrer hinausgehen. Wir wollen die Kleider tauschen. Meine passen dir, und deine passen mir, beide aber passen Christus. Dein Gewand wird mich zu einem wahren Ritter werden lassen und meines dich zu einer wahren Jungfrau. Du wirst gut gekleidet und ich noch besser meiner Kleider entledigt, damit mein Verfolger mich erkennt. Nimm ein Aussehen an, das die Frau verbirgt, gib mir ein Aussehen, das mich zum Märtyrer weiht. Zieh den Mantel an, der den Leib der Jungfrau verhüllt und die Keuschheit beschützt. Nimm den Helm, der das Haar bedeckt und das Gesicht versteckt: So pflegt man sich aus Scham zu verhüllen, wenn man ein Bordell betritt. Wenn du draußen bist, dann sieh dich nicht um: Denke an Loths Frau, die, weil sie die Sünder sah, ihr natürliches Wesen verlor, obwohl ihre Augen rein waren. Fürchte nicht, daß durch mein Opfer ein Verlust entsteht. Denn ich will mich meinem Gott für dich opfern. Du mögest Christus an meiner Stelle dienen mit dem guten Dienst der Keuschheit, den man für eine Belohnung in der Ewigkeit

tuali munimine corpus induat, scutum fidei, quo vulnus repellas, galeam salutis. Ibi enim est praesidium nostrae salutis, ubi est Christus. Quoniam mulieris caput est vir, virginum Christus."

Et inter haec verba chlamydem exuit, suspectus tamen adhuc habitus et persecutoris et adulteri. Virgo cervicem, chlamydem coepit miles offerre. Quae pompa illa! Quae gratia, cum in lupanari de martyrio certarent! Addantur personae miles et virgo. Hae dissimiles inter se natura, sed Dei miseratione consimiles, ut compleatur oraculum: "Tunc lupi et agni simul pascentur." Ecce agna et lupus non solum simul pascuntur, sed etiam immolantur.

Quid plura? Mutato habitu evolat puella de laqueo, iam non suis alis. Utpote quae spiritualibus ferebatur et, quod nulla umquam viderunt saecula, egreditur de lupanari virgo Christi.

At illi, qui videbant oculis et non videbant corde, ceu raptores ad agnam lupi fremuere ad praedam. Unus, qui erat immodestior, introivit, sed ubi hausit oculis rei textum: "Quid hoc", inquit, "est? Puella ingressa est, vir videtur. Ecce non fabulosum illud cerva pro virgine, sed quod verum est, miles ex virgine. At etiam audieram et non credideram, quod aquas Christus in vina convertit, iam mutare coepit sexum. Recedamus hinc, dum adhuc, quod fuimus, sumus. Numquid et ipse

erbringt, mit dem Panzer der Gerechtigkeit, der den Körper mit geistlichem Schutz umgibt, mit dem Schild des Glaubens, mit dem du jede Verwundung verhütest, und mit dem Helm des Heiles. Dort nämlich ist der Schutz unseres Heiles, wo Christus ist. Da der Mann das Haupt der Frau ist, ist Christus das Haupt der Jungfrauen.«

Mit diesen Worten zog er seinen Mantel aus. Aber immer noch argwöhnt sie, daß er ein Verfolger oder ein Lüstling sei. Sie bietet ihm ihren Nacken dar, der Ritter hält ihr seinen Mantel hin. Was war das für eine Szene! Was für ein schöner Anblick, als sie am Ort der Unzucht um das Martyrium stritten! Man stelle sich die Personen vor, den Ritter und die Jungfrau! Sie sind von Natur aus so verschieden, aber durch Gottes Barmherzigkeit völlig gleich, so daß sich die Weissagung erfüllte: »Dann werden Wölfe und Schafe gemeinsam auf der Weide stehen« [Jes. 65,27]. Doch hier weiden Schaf und Wolf nicht nur gemeinsam, sondern opfern sich auch gemeinsam.

Wie ging es nun weiter? Nachdem sie die Kleider getauscht hatten, entflog die Jungfrau der Schlinge, aber nicht mit eigenen Flügeln. Nein, sie wurde von geistlichen Flügeln getragen, und was die Welt noch nie gesehen hat, sie verließ das Bordell als Jungfrau Christi.

Doch die Menschen, die nur mit den Augen und nicht mit dem Herzen sehen konnten, geiferten nach ihrer Beute wie die räuberischen Wölfe nach dem Lamm. Einer, der maßloser war als alle anderen, stürmte hinein. Aber als er sah, was geschehen war, rief er: »Was bedeutet das? Ein Mädchen ist hier hineingegangen; man sieht aber nur einen Mann. Hier ist nicht, wie es im Märchen geschah, an die Stelle der Jungfrau eine Hirschkuh getreten, sondern aus dem Mädchen ist wahrhaftig ein Ritter geworden. Ich habe zwar auch schon gehört, ohne es wirklich glauben zu wollen, daß Christus Wasser zu Wein gemacht hat, jetzt aber verwandelte er sogar das Geschlecht eines Menschen. Wir wollen fortgehen von hier, solange wir noch sind, was wir bis jetzt waren. Möglicher-

mutatus sum, qui aliud cerno, quam credo. Ad lupanar veni. Cerno vadimonium. Et tamen, dum mutatur, egrediar. Pudicus exibo, qui adulter intravi."

Iudicio rei, quia debebatur tanto corona victori, damnatus est pro virgine, qui pro virgine comprehensus est. Ita de lupanari non solum virgines, sed etiam martyres exierunt. [. . .]

weise bin ich auch selbst schon verwandelt, da ich etwas anderes sehe als das, was ich glauben kann. Ich bin in ein Bordell gegangen. Ich sehe ein Pfand. Doch bevor es eingetauscht wird, will ich hinausgehen. Voll Scham will ich das Haus verlassen, das ich als Lüstling betrat.«

Vor Gericht wurde der Ritter, weil ihm für einen so großen Sieg die Krone des Martyriums gebührte, anstelle der Jungfrau zum Tode verurteilt, wurde er doch auch anstelle der Jungfrau gefangengenommen. So kamen aus dem Bordell nicht nur Jungfrauen, sondern auch Märtyrer heraus. [. . .]

19

De sancta Marina virgine

Marina virgo unica erat patri suo. Cum autem pater quoddam monasterium intrasset, mutavit habitum filiae suae, ut non femina, sed masculus videretur. Rogavitque abbatem et fratres, ut filium suum unicum reciperent. Quibus eius precibus annuentibus in monachum est receptus et frater Marinus ab omnibus appellatus. Coepit autem valde religiose vivere et valde oboediens esse. Cum autem esset viginti septem annorum et pater eius se morti appropinquare sentiret, filiam suam vocavit et ipsam in bono proposito confirmans praecepit, ne aliquando alicui revelaret, quod mulier esset.

Ibat igitur frequenter cum plaustro et bobus et ligna monasterio deferebat. Consueverat autem hospitari in domo cuiusdam viri, cuius filia, cum de quodam milite concepisset, interrogata Marinum monachum se violasse asseruit. Interrogatus autem Marinus, cur tantum flagitium perpetrasset, se pecasse fatetur et veniam precatur. Statim de monasterio eiectus ad ostium monasterii mansit et tribus annis ibidem permanens bucella panis sustentabatur.

Postmodum filius ablactatus abbati mittitur et Marino educandus traditur et cum eo ibidem per duos annos commoratur. Omnia autem cum maxima patientia recipiebat et in omnibus gratias Deo referebat. Tandem eius humilitatis et patientiae fratres miserti eum in monasterium recipiunt et quaeque officia viliora sibi iniungunt. Ipse autem omnia hila-

19

Die heilige Jungfrau Marina

Das Mädchen in der Mönchskutte

Die Jungfrau Marina war die einzige Tochter ihres Vaters. Der Vater suchte ein Kloster auf und ließ seine Tochter andere Kleider anziehen, so daß sie nicht mehr wie eine Frau, sondern wie ein Mann aussah. Dann bat er den Abt und die Brüder, seinen einzigen Sohn aufzunehmen. Sie gaben seiner Bitte nach. Der angebliche Sohn wurde als Mönch aufgenommen und von allen Bruder Marinus genannt. Er aber begann ein Leben in großer Frömmigkeit und großem Gehorsam. Als nun Marina siebenundzwanzig Jahre alt war und ihr Vater fühlte, daß er dem Tode nahe war, rief er seine Tochter zu sich, bestärkte sie in ihren guten Vorsätzen und befahl ihr, niemals jemandem zu enthüllen, daß sie eine Frau sei.
Sie war häufig mit einem Ochsenkarren unterwegs und brachte Holz in das Kloster. Gewöhnlich stieg sie im Haus eines Mannes ab, dessen Tochter von einem Soldaten schwanger geworden war. Als diese gefragt wurde, behauptete sie, der Mönch Marinus habe sie vergewaltigt. Daraufhin wurde Marinus gefragt, warum er diese Schandtat begangen habe. Er bekannte, daß er gesündigt habe und bat um Verzeihung. Sofort wurde er aus dem Kloster ausgestoßen, blieb aber vor dem Tor des Klosters und ernährte sich dort drei Jahre lang von Brotkrumen.
Als der Sohn der Mutterbrust entwöhnt war, wurde er zu dem Abt geschickt und dann Marinus überlassen, damit er ihn aufziehe. Zwei Jahre blieb er dort mit ihm zusammen. Marinus nahm alles mit großer Geduld hin und dankte Gott für alle Dinge. Schließlich hatten die Brüder wegen seiner Demut und Geduld Erbarmen mit ihm, nahmen ihn wieder in das Kloster auf und übertrugen ihm die niedrigsten Arbeiten. Er aber nahm alles mit heiterem Herzen hin und erfüllte alle

riter suscipiebat et cuncta patienter et devote agebat. Tandem in bonis operibus vitam ducens migravit ad Dominum.

Cum autem corpus eius lavarent, et in vili loco sepelire disponerent, respicientes mulierem ipsum esse viderunt. Stupefacti sunt omnes et perterriti se in Dei famulam plurimam deliquisse fatentur. Currunt omnes ad tam grande spectaculum et veniam postulant ignorantiae et delicti. Corpus igitur eius in ecclesia honorifice posuerunt.

Illa autem, quae famulam Dei infamaverat, a daemone arripitur et scelus suum confitens et ad sepulcrum virginis veniens liberatur. Ad cuius tumulum populi undique confluunt et multa miracula ibi fiunt. Obiit autem XVI calendas Iulii.

seine Pflichten geduldig und gehorsam. Schließlich ging er nach einem Leben voll guter Werke zum Herrn.

Als sie aber seinen Leib wuschen und ihn an einer wenig ehrenvollen Stelle beerdigen wollten, entdeckten sie, daß Marinus eine Frau war. Sie bekamen einen furchtbaren Schrecken und bekannten, daß sie eine brave Dienerin Gottes so schlecht behandelt hatten. Sie kamen alle zusammen, um sich das so große Ereignis anzusehen, und baten um Vergebung für ihre Unwissenheit und Bosheit. Sie bestatteten ihren Leib auf ehrenvolle Weise in der Kirche.

Die Frau aber, die Gottes Dienerin so schändlich verleumdet hatte, wurde von einem Dämon gepackt, bekannte ihr Verbrechen, und als sie zum Grab der Jungfrau ging, wurde sie erlöst. Zu ihrem Grab kamen die Menschen von überall her, und es geschahen dort viele Wunder. Ihr Todestag ist der 18. Juni.

20

De sancto Alexio

Alexius fuit filius Euphemiani, viri nobilissimi Romanorum et in aula imperatoris primi. Cui tria milia puerorum assistebant, qui zonis aureis cingebantur et vestimentis sericis induebantur. Erat autem praefectus Euphemianus valde misericors et singulis diebus in domo sua tres mensae pauperibus, orphanis, viduis et peregrinis parabantur. Quibus strenue serviebat et hora nona ipse cum viris religiosis cibum in timore Domini capiebat. Cui uxor nomine Aglaes eiusdem religionis ac propositi erat. Cum autem filium non haberent, ad preces tamen suas Dominus contulit iis filium, post quem ipsi deinceps in castitate vivere firmaverunt. Traditus autem puer liberalibus disciplinis. Cum omnibus philosophiae artibus ipse floreret et iam ad puberem aetatem pervenisset, puella sibi de domo imperiali eligitur et sibi in coniugem copulatur. Venit nox, in qua cum sponsa sua suscepit secreta silentia. Tunc sanctus iuvenis coepit sponsam suam in Dei timore instruere et ipsam ad virginitatis provocare pudorem. Deinde anulum suum aureum et caput balthei, quo cingebatur, sibi servanda tradidit dicens: "Suscipe hoc et serva, donec Deo placuerit, et Dominus sit inter nos."

Post hoc de substantia sua accipiens ad mare discessit adscendensque occulte navem Laodiceam usque devenit indeque pergens in Edessam civitatem Syriae profectus est, ubi imago Domini nostri Iesu Christi sine humano opere facta in sin-

20

Der heilige Alexius

Alexius verläßt seine Familie

Alexius war der Sohn des Euphemianus, eines sehr vornehmen Römers und führenden Mannes am Hofe des Kaisers. Ihm dienten dreitausend Sklaven, die goldene Gürtel und seidene Kleider trugen. Als Präfekt zeichnete sich Euphemianus durch große Barmherzigkeit aus. Jeden Tag wurden in seinem Hause drei Tische für die Armen, die Waisen und Witwen und für die Pilger gedeckt. Er bediente sie selbst mit großer Gewissenhaftigkeit, und zur neunten Stunde nahm er zusammen mit frommen Männern seine Mahlzeit in der Furcht des Herrn ein. Seine Frau hieß Aglaes und besaß dieselbe Frömmigkeit und Ernsthaftigkeit wie er. Da sie aber noch keinen Sohn hatten, schenkte ihnen Gott auf ihre Gebete hin einen Sohn. Danach entschlossen sie sich, in Keuschheit zu leben. Der Junge aber wurde in den freien Künsten unterrichtet. Als er sich auf allen Gebieten der Philosophie auszeichnete und erwachsen geworden war, wurde ihm ein Mädchen aus der Familie des Kaisers ausgesucht und mit ihm verheiratet. Es kam dann die Nacht, in der er mit seiner jungen Braut in ungestörter Ruhe zusammen war. Da begann der heilige Jüngling, seine junge Frau in der Furcht Gottes zu unterweisen und sie zur Bewahrung ihrer jungfräulichen Keuschheit zu ermuntern. Darauf gab er ihr seinen goldenen Ring und die Schnalle seines Gürtels, den er trug, zur Aufbewahrung und sprach zu ihr: »Nimm dies und hebe es auf, solange es Gott gefällt, und Gott möge zwischen uns sein.«

Danach nahm er etwas von seinem Besitz und ging zum Meer. Heimlich nahm er ein Schiff nach Laodicea. Von dort ging er nach Edessa in Syrien, wo auf einem Tuch ein Bild unseres Herrn Jesus Christus, das nicht von Menschenhand geschaf-

done habebatur. Quo perveniens omnia, quae secum detulerat, pauperibus distribuit et vestimenta vilia induens cum ceteris pauperibus in atrio Dei genitricis Mariae sedere coepit. De eleemosynis vero, quantum sibi sufficere poterat, sibi retinebat. Cetera vero aliis pauperibus erogabat.
At vero pater de recessu filii plurimum ingemiscens per universas mundi partes pueros suos misit, qui eum inquirerent diligenter. Quorum cum aliqui ad civitatem Edessam venissent, ab eo cogniti, sed ipsi eum minime cognoscentes eidem cum ceteris pauperibus eleemosynas tribuerunt. Quas accipiens Deo gratias agens dixit: "Gratias tibi ago, Domine, quia a servis meis eleemosynam recipere me fecisti." Reversi autem pueri renuntiant patri, quod nusquam valeat reperiri. Mater autem sua a die sui recessus saccum in pavimento cubiculi sui stravit, ubi evigilans lamentabiles voces dabat dicens: "Hic semper in luctu manebo, donec filium meum recuperavero." Sponsa vero ad socrum dixit: "Donec audiam de sponso meo dulcissimo, instar turturis solitaria tecum manebo."

Cum igitur Alexius in praedicto atrio XVII. anno maneret in Dei servitio, imago tandem beatae virginis, quae ibidem erat, custodi ecclesiae dixit: "Fac introire hominem Dei, quia dignus est regno coelorum et spiritus Dei requiescit super eum. Nam oratio eius sicut incensum in conspectum Dei adscendit." Cum autem custos, de quonam diceret, ignoraret,

fen war, aufbewahrt wurde. Als er dorthin kam, verteilte er alles, was er bei sich trug, an die Armen, zog einfache Kleider an und begann sich bei den anderen Armen im Vorraum der Kirche niederzulassen, die der Gottesmutter Maria geweiht war. Von den Almosen aber behielt er nur so viel, wie er gerade brauchte. Den Rest verteilte er an die anderen Armen.
Sein Vater aber trauerte sehr über das Verschwinden seines Sohnes und schickte seine Diener in alle Teile der Welt, damit sie ihn sorgfältig suchten. Als einige von ihnen nach Edessa gekommen waren, wurden sie von ihm erkannt, sie selbst aber erkannten ihn nicht und gaben ihm wie den anderen Armen Almosen. Er nahm sie an, dankte Gott und sprach: »Ich danke dir, Herr, daß du es mir ermöglicht hast, von meinen Dienern Almosen zu empfangen.« Die Diener aber kehrten zurück und meldeten dem Vater, daß Alexius nirgends zu finden sei. Seine Mutter jedoch hatte sich seit dem Tag seines Verschwindens auf dem Boden ihres Schlafzimmers einen Sack hingelegt, wo sie, ohne Schlaf zu finden, trauerte und klagte. Ihre Worte waren: »Ich werde hier ununterbrochen in Trauer verharren, bis ich meinen Sohn zurückhabe.« Seine junge Frau sagte zu ihrem Schwiegervater: »Bis ich etwas über meinen geliebten Bräutigam höre, werde ich einsam wie eine Turteltaube bei dir bleiben.«

Heimkehr

Als Alexius bereits das siebzehnte Jahr in dem vorhergenannten Vorraum der Kirche im Dienst an Gott verbrachte, sprach endlich das Bild der heiligen Jungfrau, das sich dort befand, zum Wächter der Kirche: »Laß den Mann Gottes hereinkommen, weil er des Himmelreiches würdig ist und der Geist Gottes auf ihm ruht. Denn sein Gebet steigt wie Weihrauch auf vor Gottes Angesicht.« Da aber der Wächter den Mann nicht kannte, von dem sie sprach, sagte das Bild noch einmal

iterum dixit: "Ille, qui foris sedet in atrio, ipse est." Tunc custos festinus exiit et ipsum in ecclesiam introduxit.
Quod factum dum cunctis innotesceret et ab omnibus venerari coepisset, humanam gloriam fugiens inde recessit et Laodiceam venit. Ibique navem ascendens cum in Tharsum Ciliciae vellet pergere, dispensante Deo navis a ventis pulsa in Romanum portum devenit. Quod cernens Alexius ait intra se: "In domo patris mei ignotus manebo nec alteri onerosus ero."
Patrem igitur a palatio redeuntem multitudine obsequentium circumdatum obvium habuit ac post eum clamare coepit: "Serve Dei, me peregrinum in domo tua suscipi iubeas et de micis mensae tuae me nutriri facias, ut tui quoque peregrini dignetur Dominus misereri." Quod audiens pater ob amorem filii sui eum suscipi iussit et locum proprium in domo sua constituit et cibum de mensa sua tribuit et ministrum proprium delegavit. Ipse autem in orationibus perseverabat et corpus suum ieiuniis et vigiliis macerabat. Famuli autem domus ipsum multipliciter deridebant et aquam utensilium super caput eius frequenter fundebant et multas iniurias ei irrogabant, sed ipse ad omnia patiens valde erat. Septendecim igitur annos in domo patris permansit sic ignotus.

Videns igitur per spiritum, quod appropinquaret terminus vitae suae, chartam cum atramento petiit et totum ordinem vitae suae ibidem conscripsit. Dominica igitur die post missarum sollemnia in sanctuario vox de coelo insonuit dicens: "Venite ad me omnes, qui laboratis et onerati estis, et ego

zu ihm: »Derjenige, der draußen im Vorraum sitzt, ist es.« Darauf ging der Wächter eilig hinaus und führte ihn in die Kirche.
Als dieser Vorgang allen bekannt wurde und alle begannen, Alexius mit Ehrfurcht zu begegnen, entzog er sich dem irdischen Ruhm und ging fort. Er kam nach Laodicea. Und als er dort ein Schiff bestieg und nach Tharsos in Kilikien reisen wollte, wurde das Schiff durch Gottes Eingreifen bei stürmischem Wetter vom Kurs abgebracht und gelangte in den Hafen von Rom. Als Alexius dies bemerkte, sprach er zu sich selbst: »Ich werde unerkannt im Haus meines Vaters bleiben und niemandem zur Last fallen.«
Als er seinen Vater umgeben von großem Gefolge aus dem Kaiserpalast zurückkommen sah, faßte er sich ein Herz und rief ihm nach: »Knecht Gottes, nimm mich als Pilger in dein Haus auf und laß mich von den Brotkrumen deines Tisches essen, damit der Herr es für würdig halte, sich auch deines Pilgers zu erbarmen.« Als der Vater dies hörte, ließ er ihn um der Liebe zu seinem Sohn willen aufnehmen und wies ihm einen eigenen Platz in seinem Haus zu. Er gab ihm Speise von seinem Tisch und bestimmte für ihn einen eigenen Diener. Alexius aber verharrte im Gebet und kasteite seinen Körper mit Fasten und Wachen. Aber die Diener des Hauses verspotteten ihn auf vielfältige Weise, gossen ihm häufig das Spülwasser über den Kopf und taten ihm viel Unrecht an. Er aber ließ alles sehr geduldig über sich ergehen. So lebte er siebzehn Jahre unerkannt im Hause seines Vaters.

Der Brief des Toten

Als er dann im Geiste sah, daß das Ende seines Lebens nahe kam, bat er um Papier und Tinte und schrieb den Verlauf seines ganzen Lebens nieder. An einem Sonntag ertönte in der Kirche nach der Feier der Messe eine Stimme vom Himmel, die rief: »Kommt alle zu mir, die ihr leidet und beladen seid,

reficiam vos." Quod audientes omnes territi in facies suas deciderunt et ecce vox secundo dicens: "Quaerite hominem Dei, ut oret pro Roma." Quaerentibus illis et minime invenientibus iterum dictum est: "In domo Euphemiani quaerite." Requisitus ille se nihil scire de hoc dicebat. Tunc imperatores Arcadius et Honorius una cum pontifice Innocentio ad domum praedicti viri venerunt et ecce minister Alexii ad dominum suum venit dicens: "Vide domine, ne ille peregrinus noster sit, quia magnae patientiae homo est."

Currens igitur Euphemianus eum defunctum reperit et vultum eius tamquam angeli rutilantem vidit voluitque chartam, quam in manu habebat, accipere, sed nequivit. Exeunte igitur eo cum hoc imperatoribus et pontifici retulisset et illi ad eum intrassent, dixerunt: "Quamvis peccatores sumus, regni tamen gubernacula gerimus et hic curam universalem regiminis pastoralis: Da igitur nobis chartam, ut sciamus, quae in ea scripta sunt." Et accedens pontifex chartam de manu sua accepit et ille eam statim sibi dimisit fecitque eam legi coram omni populo et multitudine et patre ipsius.

At Euphemianus hoc audiens nimio dolore conturbatus obstupuit et factus exanimis resolutusque viribus in terram decidit. Cum vero aliquantulum ad se rediisset, vestimenta sua scidit coepitque canos capitis sui evellere, barbam trahere atque semet ipsum discerpere ac super filii sui corpus exclamabat: "Heu me, fili mi, quare me sic contristasti et per tot

und ich werde euch erquicken« (Mt. 11,28). Alle bekamen einen Schrecken, als sie diese Worte hörten, und warfen sich mit ihren Gesichtern zu Boden. Da ertönte die Stimme ein zweites Mal: »Sucht den Mann Gottes, auf daß er bete für Rom.« Als sie ihn suchten, ohne ihn zu finden, war die Stimme erneut zu hören. »Sucht im Haus des Euphemianus.« Als man diesen fragte, sagte er, daß er nichts darüber wisse. Dann kamen die Kaiser Arcadius und Honorius mit Papst Innocentius in Euphemianus' Haus. Da wandte sich Alexius' Diener an seinen Herrn und sagte: »Sieh doch, Herr, ob es nicht unser Pilger dort ist; denn er ist ein Mensch von wahrhaft großer Geduld.«
Also lief Euphemianus zu ihm hin, fand ihn aber bereits tot und sah sein Gesicht leuchten wie das eines Engels. Er wollte das Papier, das Alexius noch in der Hand hielt, an sich nehmen, konnte es aber nicht. Darauf wandte er sich von ihm ab und berichtete dies den Kaisern und dem Papst. Sie gingen daraufhin zu Alexius und sprachen: »Obwohl wir Sünder sind, führen wir doch das Steuer des Reiches, und dieser hat die Oberaufsicht über die geistliche Verwaltung: Gib uns also das Papier, damit wir wissen, was darin geschrieben steht.« Der Papst trat an den Toten heran und nahm das Papier aus seiner Hand. Er gab es sofort frei. Der Papst ließ das Papier vor allen Leuten und in Anwesenheit seines Vaters vorlesen.

Wiedererkennung

Als Euphemianus dies hörte, packte ihn ein mächtiger Schmerz. Er konnte nichts mehr sagen, wurde ohnmächtig und brach kraftlos zusammen. Nachdem er aber wieder ein wenig zu sich gekommen war, zerriß er seine Kleider und fing an, sich seine grauen Haare auszureißen, sich den Bart zu raufen und das Gesicht zu zerkratzen. Er warf sich über den Leichnam seines Sohnes und schrie: »Wehe mir, mein Sohn, warum hast du mich so traurig gemacht und mir so viele Jahre

annos mihi dolores et gemitus incussisti? Heu me miserum, quia te video baculum senectutis meae in grabato iacentem et non loquentem mihi, heu me, qualem consolationem de cetero habere potero?" Mater vero eius hoc audiens, quasi leaena rumpens rete, scissis vestimentis ruens coma dissoluta ad coelum oculos levabat, et cum prae nimia multitudine sanctum corpus adire non posset, clamavit dicens: "Date mihi, viri, aditum, ut videam filium meum, ut videam consolationem animae meae et qui suxit ubera mea."

Et cum pervenisset ad corpus, incumbens super illud clamabat: "Heu me, fili mi, lumen oculorum meorum, quare sic fecisti et tam crudeliter nobiscum egisti? Videbas patrem tuum et me miseram lacrimantes et non ostendebas te ipsum nobis. Servi tui iniuriabantur tibi et sustinebas." Et iterum atque iterum prosternebat se supra corpus et nunc bracchia super illud expandebat, nunc manibus angelicum vultum contrectabat osculansque clamabat: "Plorate mecum omnes, qui adestis, quia per XVII annos eum in domo mea habui et non cognovi, quia unicus filius meus esset. Servi etiam eum conviciabantur et alapis percutiebant. Heu me, quis dabit oculis meis fontem lacrimarum, ut plangam die ac nocte dolorem animae meae?"

Sponsa vero eius induta veste Adriatica cucurrit plorans et dicens: "Heu me, quia hodie desolata sum et apparui vidua. Iam non habeo, in quem conspiciam nec in quem oculos levem. Nunc ruptum est speculum meum et periit spes mea. Amodo coepit dolor, qui finem non habet." Populus autem audiens hoc lacrimabiliter flebat.

lang Schmerz und Kummer bereitet? Ach, ich Unseliger, denn ich sehe dich, die Stütze meines Alters, auf dem Totenbett liegen, und du kannst nicht mehr mit mir sprechen. Wehe mir, wo werde ich in Zukunft noch Trost finden können?«
Als aber seine Mutter dies hörte, stürzte sie wie eine Löwin, die ihr Netz zerfetzt, mit zerrissenen Kleidern und aufgelöstem Haar heran. Sie hob ihre Augen zum Himmel, und weil sie wegen der großen Zahl der Umstehenden nicht an den heiligen Leichnam herankommen konnte, rief sie: »Laßt mich zu ihm, Männer, damit ich meinen Sohn, den Trost meiner Seele, ihn, der an meinen Brüsten getrunken hat, sehen kann.«
Als sie den Körper des Toten erreicht hatte, warf sie sich über ihn und schrie: »Wehe mir, mein Sohn, Licht meiner Augen, warum hast du das getan und warum hast du so grausam an uns gehandelt? Du hast doch gesehen, wie dein Vater und ich, deine unglückliche Mutter, um dich weinten, und hast dich uns nicht zu erkennen gegeben. Deine Diener haben dir Unrecht angetan, und du hast es über dich ergehen lassen.«
Immer wieder warf sie sich über den Leichnam. Bald nahm sie ihn in die Arme, bald streichelte sie das himmlische Gesicht mit ihren Händen, küßte es und rief laut: »Weint alle mit mir, die ihr da seid, denn siebzehn Jahre lang hatte ich ihn in meinem Haus und erkannte nicht, daß es mein einziger Sohn war. Die Diener haben ihn sogar beschimpft und ins Gesicht geschlagen. Weh mir, wer wird meinen Augen die vielen Tränen geben, damit ich Tag und Nacht über den Schmerz meiner Seele weinen kann?«
Alexius' Frau kam in einem Trauerkleid heran und sagte unter Tränen: »Ach, seit heute finde ich keinen Trost mehr, heute bin ich Witwe geworden. Ich habe niemanden mehr, den ich ansehen und zu dem ich meine Augen erheben kann. Jetzt ist mein Spiegel zerbrochen, und all meine Hoffnung ist verloren. Von heute an packt mich ein Schmerz, der kein Ende hat.« Die Leute, die diese Worte hörten, weinten bitterlich.

Tunc pontifex cum imperatoribus posuerunt corpus in honorato feretro et duxerunt in mediam civitatem. Et nuntiatum est populo inventum esse hominem Dei, quem civitas tota quaerebat, et omnes obviam currebant sancto. Si quis autem infirmus illud corpus sanctissimum tangebat, protinus curabatur. Caeci visum recipiebant, daemoniaci curabantur. Imperatores autem tanta mirabilia videntes coeperunt per se cum pontifice lectum portare, ut et ipsi sanctificarentur ab eodem corpore sancto. Tunc imperatores iusserunt copiam auri et argenti in plateis spargi, ut turbae occuparentur amore pecuniarum et sinerent corpus sancti perducere ad ecclesiam. Sed plebs amore pecuniarum seposito magis ac magis ad tactum sacratissimi corporis irruebat. Et sic cum magno labore ad templum sancti Bonifatii martyris illud tandem perduxerunt. Et illic per septem dies in Dei laudibus persistentes operati sunt monumentum ex auro et gemmis et lapidibus pretiosis, in quo sanctum corpus cum magna veneratione collocaverunt. De ipso quoque monumento ita suavissimus odor fragravit, ut omnibus videretur aromatibus esse plenum. Obiit autem XVI. cal. Augusti circa annos Domini CCCXCVIII.

Der Mann Gottes

Dann legten der Papst und die Kaiser den Leichnam auf eine schöne Bahre und brachten ihn in die Mitte der Stadt. Dem Volk wurde mitgeteilt, daß der Mann Gottes, den die ganze Stadt gesucht habe, gefunden sei, und alle liefen dem Heiligen entgegen. Wenn aber ein Kranker seinen hochheiligen Leib berührte, wurde er sofort geheilt. Blinde wurden wieder sehend, Besessene gesund. Als die Kaiser die so großen Wunder sahen, entschlossen sie sich, die Bahre zusammen mit dem Papst zu tragen, um ebenfalls von seinem heiligen Leib geheiligt zu werden. Die Kaiser befahlen darauf, eine große Menge Gold und Silber auf den Plätzen auszustreuen, damit die Massen von dem Verlangen nach Geld befallen würden und es zuließen, daß der Körper des Heiligen in die Kirche gebracht werde. Doch das Volk interessierte sich nicht für das Geld, und es drängten sich immer mehr Leute heran, um den hochheiligen Körper zu berühren. Und so brachten sie ihn schließlich mit großer Mühe zur Kirche des heiligen Märtyrers Bonifatius. Dort verharrten sie sieben Tage im Lob Gottes und bauten dann ein Grabmal aus Gold, Perlen und Edelsteinen, in das sie den heiligen Leib voll Ehrfurcht hineinlegten. Um dieses Grabmal verbreitete sich ein sehr süßer Duft, so daß es allen so vorkam, als sei es mit wohlriechenden Gewürzen gefüllt. Sein Todestag war der 17. Juli des Jahres 398.

21

De sancta Maria Magdalena

[. . .] Cum autem quadam die Maria Magdalena praedicaret, praedictus princeps dixit ei: "Putas posse defendere fidem, quam praedicas?" Cui illa: "Equidem illam defendere praesto sum, utpote quotidianis miraculis et praedicatione magistri mei Petri, qui Romae praesidet, roboratam." Cui princeps cum coniuge dixit: "Ecce dictis tuis per omnia obtemperare parati sumus, si a Deo, quem praedicas, nobis filium impetrabis." – "Propter hoc", inquit Magdalena, "non remanebit." Tunc beata Maria pro ipsis Dominum exoravit, ut sibi filium concedere dignaretur. Cuius preces Dominus exaudivit et matrona illa concepit. Tunc vir eius coepit velle proficisci ad Petrum, ut probaret, si, ut Magdalena de Christo praedicaverat, sic veritas se haberet. Cui uxor dixit: "Quid est, domine? Putasne sine me proficisci? Absit. Te enim recedente recedam; te veniente veniam; te quiescente quiescam." Cui vir ait: "Non sic fiet, domina, etenim cum sis gravida et in mari sint infinita pericula, de facili periclitari posses. Domi igitur quiesces et possessionibus nostris curam impendes." Econtra illa instabat femineum nec mutans femina morem et cum lacrimis pedibus eius obvoluta, quod petebat, tandem obtinuit. Maria ergo humeris eorum signum crucis imposuit, ne eos antiquus hostis in aliquo itinere impediret. Navem igitur omnibus necessariis copiose onerantes cetera, quae habebant, in Mariae Magdalenae custodia relinquentes proficisci coeperunt. Iamque unius diei et noctis cursu consum-

21

Die heilige Maria Magdalena

Geburt auf See

[. . .] Eines Tages aber predigte Maria Magdalena. Da sprach der Fürst zu ihr: »Glaubst du, du könntest deinen Glauben auch verteidigen, den du predigst?« Sie erwiderte: »Ja, ich bin bereit, ihn zu verteidigen, denn er ist durch tägliche Wundertaten und durch die Predigt meines Meisters, des Petrus, der in Rom der Gemeinde vorsteht, gefestigt.« Da sprachen der Fürst und seine Frau zu ihr: »Wir sind bereit, in allen Dingen auf deine Worte zu hören, wenn du uns mit Hilfe des Gottes, über den du predigst, zu einem Sohn verhilfst.« Magdalena erwiderte: »Das wird möglich sein.« Darauf betete Maria für sie zum Herrn, er möge es für richtig halten, ihnen einen Sohn zu bewilligen. Der Herr erhörte ihre Gebete, und die Frau wurde schwanger. Darauf entschloß sich der Mann, zu Petrus zu reisen, um zu prüfen, ob es wahr sei, wie Magdalena über Christus gepredigt habe. Seine Frau sagte zu ihm: »Was ist, Herr? Glaubst du, ohne mich reisen zu können? Das darf nicht sein. Wenn du gehst, werde auch ich gehen; wenn du kommst, werde auch ich kommen; wenn du ruhst, werde auch ich ruhen.« Ihr Mann erwiderte: »So wird es nicht geschehen, Herrin, denn da du schwanger bist und auf dem Meer unendlich viele Gefahren drohen, könntest du leicht in Gefahr geraten. Du wirst also ruhig zu Hause bleiben und auf unseren Besitz aufpassen.« Sie aber bedrängte ihn weiter und, wie es der Art der Frauen entspricht, unter Tränen warf sie sich ihm zu Füßen und bekam schließlich ihren Willen. Maria heftete das Zeichen des Kreuzes auf ihre Schultern, damit sie der alte Feind nicht irgendwo unterwegs behindere. Sie beluden also ein Schiff reichlich mit allen notwendigen Dingen, ließen ihren übrigen Besitz in Maria Magdalenas Obhut und entschlossen sich loszufahren. Und schon nach einer Fahrt

mato coepit nimium mare intumescere, ventus flare, ita ut omnes et maxime matrona gravida et debilis tam saeva inundatione fluctuum quassati gravissimis angustiis urgerentur, in tantum, quod in eam subito dolor partus irruit et inter angustias ventris et pressuras temporis filium parturiens exspiravit.

Natus igitur puerulus palpitabat et mamillarum maternarum quaerens solacia lamentabiles dabat vagitus. Proh dolor. Et natus est infans vivus et matricida effectus. Mori eum convenit, cum non sit, qui vitae tribuat alimentum.

Quid faciet peregrinus, et cum uxorem mortuam videat et puerum vagientem querulis vocibus matris mammam appetentem? Lamentabatur plurimum et dicebat: "Heu miser, quid facies? Filium habere desiderasti, et matrem cum filio perdidisti." Nautae acclamabant dicentes: "Proiciatur in mare hoc corpus, antequam insimul pereamus. Quamdiu enim nobiscum fuerit, haec quassatio non cessabit." Et cum corpus appredendissent, ut illud in mare iactarent: "Parcite", inquit peregrinus, "parcite, et si nec mihi nec matri parcere volueritis, misereamini saltem parvuli vagientis. Sinite modicum et sustinete, si forte mulier prae dolore in exstasi posita adhuc valeat respirare." Et ecce non procul a navi quidam collis apparuit. Quo viso utilius esse credidit corpus et puerulum illuc deferri quam marinis beluis ad devorandum dari et vix a nautis prece et pretio extorsit, ut illic applicarent. Cum-

von einem Tag und einer Nacht begann das Meer wild zu toben und der Wind heftig zu wehen, so daß alle und besonders die schwangere und schwache Frau bei dem gewaltigen Wellengang den Boden unter den Füßen verloren und in größte Lebensgefahr gerieten. Das führte dazu, daß sie plötzlich die Wehen bekam und unter großen Schmerzen und schwierigsten Umständen einen Sohn gebar und dabei starb.

Das neugeborene Kind strampelte, suchte die tröstende Brust der Mutter und schrie erbärmlich. Ach, welch ein Schmerz. Der Knabe ist lebend zur Welt gekommen und wurde zum Mörder seiner Mutter. Er muß sterben, weil niemand da ist, der ihm die lebensnotwendige Nahrung geben könnte.

Die Aussetzung des Kindes

Was soll der Pilger tun, da er seine Frau tot und den Knaben wimmern und mit klagendem Stimmchen die Brust der Mutter suchen sieht? Er jammerte sehr und sagte: »Ach, du Armer, was wirst du jetzt tun? Du wolltest einen Sohn haben und hast seine Mutter mit deinem Sohn verloren.« Die Seeleute schrien ihn an und riefen: »Die Leiche muß ins Meer geworfen werden, ehe wir alle zusammen zugrunde gehen. Solange sie nämlich bei uns bleibt, wird die tobende See nicht zur Ruhe kommen.« Und als sie die Leiche packten, um sie ins Meer zu werfen, rief der Pilger: »Habt doch Mitleid, und wenn ihr schon mit mir und der Mutter kein Mitleid haben wollt, dann habt wenigstens Erbarmen mit dem kleinen wimmernden Kind. Wartet ein Weilchen, ob die Frau, die vor Schmerz in Ohnmacht gefallen ist, nicht vielleicht wieder zu sich kommt.« Da tauchte nicht weit vom Schiff entfernt eine Felseninsel auf. Als er diese gesehen hatte, meinte der Mann, es sei besser, den Leichnam und das Kind dort abzusetzen als sie den Meerestieren zum Fraß zu geben, und mit Bitten und einer Belohnung brachte er die Seeleute dazu, dort zu landen.

que illic prae duritia foveam non potuisset effodere, in secretiori parte collis chlamyde supposita corpus collocavit et puerulum mammis eius apponens cum lacrimis ait: "O Maria Magdalena, ad perditionis meae cumulum Massiliae applicuisti: Cur infelix admonitione tua hoc iter arripui? Petiistine Deum, ut mulier mea hac de causa conciperet et periret? Ecce enim concepit et pariendo mortem subiit. Conceptus est natus, ut pereat, cum non sit, qui enutriat. Ecce, quod prece tua obtinui, tibi enim omnia mea commendavi Deoque tuo commendo. Si potens es, memor sis animae matris, et prece tua misereatur, ne pereat natus." Tunc chlamyde sua corpus cum puero circumquaque operuit et postmodum navem conscendit.

Cumque ad Petrum venisset, Petrus ei obvius fuit, qui viso signo crucis in umero suo, qui esset et unde veniret, sciscitatus est. Qui omnia sibi per ordinem narravit, cui Petrus: "Pax tibi fiat, bene venisti et utili consilio credidisti. Nec moleste feras, si mulier tua dormit, si parvulus cum ea quiescit. Potens enim est Dominus, cui vult, dona dare, data auferre, ablata restituere, et maerorem tuum in gaudium commutare." Petrus autem ipsum in Hierosolymam duxit et omnia loca, in quibus Christus praedicavit et miracula fecit, locum etiam, in quo passus est et in quo coelos adscendit, eidem ostendit. Cumque de fide fuisset instructus diligenter a Petro, biennii spatio iam elapso navem adscendit repatriare curans. Cum igitur navigarent, Domino disponente iuxta collem, in quo corpus uxoris cum puero positum fuerat, pervenerunt. Qui prece et pretio eos ibi ad applicandum induxit.

Aber da er dort keine Grube ausheben konnte, weil der Boden zu hart war, legte er den Körper an einer abgeschiedenen Stelle der Insel nieder und schob seinen Mantel darunter. Das Kind legte er an die Brust der Toten und sprach unter Tränen: »Ach, Maria Magdalena, du bist zu meinem Verderben in Massilia [Marseille] gelandet: Warum habe ich Unglücklicher auf deinen Rat hin diese Reise unternommen? Hast du Gott gebeten, daß meine Frau schwanger werde, um dann zugrunde zu gehen? Sieh doch, sie ist schwanger geworden und bei der Geburt gestorben. Das Kind wurde empfangen, um zu sterben, da niemand da ist, der es ernähren kann. Sieh doch, was ich durch deine Fürsprache erhalten habe. Ich habe dir doch alles, was ich habe, anvertraut und vertraue es weiterhin deinem Gott an. Wenn du die Macht dazu hast, dann denke an die Seele der Mutter. Gott möge mit Hilfe deiner Fürsprache Erbarmen zeigen, damit das Kind nicht stirbt.« Dann hüllte er die tote Mutter und das Kind in den Mantel und bestieg anschließend das Schiff.

Als er nun bei Petrus angekommen war, trat dieser auf ihn zu und fragte ihn, wer er sei und woher er komme, nachdem er das Kreuz auf seiner Schulter entdeckt hatte. Der Pilger erzählte ihm alles der Reihe nach, und Petrus sagte zu ihm: »Friede sei mir dir, du bist zur rechten Zeit gekommen und hast einen nützlichen Rat befolgt. Mach dir keine Sorgen, wenn deine Frau jetzt schläft und dein kleiner Sohn bei ihr ruht. Denn der Herr hat die Macht, Geschenke zu geben, wem er will, Gegebenes wieder zu nehmen, Verlorenes zurückzugeben und deine Trauer in Freude zu verwandeln.« Petrus führte ihn nach Jerusalem und zeigte ihm alle Stätten, wo Jesus predigte und Wunder tat; und auch die Stelle, wo er litt und in den Himmel fuhr, zeigte er ihm. Und als Petrus ihn eindringlich im Glauben unterrichtet hatte, bestieg der Pilger, nachdem zwei Jahre vergangen waren, ein Schiff, um wieder nach Hause zu fahren. Unterwegs kamen sie mit Gottes Fügung in die Nähe der Insel, wo der Körper seiner Frau mit dem Kind lag. Mit Bitten und Belohnungen brachte er die Seeleute dazu, dort zu landen.

Puerulus autem ibidem a Maria Magdalena incolumis conservatus frequenter ad litus maris procedebat et ibidem, ut puerorum moris est, cum lapillis et glareis ludere solitus erat. Et, cum applicuisset, vidit puerulum more solito in litore maris cum lapillis ludentem, et quid esset, admirari non desinens, de scapha exsiliit. Quem videns parvulus, cum numquam tale quid vidisset, expavit et ad solita matris recurrens ubera occulte sub chlamyde latitabat. Peregrinus vero, ut manifestius videret, illuc accessit et puerulum pulcherrimum matris ubera sugentem invenit et accipiens puerum ait: "O beata Maria Magdalena, quam felix essem, quam mihi cuncta prospera advenissent, si mulier respiraret et mecum repatriare valeret. Scio equidem, scio et procul dubio credo, quod tu, quae puerum dedisti et in hac rupe per biennium pavisti, poteris matrem suam prece tua pristinae restituere sanitati." Ad haec verba mulier respiravit et quasi a somno evigilans ait: "Magni meriti es, beata Maria Magdalena, et gloriosa, quae in partus mei pressuris obstetricis implevisti officium et in omnibus necessitatibus ancillae servitium explesti." Quo audito peregrinus admirans ait: "Vivisne uxor mea dilecta?" Cui illa: "Vivo equidem et nunc primo de peregrinatione, de qua et tu venisti, venio. Et sicut beatus Petrus te Hierosolymam duxit et omnia loca, in quibus Christus passus est, mortuus et sepultus, et alia plura loca ostendit, sic et ego una cum beata Maria Magdalena duce et comite vobiscum fui et conspecta memoriae commendavi." Et incipiens loca omnia, in

Die Wiedererweckung der Mutter

Maria Magdalena aber hatte dort den Knaben beschützt und am Leben erhalten. Er lief häufig an den Strand und spielte dort gewöhnlich mit den Steinchen und im Sand, wie es Kinder gern tun. Als der Vater sich der Küste näherte, sah er den Jungen wie gewöhnlich mit den Steinchen am Strand spielen, und voller Überraschung über diesen Anblick sprang er aus dem Boot. Als der Kleine ihn erblickte, erschrak er sehr, weil er derartiges noch nie gesehen hatte. Er floh an die Brust seiner Mutter und versteckte sich unter ihrem Mantel. Um dies genauer zu sehen, ging der Pilger ihm nach und fand den sehr schönen Knaben, wie er an der Brust seiner Mutter trank. Er nahm ihn in die Arme und sagte: »Ach, heilige Maria Magdalena, wie glücklich wäre ich und wie schön wäre alles für mich, wenn meine Frau aufwachte und mit mir nach Hause zurückkehren könnte. Ich weiß allerdings, ja, ich weiß und glaube ganz gewiß, daß du, die du mir den Jungen gegeben und auf diesem Felsen zwei Jahre lang ernährt hast, mit deiner Fürbitte auch seine Mutter wieder gesund machen kannst.« Auf diese Worte hin seufzte die Frau und wie aus dem Schlaf erwachend sprach sie: »Heilige Maria Magdalena, du hast dich sehr verdient gemacht und dir großen Ruhm erworben, da du mir bei den Anstrengungen des Gebärens als Hebamme Beistand leistetest und mich in allen Schwierigkeiten als meine Dienerin unterstütztest.« Der Pilger hörte dies mit großem Staunen und fragte: »Lebst du wirklich, meine geliebte Frau?« Sie erwiderte ihm: »Ja, ich lebe und komme gerade von der Pilgerfahrt zurück, von der auch du zurückgekommen bist. Und wie dich der heilige Petrus nach Jerusalem geführt und dir alle Stätten, an denen Christus leiden mußte, wo er starb und ins Grab gelegt wurde, und noch viele andere Orte gezeigt hat, so war auch ich zusammen mit Maria Magdalena, die mich führte und begleitete, immer bei euch und habe alles, was ich sah, meinem Gedächtnis eingeprägt.« Dann fing sie an und zählte alle Stätten, an denen Christus

quibus Christus passus est, et miracula, quae viderat, adeo plene explicuit, ut nec in aliquo deviaret.
Tunc peregrinus recepta coniuge et puero navem laetus conscendit et paulo post Massiliae portibus applicuerunt et ingressi invenerunt beatam Mariam Magdalenam cum suis discipulis praedicantem. Et eius pedibus cum lacrimis provoluti omnia, quae iis acciderant, narraverunt et a beato Maximino sacrum baptisma susceperunt. Tunc in civitate Massiliae omnium idolorum templa destruentes Christi ecclesias construxerunt et beatum Lazarum in eiusdem civitatis episcopum unanimiter elegerunt. Tandem divino nutu ad Aquensem civitatem venerunt et populum illum ad fidem Christi per multa miracula adduxerunt. [...]

leiden mußte, und die Wunder, die sie gesehen hatte, so vollständig auf, daß sie nicht die geringste Kleinigkeit ausließ. Dann nahm der Pilger seine Frau und seinen Sohn und bestieg frohen Herzens das Schiff, und ein wenig später legten sie im Hafen von Massilia an, gingen in die Stadt und fanden Maria Magdalena mit ihren Jüngern bei der Predigt. Weinend warfen sie sich ihr zu Füßen, erzählten ihr alles, was ihnen passiert war, und empfingen vom heiligen Maximinus die heilige Taufe. Darauf zerstörten sie in Massilia die Tempel aller heidnischen Götter, bauten christliche Kirchen und wählten einmütig den heiligen Lazarus zum Bischof in dieser Stadt. Schließlich kamen sie mit Gottes Fügung nach Aquensis [Aix] und brachten die dortige Bevölkerung durch viele Wundertaten zum Glauben an Christus. [. . .]

22

De sancto Iacobo maiore

[...] Teutonicus quidam, ut ait Calixtus papa, cum filio suo circa annum Domini MXX ad sanctum Iacobum pergens et in urbe Tolosa gratia hospitandi divertens ab hospite inebriatur et ab eo in malha argenteus scyphus absconditur. Mane igitur exeuntes quasi latrones insequens revocavit et, quod scyphum argenteum furati fuerint, iisdem obiecit. Cui cum dicerent, quod punire eos faceret, si apud eos scyphum invenire posset, et cum aperta malha inventus fuisset, protinus ad iudicem rapiuntur. Data ergo sententia omnia, quae habebant, hospiti traduntur et unus eorum ad suspendium iudicatur. Sed cum pater pro filio et filius pro patre mori vellet, tandem filius suspenditur et pater ad sanctum Iacobum maerens progreditur.
Igitur post XXXVI dies rediens et ad corpus filii divertens super eum lamentabiles voces promebat. Et ecce, filius suspensus consolari coepit ipsum dicens: "Dulcissime pater, ne fleveris, quia numquam mihi sic bene fuit, quoniam hucusque sanctus Iacobus me sustentavit et coelesti dulcedine me refocillat." Quod pater audiens ad urbem cucurrit et venientes populi filium peregrini incolumem deposuerunt et hospitem suspenderunt.

22

Der heilige Jacobus der Ältere

Der silberne Becher

[. . .] Wie Papst Calixtus erzählt, reiste im Jahre 1020 ein Deutscher mit seinem Sohn zum heiligen Jacobus. In Toulouse kehrte er in einem Gasthof ein, um zu übernachten. Er wurde vom Gastwirt betrunken gemacht. Dieser versteckte einen silbernen Becher in dessen Gepäck. Als Vater und Sohn am nächsten Morgen abreisen wollten, setzte er ihnen nach, als ob sie Räuber wären, und rief sie zurück. Er warf ihnen vor, sie hätten ihm den silbernen Becher gestohlen. Als sie ihm sagten, er solle sie bestrafen lassen, wenn er bei ihnen den Becher finde, und als man dann den Rucksack öffnete und den Becher fand, wurden sie umgehend vor Gericht gestellt. Aufgrund des Urteils mußten sie ihren gesamten Besitz dem Wirt überlassen, und einer von ihnen sollte an den Galgen kommen. Aber als der Vater für den Sohn und der Sohn für den Vater sterben wollte, wurde schließlich der Sohn aufgehängt, und der Vater zog voll Trauer weiter zum heiligen Jacobus.

Nach sechsunddreißig Tagen kehrte er zurück, blieb bei der Leiche seines Sohnes und trauerte heftig um ihn. Und siehe da, der Sohn, der noch am Galgen hing, begann plötzlich zu sprechen und ihn mit folgenden Worten zu trösten: »Liebster Vater, weine nicht, denn niemals ist es mir so gut gegangen, da mir der heilige Jacobus bis zu dieser Stunde geholfen hat und mich mit himmlischer Süße erwärmt.« Als der Vater dies hörte, rannte er in die Stadt. Die Leute kamen und nahmen den Sohn des Pilgers unversehrt vom Galgen und hängten den Wirt auf.

[...] Quidam iuvenis de territorio Lugdunensi, ut narrat Hugo abbas Cluniacensis, qui ad sanctum Iacobum frequenter cum devotione magna ire solebat, quadam vice, dum illuc tendere vellet, nocte illa in fornicationem lapsus est. Pergenti igitur nocte quadam diabolus in specie sancti Iacobi apparuit dicens: "Nosti, qui sum?" Roganti illi dixit diabolus: "Ego sum Iacobus apostolus, quem singulis annis visitare consuesti. Scias, quod multum de devotione tua gaudebam, sed nuper de domo tua egrediens in fornicationem incidisti et non confessus ad me accedere praesumpsisti, quasi tua peregrinatio Deo et mihi placere possit. Non sic expedit, sed quicumque ad me peregrinando venire desiderat, prius peccata sua per confessionem debet pandere et post peregrinando eadem commissa punire." Et his dictis daemon evanuit.
Tunc iuvenis anxiatus domum suam redire et peccata sua confiteri, deinde iter reincipere disponebat. Et ecce, diabolus apparens iterum in specie apostoli hoc omnino dissuasit asserens, quod peccatum illud nullo modo sibi remitteret, nisi penitus genitalia sibi membra secaret. Beatior autem foret, si se vellet occidere et pro eius nomine martyr esse.
Iuvenis igitur nocte sociis dormientibus gladium accipiens genitalia sibi praescidit. Deinde eodem cultro se per ventrem transfixit. Expergefacti socii hoc videntes et plurimum formidantes protinus aufugerent, ne suspecti de homicidio haberentur. Verumtamen dum fovea ei pararetur, qui fuerat defunctus, revixit et cunctis fugientibus et stupentibus, quae sibi acciderent, enarravit dicens: "Cum me ad suggestionem

Der unkeusche Jüngling

[...] Hugo, der Abt von Cluny, erzählt folgende Geschichte: Ein junger Mann aus der Gegend um Lyon, der oft in großer Andacht zum heiligen Jacobus zu pilgern pflegte, verfiel einmal in einer Nacht, als er wieder auf dem Weg zu ihm war, der Unkeuschheit. Als er weiterzog, erschien ihm des Nachts der Teufel in Gestalt des heiligen Jacobus und sagte zu ihm: »Weißt du, wer ich bin?« Als er ihn fragte, wer er denn sei, antwortete ihm der Teufel: »Ich bin der Apostel Jacobus, den du jedes Jahr zu besuchen pflegtest. Du sollst wissen, daß ich viel Freude an deiner Andacht hatte. Aber neulich hast du dein Haus verlassen und bist der Unkeuschheit verfallen und hast es vorgezogen, zu mir zu kommen, ohne deine Sünde zu beichten, als ob deine Pilgerfahrt Gott und mir gefallen könnte. So geht das nicht, sondern wer den Wunsch hat, zu mir zu pilgern, muß zuvor seine Sünden bekennen und später auf der Pilgerfahrt dafür Buße tun.« Nach diesen Worten verschwand der Teufel.

Da bekam der Jüngling große Angst und beschloß, nach Hause zurückzukehren, seine Sünden zu bekennen und dann seine Reise erneut anzutreten. Doch der Teufel erschien ihm ein zweites Mal in der Gestalt des Apostels und brachte ihn von diesem Vorhaben ab. Er sagte, er könne ihm diese Sünde auf keinen Fall vergeben, wenn er sich nicht seine Geschlechtsteile abschneide. Es werde ihm aber noch besser ergehen, wenn er sich töten und um seines Namens willen zum Märtyrer werden wolle.

Der Jüngling nahm in der Nacht, als seine Begleiter schliefen, sein Schwert und schnitt sich seine Geschlechtsteile ab. Dann durchbohrte er seinen Leib mit demselben Messer. Als seine Begleiter erwachten und dies sahen, bekamen sie einen furchtbaren Schrecken und liefen sofort weg, um nicht in Mordverdacht zu geraten. Doch als man für den Toten ein Grab aushob, erwachte er wieder zum Leben und erzählte allen, die vor Schreck flohen, was ihm zugestoßen war: »Als

daemonis occidissem, daemones me capientes versus Romam deducebant, et ecce, post nos beatus Iacobus protinus cucurrit et daemones de fallacia plurimum increpavit. Cumque ad invicem diutius disceptarent, cogente beato Iacobo ad quoddam pratum venimus, ubi virgo beata cum multis sanctis colloquens residebat. Cui cum beatus Iacobus pro me conquestus fuisset, illa plurimum daemones increpavit et me vitae restitui praecepit. Beatus igitur Iacobus me suscipiens vitae reddidit, ut videtis." Post triduum ergo solis in illo cicatricibus remanentibus iter arripuit et iuvenis sociis omnia per ordinem enarravit. [...]

ich mich auf die Einflüsterung des Teufels hin getötet hatte, packten mich die Dämonen und schleppten mich nach Rom, und siehe da, der heilige Jacobus lief sofort hinter uns her und beschimpfte die Dämonen heftig wegen ihrer hinterlistigen Täuschung. Als sie nun längere Zeit miteinander gestritten hatten, kamen wir auf Drängen des heiligen Jacobus zu einer Wiese, wo die heilige Jungfrau mit vielen Heiligen ein Gespräch führte. Der heilige Jacobus beklagte sich um meinetwillen bei ihr, und sie schalt die Dämonen sehr und ordnete an, daß ich dem Leben zurückgegeben werden sollte. Der heilige Jacobus nahm mich also auf und gab mich dem Leben zurück, wie ihr seht.« Drei Tage später, als nur noch Narben an ihm zurückgeblieben waren, setzte der Jüngling seine Reise fort und erzählte alles der Reihe nach seinen Begleitern. [...]

23

De sancto Christophoro

Christophorus gente Cananaeus, procerissimae staturae vultuque terribili erat et XII cubitos in longitudine possidebat. Qui, ut in quibusdam gestis suis legitur, cum staret cum quodam rege Cananaeorum, venit sibi in mentem, ut maiorem principem, qui in mundo esset, quaereret et ad eundem secum moraturus accederet. Venit igitur ad quendam maximum regem, de quo generalis fama habebatur, quod maiorem mundus principem non haberet. Quem rex videns libenter recepit et in sua curia manere fecit. Quodam autem die ioculator quidam cantionem coram rege cantabat, in qua frequenter diabolum nominabat. Rex autem cum fidem Christi haberet, quemcumque diabolum nominari audiebat, protinus in faciem suam crucis signaculum imprimebat. Quod videns Christophorus plurimum admirabatur, cur hoc rex ageret et quidnam huiusmodi signum sibi vellet. Cum autem de hac re regem interrogaret et ille hoc sibi manifestare nollet, respondit Christophorus: "Nisi hoc mihi dixeris, tecum ulterius non manebo."

Quapropter coactus rex dixit ei: "Quemcumque diabolum nominari audio, hoc signo me munio timens, ne in me potestatem accipiat mihique noceat." Cui Christophorus: "Si diabolum, ne tibi noceat, metuis, ergo ille maior et potentior te esse convincitur, quem in tantum formidare probaris. Frustratus igitur sum spe mea putans, quod maiorem et potentiorem mundi dominum invenissem, sed iam nunc valeas, quia ipsum diabolum quaerere volo, ut ipsum mihi in dominum assumam et eius servus efficiar."

23

Der heilige Christophorus

Der Sänger

Christophorus war Kananäer. Er war riesengroß und hatte ein furchterregendes Gesicht. Seine Größe betrug zwölf Ellen. Wie in einigen Geschichten über ihn zu lesen ist, stand er einmal vor einem König der Kananäer, und da kam es ihm in den Sinn, den größten König der Welt zu suchen, zu ihm zu gehen und bei ihm zu bleiben. Er kam also zu einem sehr großen König, von dem es allgemein hieß, es gebe keinen größeren König als ihn auf der Welt. Als dieser ihn sah, nahm er ihn gern auf und ließ ihn an seinem Hofe bleiben. Eines Tages jedoch sang der Spielmann in Gegenwart des Königs sein Lied, in dem er häufig den Teufel erwähnte. Da der König aber an Christus glaubte, schlug er jedesmal, wenn er den Namen des Teufels hörte, das Zeichen des Kreuzes vor seinem Gesicht. Als Christophorus dies sah, wunderte er sich sehr, warum der König dies tue und was ihm dieses Zeichen bedeute. Als er aber den König danach fragte und jener ihm dies nicht erklären wollte, entgegnete ihm Christophorus: »Wenn du mir dies nicht sagst, werde ich nicht länger bei dir bleiben.«

Deshalb sprach der König gezwungenermaßen zu ihm: »Jedesmal, wenn ich den Namen des Teufels nennen höre, schütze ich mich mit diesem Zeichen, weil ich fürchte, daß er Gewalt über mich bekommt und mir Schaden zufügt.« Ihm antwortete Christophorus: »Wenn du fürchtest, der Teufel könne dir Schaden zufügen, dann steht fest, daß er größer und mächtiger ist als du, da du offensichtlich so große Angst vor ihm hast. Also habe ich mich getäuscht, als ich glaubte, den größten und mächtigsten Herrn der Welt gefunden zu haben. Lebe nun wohl. Denn ich will den Teufel selbst suchen, um ihn mir zum Herrn zu wählen und sein Diener zu werden.«

Discessit igitur ab illo rege et diabolum quaerere properabat. Cum autem per quandam solitudinem pergeret, vidit magnam multitudinem militum, quorum quidam miles ferus et terribilis veniebat ad eum et, quonam pergeret, requisivit. Cui Christophorus respondit: "Vado quaerere dominum diabolum, ut ipsum in dominum mihi assumam." Cui ille: "Ego sum ille, quem quaeris." Gavisus Christophorus se sibi in servum perpetuum obligavit et ipsum pro domino accepit. Cum ergo ambo pergerent et in quadam via communi crucem erectam invenissent, mox ut diabolus ipsam crucem vidit, territus fugit et viam deserens per asperam solitudinem Christophorum duxit et postmodum ipsum ad viam reduxit. Quod videns Christophorus et admirans interrogavit illum, cur in tantum timens viam planam reliquerit et tantum devians per tam asperam solitudinem ierit. Quod cum ille nullatenus indicare vellet, dixit Christophorus: "Nisi mihi hoc indicaveris, statim a te discedam." Quapropter compulsus diabolus dixit ei: "Quidam homo, qui dicitur Christus, in cruce fixus fuit, cuius crucis signum cum video, plurimum pertimesco et territus fugio." Cui Christophorus: "Ergo ille Christus maior et potentior te est, cuius signum in tantum formidas? In vacuum igitur laboravi nec adhuc maiorem mundi principem inveni. Iam nunc valeas, quia te volo deserere et ipsum Christum inquirere."

Im Dienste des Teufels

Er verließ also jenen König und beeilte sich, den Teufel zu suchen. Als er aber durch eine einsame Gegend ging, sah er eine große Schar Soldaten. Einer von ihnen allerdings war ein wild und schrecklich aussehender Krieger. Er kam zu ihm und fragte ihn, wohin er denn wolle. Christophorus antwortete ihm: »Ich bin auf der Suche nach dem Herrn, dem Teufel, um in seine Dienste zu treten.« Jener antwortete ihm: »Ich bin es, den du suchst.« Christophorus freute sich, verpflichtete sich dazu, auf ewig dessen Diener zu sein, und nahm ihn als seinen Herrn an.

Als sie nun zusammen weitergingen und auf ein an einer öffentlichen Straße aufrecht stehendes Kreuz gestoßen waren, erschrak der Teufel heftig, als er das Kreuz sah, und floh. Er verließ die Straße und führte Christophorus über einen unwegsamen Pfad und ließ ihn erst später wieder auf die Straße zurückgehen. Als Christophorus das sah, wunderte er sich und fragte ihn, warum er sich so gefürchtet und die ebene Straße verlassen habe und dann über den unwegsamen Pfad gegangen sei. Der Teufel wollte ihm dies auf keinen Fall erklären. Da sprach Christophorus: »Wenn du mir dies nicht erklärst, werde ich dich sofort verlassen.« Da mußte der Teufel nachgeben und sagte zu ihm: »Es wurde einmal ein Mensch, der heißt Christus, an ein Kreuz geschlagen. Wenn ich das Zeichen seines Kreuzes sehe, bekomme ich einen furchtbaren Schrecken und laufe voll Angst davon.« Christophorus: »Ist also jener Christus größer und mächtiger als du, dessen Zeichen du so sehr fürchtest? Vergeblich habe ich mich also bemüht und den größten König der Welt noch nicht gefunden. Nun lebe wohl, denn ich will dich verlassen und Christus suchen.«

Cum igitur diu quaesivisset, qui sibi Christi notitiam indicaret, tandem ad quendam eremitam devenit, qui sibi Christum praedicavit et in eius fide ipsum diligenter instruxit. Dixitque eremita Christophoro: "Rex iste, cui servire desideras, istud requirit obsequium, quia frequenter ieiunare oportebit." Cui Christophorus: "Aliud a me requirat obsequium, quia istam rem nequaquam agere valeo." Rursus eremita: "Multas quoque orationes te sibi facere oportebit." Cui Christophorus: "Nescio, quid sit hoc, nec huiusmodi obsequium perficere possum." Cui eremita: "Nosti talem fluvium, in quo multi transeuntes periclitantur et pereunt?" Cui Christophorus: "Novi." Et ille: "Cum procerae staturae sis et fortis viribus, si iuxta fluvium illum resideres et cunctos traduceres, regi Christo, cui servire desideras, plurimum gratum esset, et spero, quod ibidem se manifestaret." Cui Christophorus: "Utique istud obsequium agere valeo et me sibi in hoc serviturum promitto." Ad praedictum igitur fluvium accessit et ibidem sibi habitaculum fabricavit portansque loco baculi quandam perticam in manibus, qua se in aqua sustentabat et omnes sine cessatione transferebat.

Evolutis multis diebus cum in domuncula sua quiesceret, audivit vocem cuiusdam pueri se vocantis et dicentis: "Christophore, veni foras et me ipsum traducas." Concitus Christophorus exsiliit, sed neminem reperit. Rediensque in domunculam suam praedictam iterum vocem se acclamantis

Auf der Suche nach Christus

Er war nun schon lange auf der Suche nach jemandem, der ihm über Christus etwas mitteilen könnte. Schließlich kam er zu einem Eremiten, der ihm von Christus predigte und ihn gewissenhaft im Glauben an den Herrn unterwies. Der Einsiedler sagte zu Christophorus: »Der König, dem du dienen willst, verlangt als Beweis deines Gehorsams, daß du häufig fasten mußt.« Darauf erwiderte Christophorus: »Er möge einen anderen Beweis meines Gehorsams fordern, denn das kann ich auf keinen Fall tun.« Darauf wieder der Einsiedler: »Du wirst auch oft zu ihm beten müssen.« Christophorus: »Ich weiß nicht, was das ist, ich kann ihm meinen Gehorsam auch hiermit nicht beweisen.« Der Einsiedler: »Kennst du den Fluß, bei dessen Überquerung viele in Gefahr geraten und verunglücken?« Christophorus: »Ja.« Der Einsiedler: »Da du sehr groß und stark bist, wäre es Christus, dem König, dem du zu dienen wünschst, sehr recht, wenn du dich an diesem Flusse niederließest und alle hinüberbrächtest, und ich hoffe, daß er sich dir dort offenbart.« Christophorus: »Diesen Beweis meines Gehorsams kann ich erbringen, und ich verspreche, daß ich ihm diesen Dienst erweisen werde.« Er ging also zu dem genannten Fluß, baute sich dort eine Hütte und nahm anstelle eines Stockes eine lange Stange in die Hand, mit der er sich im Wasser abstützte und alle ohne Unterbrechung hinübertrug.

Der Christusträger

Es vergingen viele Tage. Als er einmal in seiner Hütte ausruhte, hörte er die Stimme eines Knaben, der ihn rief und sprach: »Christophorus, komm heraus und bring mich hinüber.« Christophorus sprang auf und lief hinaus, konnte aber niemanden sehen. Er kehrte in seine Hütte zurück und hörte erneut die Stimme des Knaben, der ihn rief. Wieder lief er

audivit. Qui rursus foras cucurrit et neminem invenit. Tertia vice ab eodem ut prius vocatus exiit et puerum quendam iuxta ripam fluminis invenit, qui Christophorum, ut se traduceret, obnixe rogavit. Christophorus igitur puerum sibi in umeris elevans et baculum suum accipiens flumen transiturus intravit. Et ecce, aqua fluminis paulatim intumescebat et puer instar plumbi gravissime ponderabat. Quantoque magis procedebat, tanto amplius unda crescebat et puer magis ac magis Christophori umeros pondere intolerabili deprimebat, adeo ut Christophorus in angustia multa positus esset et se periclitari formidaret. Sed cum vix evasisset et fluvium transfretasset, puerum in ripa deposuit eique dixit: "In magno periculo, puer, me posuisti et adeo ponderasti, quod, si totum mundum super me habuissem, vix maiora pondera praesensissem." Ad quem puer respondit: "Ne mireris, Christophore, quia non solum super te totum mundum habuisti, sed etiam illum, qui creavit mundum, tuis umeris baiulasti. Ego enim sum rex Christus tuus, cui in hoc opere ipse deservis. Et ut me verum dicere comprobes, cum pertransieris, baculum tuum iuxta domunculam tuam in terra fige et mane ipsum floruisse et fructificasse videbis." Statimque ab oculis eius evanuit. Veniens igitur Christophorus cum baculum suum in terram fixisset, mane surgens invenit ipsum ad modum palmae frondes et dactylos pertulisse. [...]

nach draußen und fand niemanden. Als er dann zum dritten Mal wie zuvor gerufen wurde, ging er hinaus und fand einen Knaben am Ufer sitzen, der ihn inständig bat, daß er ihn hinüberbringe. Christophorus hob also den Jungen auf seine Schultern, nahm seinen Stab und ging in den Fluß, um ihn zu überqueren. Und siehe da, das Wasser des Flusses stieg allmählich an, und der Junge wurde so schwer wie Blei. Je weiter er ging, desto höher wurde die Flut, und der Knabe drückte mit seinem Gewicht immer mehr auf Christophorus' Schultern, so daß er ihn kaum mehr tragen konnte. Er bekam große Angst und fürchtete, ertrinken zu müssen. Aber als er es mit knapper Not geschafft und den Fluß durchwatet hatte, setzte er den Knaben am Ufer ab und sagte zu ihm: »Du hast mich in große Gefahr gebracht, Junge, und warst mir eine so große Last, daß ich mir kaum eine größere Last hätte vorstellen können, auch wenn ich die ganze Welt auf den Schultern gehabt hätte.« Der Knabe erwiderte: »Wundere dich nicht, Christophorus, denn du hattest nicht nur die ganze Welt auf deinen Schultern, sondern du trugst auch den, der die Welt geschaffen hat. Ich bin nämlich Christus, dein König, dem du mit deiner Arbeit dienst. Und damit du erkennst, daß ich die Wahrheit sage, stecke deinen Stab, sobald du hinübergegangen bist, neben deiner Hütte in die Erde und du wirst sehen, daß er am nächsten Morgen blüht und Früchte trägt.« Und sofort verschwand er aus seinen Augen. Christophorus ging also zurück und steckte seinen Stab in die Erde. Am nächsten Morgen stand er auf und sah, daß der Stab Blätter und Früchte trug wie eine Palme. [. . .]

24
De septem dormientibus

Septem dormientes in civitate Ephesi orti sunt. Decius autem imperator persequens Christianos cum venisset Ephesum, iussit aedificari templa in medio civitatis, ut omnes cum eo miscerentur sacrificiis idolorum. Cum ergo omnes Christianos inquiri iussisset et vinctos aut sacrificare aut mori compelleret, tantus poenarum terror cunctis inerat, quod amicus amicum et filium pater et patrem filius abnegabat. Tunc in illa urbe inventi sunt Christiani septem: Maximianus, Malchus, Marcianus, Dionysius, Iohannes, Serapion et Constantinus, qui hoc videntes nimis dolebant. Et cum essent primi palatii, sacrificia idolorum spernentes in domo sua se celabant et ieiuniis et orationibus vacabant. Accusati igitur ante Decium statuuntur et comprobati veraciter Christiani dato iis resipiscendi spatio usque ad reditum Decii dimittuntur. At illi patrimonium suum interim inter pauperos expendentes inito consilio in montem Celion secesserunt et ibi esse secretius decreverunt. Diu ergo sic latentes unus eorum semper ministrabat, et quoties intrabat urbem, figura se mendici et habitu vestiebat. Cum ergo Decius in urbem rediisset et eos ad sacrificandum perquiri iussisset, Malchus minister eorum territus ad socios rediit et iis furorem imperatoris indicavit. Qui cum graviter terrerentur, Malchus allatos panes iis apposuit, ut

24

Die sieben Schläfer

Die Verfolgung

Die sieben Schläfer wurden in Ephesus geboren. Als Kaiser Decius während seiner Christenverfolgung auch nach Ephesus gekommen war, ließ er mitten in der Stadt Tempel bauen, damit alle mit ihm zusammen den Götzenbildern Opfer brächten. Er ließ also alle Christen suchen und zwang sie, sobald sie verhaftet waren, entweder zu opfern oder zu sterben. Da befiel alle eine so große Angst vor den Folterqualen, daß der Freund den Freund, der Vater den Sohn und der Sohn den Vater verleugnete. Damals gab es in jener Stadt sieben Christen: Maximianus, Malchus, Marcianus, Dionysius, Johannes, Serapion und Constantinus, die sehr bekümmert waren, als sie das alles mit ansehen mußten. Und obwohl sie eine besondere Stellung bei Hofe hatten, vollzogen sie die Opfer für die Götzenbilder nicht, versteckten sich zu Hause und beschäftigten sich nur mit Fasten und Beten. Folglich wurden sie angeklagt und vor Decius geführt. Es erwies sich, daß sie tatsächlich Christen waren. Man gab ihnen aber Zeit, sich eines Besseren zu besinnen, und entließ sie, bis Decius zurückkehrte. Sie aber verteilten inzwischen ihr Vermögen unter die Armen und faßten den Entschluß, auf den Berg Celion zu gehen. Sie meinten, daß es dort sicherer sei. Während sie sich auf diese Weise lange versteckt hielten, sorgte immer einer von ihnen für ihre Verpflegung, und sooft er in die Stadt ging, veränderte er sein Aussehen durch eine Verkleidung. Als nun Decius in die Stadt zurückgekehrt war und befohlen hatte, sie zum Vollzug des Götzenopfers vorzuführen, kehrte Malchus, der gerade für die anderen zu sorgen hatte, voll Schrecken zu seinen Gefährten zurück und berichtete ihnen von der Wut des Kaisers. Sie bekamen große Angst, und Malchus gab ihnen die Brote, die er ge-

cibo confortati fortiores ad proelium redderentur. Postquam autem cenabant sedentes et colloquentes in luctu et lacrimis, subito, sicut Deus voluit, dormiverunt.
Mane facto cum quaesiti fuissent et inveniri non possent et Decius doleret, quod tales iuvenes perdidisset, accusati sunt, quod hucusque in monte Celion latuissent et sua Christianis pauperibus erogantes in suo proposito permanerent. Iussit ergo Decius, ut parentes eorum adessent, et comminatus est iis mortem, nisi de iis dicerent, quidquid scirent. Illi autem eos similiter accusaverunt et divitias suas pauperibus expendisse conquesti sunt. Tunc cogitans, quid de iis faceret, nutu Dei iussit os speluncae lapidibus obstrui, ut ibi morerentur fame et inopia circumclusi. Quod ministri quidem fecerunt et duo Christiani, Theodorus et Rufinus, eorum martyrium describentes caute inter lapides posuerunt.

Mortuo igitur Decio et tota illa generatione post annos CCCLXXII anno XXX imperii Theodosii pullulavit haeresis eorum, qui negabant resurrectionem mortuorum. Unde contristatus Theodosius Christianissimus imperator, quia fidem tam impie agitari videbat, indutus cilicio sedens in interiori loco per singulos dies flebat. Quod videns misericors Deus consolari lugentes et confirmare spem de resurrectione voluit

holt hatte, damit sie durch Nahrung gestärkt mutiger in den Kampf gingen. Nachdem sie aber gegessen hatten, beieinander saßen und in Trauer und unter Tränen miteinander sprachen, schliefen sie, wie Gott es wollte, plötzlich ein.

Der Morgen kam, und sie wurden gesucht. Aber man konnte sie nicht finden. Decius war sehr ärgerlich, daß er solche Männer verloren hatte. Man warf ihnen vor, sie hätten sich auf dem Berg Celion versteckt und ihr Vermögen an die armen Christen verteilt und gäben ihre Gesinnung nicht auf. Also befahl Decius, daß ihm deren Eltern vorgeführt würden, und bedrohte sie mit dem Tode, falls sie ihm nicht sagten, was sie über ihre Söhne wüßten. Die Eltern aber erhoben eine ähnliche Anklage gegen ihre Söhne und beschwerten sich darüber, daß diese ihre Reichtümer für die Armen ausgegeben hätten. Der Kaiser überlegte, was er mit ihnen tun könne, und ließ mit Gottes Willen den Eingang der Höhle mit Steinen zumauern, damit sie dort verhungerten und umkämen. Die Diener führten den Befehl aus. Zwei Christen, Theodorus und Rufinus, schrieben ihr Martyrium auf und legten das Papier heimlich zwischen die Steine.

Das Erwachen

Decius war längst tot und mit ihm die ganze damalige Generation. Dreihundertzweiundsiebzig Jahre später, im dreißigsten Regierungsjahr des Theodosius, verbreitete sich die ketzerische Auffassung, daß es keine Auferstehung der Toten gebe. Darüber war Kaiser Theodosius, ein sehr überzeugter Christ, äußerst betroffen. Denn er sah, daß der Glaube durch so ruchlose Behauptungen in Gefahr geriet. Er zog also ein Gewand aus Ziegenhaaren an, setzte sich in einen ganz abgelegenen Raum und weinte unaufhörlich. Als Gott, der Barmherzige, dies sah, wollte er die Trauernden trösten und die Hoffnung auf die Auferstehung der Toten stärken. Er öffnete

mortuorum et thesaurum suae pietatis aperiens ita praedictos martyres suscitavit.
Misit siquidem in cor cuiusdam civis Ephesi, ut in illo monte aedificaret stabula pastoribus suis. Caementariis speluncam aperientibus surrexerunt sancti et se invicem salutantes putabant se tantum una nocte dormivisse. Et praedianam tristitiam recordantes interrogaverunt Malchum, qui iis ministraverat, quid de iis Decius decrevisset. At ille respondit, sicut dixit in sero: "Quaesiti fuimus, ut idolis immolemus. Ecce, quod de nobis cogitat imperator." Respondit Maximianus: "Et Deus scit, quod non sacrificabimus." Cumque socios confortasset, iussit Malcho, ut empturus panes ad urbem descenderet et plures quam heri afferens panes, quae iussisset imperator, rediens nuntiaret. Tollens ergo Malchus quinque solidos de spelunca exiit et videns lapides miratus est, sed aliud cogitans parum de lapidibus cogitavit.
Veniens igitur timidus ad portam urbis valde miratus est videns suppositum signum crucis. Unde pergens ad alteram portam, dum idem signum invenit, ultra modum miratus est videns omnes portas signo crucis apposito et mutatam civitatem. Signansque se ad primam portam rediit existimans se somniare. Unde se confirmans et vultum operiens urbem ingreditur et veniens ad venditores panum audivit homines loquentes de Christo et amplius stupefactus ait: "Quid est", inquit, "quod heri nemo Christum audebat nominare, et tunc omnes Christum confitentur? Puto, quod haec non est Ephesorum civitas, quia aliter aedificata est, sed aliam civitatem nescio talem." Et cum interrogans audivisset hanc esse Ephesum, errare veraciter se putavit et redire ad socios cogitavit.

also eine Schatzkammer seiner göttlichen Liebe und ließ die genannten Märtyrer aufwachen.

Er weckte nun im Herzen eines Bürgers aus Ephesus die Absicht, auf jenem Berg Ställe für seine Hirten bauen zu lassen. Als die Maurer die Höhle öffneten, erhoben sich die Heiligen, begrüßten sich gegenseitig und meinten, sie hätten nur eine Nacht lang geschlafen. Sie erinnerten sich an den Kummer des Vortages und fragten Malchus, der sie bedient hatte, was Decius ihretwegen beschlossen habe. Er aber gab ihnen dieselbe Antwort wie am Abend zuvor: »Man sucht uns, damit wir den Götzenbildern Opfer darbringen. Das ist es, was der Kaiser mit uns im Sinne hat.« Maximianus sagte dazu: »Und Gott weiß, daß wir nicht opfern werden.« Nachdem er seinen Gefährten Mut gemacht hatte, befahl er Malchus, in die Stadt hinunterzugehen, um Brote zu kaufen. Er solle aber mehr Brote bringen als gestern und nach seiner Rückkehr berichten, was der Kaiser befohlen habe. Malchus verließ also mit fünf Münzen die Höhle, und als er die Steine vor der Höhle sah, wunderte er sich. Aber da er etwas anderes im Kopf hatte, dachte er nicht weiter darüber nach.

Voller Angst gelangte er an das Stadttor. Er wunderte sich sehr, als er das Zeichen des Kreuzes dort angebracht sah. Darauf ging er zu einem anderen Tor. Als er auch dort das Zeichen vorfand, staunte er über alle Maßen. Dann sah er das Zeichen des Kreuzes an allen Toren und mußte zudem feststellen, daß die Stadt sich verändert hatte. Er bekreuzigte sich und kehrte zum ersten Tor zurück, weil er glaubte, er träume. Dann faßte er sich ein Herz, verhüllte sein Gesicht und ging in die Stadt. Er kam auf den Brotmarkt und hörte, wie die Menschen über Christus sprachen. Er staunte noch mehr als zuvor und fragte: »Was bedeutet es, daß gestern niemand Christus zu erwähnen wagte und sich jetzt alle zu Christus bekennen? Ich glaube, daß dies nicht die Stadt Ephesus ist, denn auch ihre Häuser sind anders gebaut, doch ich kenne keine andere Stadt dieser Art.« Als er dies gefragt und gehört hatte, daß er in Ephesus sei, glaubte er, wirklich verrückt zu sein, und beschloß, zu seinen Gefährten zurückzukehren.

Accessit tamen ad eos, qui panem vendebant, et cum argenteos protulisset, mirati venditores dicebant ad invicem, quod ille iuvenis antiquum thesaurum invenisset. Malchus vero eos ad invicem loquentes videns putabat, quod vellent eum trahere ad imperatorem, et territus rogavit eos, ut se dimitterent et panes et argenteos retinerent. At illi tenentes eum dixerunt ei: "Unde es tu? Quia thesauros antiquorum imperatorum invenisti, indica nobis et erimus socii tecum et celabimus te, quia aliter celari non potes."

Malchus vero non inveniebat, quid diceret illis, prae timore. Illi vero videntes eum tacentem misso fune in collo eius trahebant per vicos usque in medium civitatis. Et exiit rumor ad omnes, quod quidam iuvenis thesauros invenisset. Congregatis ergo ad eum universis et eum mirantibus volebat iis satisfacere, quod nihil invenerat. Et circumspiciens omnes a nemine cognosci poterat et prospiciens in populum volebat cognoscere aliquem de consanguineis suis, quos veraciter vivere putabat, et nullum inveniens stabat quasi insanus in medio populi civitatis.

Quod cum audiisset sanctus Martinus episcopus et Antipater proconsul, qui nuper in urbem advenerat, mandaverunt civibus, ut eum caute adducerent et argenteos eius. Cumque a ministris traheretur ad ecclesiam, putabat, quod duceretur ad imperatorem. Episcopus igitur et proconsul mirantes argenteos interrogaverunt eum, ubi thesaurum incognitum invenisset. At ille respondit se nihil penitus invenisse, sed de sacculo parentum suorum eosdem denarios habuisse. Et interrogatus, cuius civitatis esset, respondit: "Bene scio, quod huius

Das Mißverständnis

Doch zuvor ging er zu den Brotverkäufern. Als er seine Münzen aus der Tasche genommen hatte, staunten die Verkäufer und sagten zueinander, der junge Mann habe wohl einen uralten Schatz gefunden. Als Malchus sie aber miteinander tuscheln sah, glaubte er, sie wollten ihn vor den Kaiser bringen. Er bat sie angsterfüllt, sie möchten ihn doch in Ruhe lassen und die Brote und das Geld behalten. Sie aber hielten ihn fest und fragten ihn: »Woher kommst du? Denn du hast die Schätze der Kaiser früherer Zeiten gefunden. Zeige sie uns, und wir werden deine Freunde sein und dich nicht verraten. Denn anders kannst du es nicht mehr geheimhalten.«
Malchus wußte vor Angst nicht, was er ihnen antworten sollte. Als sie aber sahen, daß er schwieg, warfen sie ihm einen Strick um den Hals und zerrten ihn durch die Gassen in die Mitte der Stadt. Überall verbreitete sich das Gerücht, daß ein junger Mann einen Schatz gefunden habe. Also strömten alle Leute bei ihm zusammen und bewunderten ihn. Er versuchte, ihnen klarzumachen, daß er nichts gefunden hatte. Er sah sie alle an, aber niemand konnte ihn erkennen. Und als er sich unter den Leuten umschaute, um einen seiner Verwandten zu erkennen, von denen er tatsächlich annahm, daß sie noch lebten, fand er niemanden und stand wie ein geistig Verwirrter mitten unter den Leuten.
Der heilige Martin, der Bischof, und Antipater, der Prokonsul, der vor kurzem in die Stadt gekommen war, hörten davon und forderten die Bürger auf, den jungen Mann mit den Münzen vorsorglich zu ihnen zu bringen. Als er von den Dienern in die Kirche gebracht wurde, glaubte er, man führe ihn vor den Kaiser. Der Bischof und der Prokonsul staunten über die Münzen und fragten ihn, wo er den bisher unentdeckten Schatz gefunden habe. Er aber gab zur Antwort, er habe nichts gefunden, sondern das Geld von seinen Eltern bekommen. Auf die Frage, aus welcher Stadt er stamme, antwortete er: »Ich weiß es ganz genau, daß ich aus dieser Stadt

civitatis sum, si tantum haec est civitas Ephesorum." Proconsul dixit: "Fac venire parentes tuos, ut testentur pro te." Quos cum nominasset et nullus eos cognosceret, dicebant eum se fingere, ut aliquo modo evaderet. Et ait proconsul: "Quomodo credimus tibi, quod hoc argentum parentum tuorum fuerit, cum scriptura eius habeat plus quam trecentos septuaginta septem annos et sit primorum dierum Decii imperatoris et in nullo similes sint argenteis nostris? Et quomodo parentes tui ante tantum tempus fuerunt? Tu vero iuvenis vis decipere sapientes et senes Ephesi. Idcirco iubebo te legibus tradi, donec confitearis, quid invenisti." Tunc procidens Malchus ante eos dixit: "Pro Deo, domini, dicite mihi, quod vos interrogo, et ego dicam vobis, quod est in corde meo. Decius imperator, qui fuit in hac civitate, ubi nunc est?" Episcopus dixit: "Fili, non est hodie in terra, qui Decius nominatur, imperator autem fuit ante longum tempus." Malchus autem dixit: "In hoc, domine, ita stupeo et nemo credit mihi, sed sequimini me et ostendam vobis socios meos, qui sunt in monte Celio, et ipsis credite. Hoc enim scio, quod a facie Decii imperatoris nos fugimus et ego sero vidi, quod ingressus est Decius in hanc urbem, si tantum haec est civitas Ephesi."

Tunc episcopus cogitans in semet ipso dixit proconsuli, quia visio est, quam Deus vult ostendere in iuvene isto. Perrexerunt ergo cum eo et civitatis plurima multitudo. Et ingressus est primo Malchus ad socios suos et post eum episcopus

bin, wenn dies nur Ephesus ist.« Da sagte der Prokonsul: »Laß deine Eltern herkommen, damit sie deine Aussage bezeugen können.« Er nannte ihren Namen, aber keiner kannte sie. Also behaupteten sie, er lüge, um nur irgendwie zu entkommen. Der Prokonsul fragte ihn daraufhin: »Wie können wir dir glauben, daß dieses Geld deinen Eltern gehört hat, da seine Prägung mehr als dreihundertsiebenundsiebzig Jahre alt ist und aus den ersten Tagen des Kaisers Decius stammt und unseren Münzen in nichts gleicht? Und wie können deine Eltern vor so langer Zeit gelebt haben? Du, junger Mann, willst offensichtlich die weisen Alten von Ephesus betrügen. Deshalb werde ich anordnen, daß du den Gesetzen überantwortet wirst, bis du zugibst, was du gefunden hast.« Darauf fiel Malchus vor ihnen auf die Knie und sagte: »Gebt mir um Gottes Willen eine Antwort auf meine Frage, ihr Herren, und ich werde euch sagen, was in meinem Herzen verborgen ist: Wo ist der Kaiser Decius jetzt, der in dieser Stadt war?« Der Bischof erwiderte ihm: »Mein Sohn, heute lebt niemand mehr auf Erden, der Decius heißt. Vor langer Zeit aber gab es einen Kaiser dieses Namens.« Malchus sagte dazu: »Herr, das setzt mich in Staunen, und niemand glaubt mir. Aber geht einfach mit, und ich werde euch meine Gefährten zeigen, die auf dem Berg Celion sind. Glaubt wenigstens ihnen. Denn das weiß ich genau, daß wir vor Kaiser Decius geflohen sind und ich gestern abend gesehen habe, daß Decius in diese Stadt eingezogen ist, wenn dies nur Ephesus ist.«

Die Aufklärung

Da wurde der Bischof nachdenklich und sagte zum Prokonsul, daß es sich wohl um eine Offenbarung Gottes handele, die Gott an diesem jungen Manne vollziehen wolle. Sie gingen also mit ihm los, und sehr viele Leute zogen mit. Malchus ging zuerst zu seinen Gefährten in die Höhle. Danach trat der

ingrediens invenit inter lapides litteras sigillatas duobus sigillis argenteis. Et convocato populo legit eas et audientibus et admirantibus cunctis. Et videntes sanctos Dei sedentes in spelunca et facies eorum tamquam rosas florentes procidentes glorificaverunt Deum. Statimque episcopus et proconsul miserunt ad Theodosium imperatorem rogantes, ut cito veniret et miracula Dei nuper ostensa videret. Qui protinus surgens de humo et de sacco, in quo lugebat. Glorificans Deum venit a Constantinopoli Ephesum et obviantibus ei cunctis adscenderunt simul omnes ad speluncam. Et mox ut sancti viderunt imperatorem, resplenduerunt et facies eorum sicut sol. Et ingressus imperator procidit ante eos glorificans Deum et surgens amplexatus est eos et super singulos flevit dicens: "Sic video vos, tamquam si viderem Dominum resuscitantem Lazarum." Tunc dixit sanctus Maximianus ad eum: "Crede nobis, quod propter te resuscitavit nos Deus ante diem magnae resurrectionis, ut credas indubitanter, quod resurrectio mortuorum est. Vere enim resurreximus et vivimus, et sicut infans est in utero matris non sentiens laesionem et vivit, sic fuimus viventes, iacentes et dormientes et non sentientes."

Et his dictis videntibus cunctis inclinantes capita sua in terram obdormierunt et tradiderunt spiritus suos secundum Dei imperium. Surgens autem imperator cecidit super eos flens et deosculans eos. Et cum iussisset fieri loculos aureos, in quibus mitterentur, in ipsa nocte apparuerunt imperatori dicentes, ut, sicut hactenus in terra iacuerunt et ex terra resurrexerant, ita eos dimitteret, donec Dominus iterum eos resuscitaret. Iussit ergo imperator locum illum inauratis lapidibus

Bischof ein und fand zwischen den Steinen das Schriftstück, das mit zwei silbernen Siegeln verschlossen war. Er rief das Volk zusammen und las das Schriftstück vor, während alle zuhörten und staunten. Sie sahen die heiligen Männer Gottes in der Höhle sitzen und ihre Gesichter wie Rosen blühen. Sie fielen vor ihnen nieder und priesen Gott. Sofort schickten der Bischof und der Prokonsul eine Nachricht zu Kaiser Theodosius und baten ihn, schnell zu kommen und die soeben sichtbar gewordenen Wunder Gottes zu schauen. Der Kaiser stand unverzüglich vom Boden auf und legte sein Trauergewand ab. Er pries Gott und reiste von Konstantinopel nach Ephesus. Alle gingen ihm entgegen, und sie stiegen gemeinsam zur Höhle hinauf. Sobald dann die Heiligen den Kaiser erblickten, strahlten ihre Gesichter wie die Sonne. Der Kaiser trat in die Höhle und fiel vor ihnen nieder und rühmte Gott. Dann erhob er sich wieder, umarmte sie und weinte um jeden von ihnen. Seine Worte waren: »Ich sehe euch so, als ob ich den Herrn sähe, als er Lazarus erweckte.« Darauf sprach der heilige Maximianus zu ihm: »Glaube uns, Gott hat uns deinetwegen vor dem Tag der großen Auferstehung wiedererweckt, damit du nicht im geringsten daran zweifelst, daß die Auferstehung der Toten wirklich geschieht. Denn wir sind tatsächlich wieder auferstanden und leben. Wie das Kind im Mutterleib ist, keine Einwirkung von außen spürt und lebt, so waren auch wir am Leben, lagen in der Höhle und schliefen, ohne etwas zu merken.«

Nachdem diese Worte gesprochen waren, sahen alle, wie sie ihre Häupter zur Erde neigten und einschliefen und nach Gottes Willen ihren Geist aufgaben. Der Kaiser erhob sich, warf sich über sie, weinte und küßte sie. Dann ließ er goldene Särge bauen, in die sie gelegt werden sollten. In derselben Nacht aber erschienen sie dem Kaiser und sagten ihm, daß er sie so, wie sie bis jetzt auf der Erde gelegen und sich von der Erde erhoben hätten, liegen lassen solle, bis der Herr sie erneut aufwecke. Daher befahl der Kaiser, daß jene Stätte mit vergoldeten Steinen geschmückt werde und alle Bi-

adornari et omnes episcopos resurrectionem confidentes absolvi.

Quod CCCLXXII annis dormiisse dicuntur, dubium esse potest, quia anno Domini CCCCXLVIII surrexerant, Decius autem regnavit uno tantum anno et tribus mensibus, scilicet anno Domini CCLII. Et ita non dormierunt nisi CXCVI annis.

schöfe, die auf die Auferstehung vertrauten, Absolution erhielten.

Daß die Sieben dreihundertsiebenundsiebzig Jahre lang geschlafen haben sollen, kann freilich bezweifelt werden. Denn sie waren im Jahre 448 aufgewacht, Decius aber regierte nur ein Jahr und drei Monate, und zwar im Jahre 252. Folglich schliefen sie nur einhundertsechsundneunzig Jahre.

Zur Textgestalt

Dem lateinischen Text liegt die Ausgabe von Theodor Graesse zugrunde: Jacobi a Voragine Legenda Aurea, vulgo historia Lombardica dicta. Ad optimorum librorum fidem recensuit Th. Graesse. Editio tertia. Breslau: G. Koebner, 1890. Reprogr. Nachdr. Osnabrück: Otto Zeller, 1965. – Folgende Druckversehen in Graesses Ausgabe wurden korrigiert und die verzeichneten Textstellen durch Konjekturen des Herausgebers geändert (siehe auch Seite 279 f.):

Graesse (Seite)		*Reclam*
14	ut	ad
	amondo	amodo
	evangelium	evangelii
	merericis	meretricis
15	tua	tota
17	audire	audiri
	credas ipsum	credas et ipsum
18	millia	milibus
	ipsa	ista
	laetum	lascivum
	suae	tuae
	qui	cui
	vitae indeficientis	vitae et indeficientis
20	essent	possent
23	eorum	earum
	Mireae	Myreae
27	ille	illo
	baptisatur (mehrfach)	baptizatur
32	picemque resinam	picemque et resinam
	inducias	indutias
33	pater	praeter
	Hebraeam	Hebraea
	ipsa	ipsam
34	consolarentur	consolaretur
	non multa	non sine multa
35	Dyonisius	Dionysius
36	precibus sive	getilgt
	electis	getilgt

Graesse (Seite)		*Reclam*
36	eosque	vosque
48	arctissime	artissime
70	Timotheus . . . postea	getilgt
71	praeliis	proeliis
	sumus	simus
72	enim	autem
	infinita vehicula	infinita et vehicula
94	strabonum	crabronum
95	formae	formam
100	quemdam (mehrfach)	quendam
101	Satanem	Satanam
107	baptisterium	baptisteria
	succos	sucos
111	recipere debuisti	recipere non debuisti
	ut	ad
112	habere	habitare
	sequenti	sequente
	CLXXXVII	CCLXXXVII
117	consumsit (mehrfach)	consumpsit
118	nefarium	nefariam
	christianorum	Christianos
	verbis	virgis
119	solatio (mehrfach)	solacio
143	scandet	scandit
168	illi	illae
	fluebant	fluebat
169	adora	adores
171	ut	et
183	secunda	secundam
185	moestissimam	maestissimam
251	probus	Probus
260	inducias	indutias
261	baptisati	baptizati
274	spem	spe
	diligas	deligas
	meretricem	meretricium
	adulterum	adulterium
	discite	dediscite
275	militem	milites

Graesse (Seite)		*Reclam*
353	morte	morti
403	annulum	anulum
404	elemosinis (mehrfach)	eleemosynis
405	vitae et	vere
	pontificibus	pontifici
410	ipsos	ipsis
411	mari	navi
	partibus	getilgt
	petistine	petiistine
412	qui	quae
413	navim	navem
430	mente	mentem
436	Marcus	Malchus
438	videntes	viventes

In verschiedenen Fällen wurde die Schreibweise normalisiert: z. B. *ceteri* statt *caeteri*, *aiunt* statt *ajunt*, *martyr* statt *martir*, *idolum* statt *ydolum*. *Christianus* wurde stets groß geschrieben, *Deus* nur dann groß, wenn der Gott der Christenheit gemeint ist; entsprechendes gilt für *Dominus* (Christus/Gott) und *dominus*.

Fundstellen der Texte

(nach der Seitenzählung von Graesse)

1:	13– 21	9:	104–107	17:	260–262
2:	22– 25	10:	108–112	18:	273–276
	27– 28	11:	117–120	19:	353
3:	29– 32	12:	141	20:	403–406
4:	33– 37		142–143	21:	410–413
5:	47– 49	13:	167–169	22:	426–428
6:	70– 73	14:	170–173	23:	430–432
	78– 79	15:	183–185	24:	435–438
7:	94– 95	16:	250–251		
8:	100–102		253–254		

Literaturhinweise

Barié, Paul: Heilige statt Helden. Überlegungen zur Lektüre der *Legenda aurea*. In: Wilhelm Höhn / Norbert Zink (Hrsg.): Handbuch für den Lateinunterricht. Sekundarstufe I. Frankfurt a. M. 1987. S. 319–332.

Barth, Ferdinand: Legenden als Lehrdichtung. Beobachtungen zu den Märtyrerlegenden in der *Legenda aurea*. In: Europäische Lehrdichtung. Festschrift für Walter Naumann zum 70. Geburtstag. Hrsg. von Hans Gerd Rötzer und Herbert Walz. Darmstadt 1981. S. 61–73.

Benz, Richard: Die *Legenda aurea* des Jacobus de Voragine. Aus dem Lat. übers. Gerlingen [14]2004.

Boureau, Alain: La légende dorée. Le système narratif de Jacque de Voragine. Paris 1984.

Fleith, Barbara: Studien zur Überlieferungsgeschichte der lateinischen *Legenda Aurea*. Brüssel 1991.

Günter, Heinrich: Psychologie der Legende. Studien zu einer wissenschaftlichen Heiligen-Geschichte. Freiburg i. Br. 1949.

Häuptli, Bruno W.: *Legenda Aurea* – auf dem Weg zu einem neuen Bild. In: SAV-Bulletin 61 (2003) S. 5–10.

– Legenda Aurea. Lat/Dt. 8 Bde. (Fontes Christiani. 3. Reihe.) [Angekündigt ab 2003/2004.]

Karlinger, Felix: Legendenforschung. Aufgaben und Ergebnisse. Darmstadt 1986.

Kunze, Konrad: Jacobus a (de) Voragine (Varagine). In: Die deutsche Literatur des Mittelalters. Verfasserlexikon. 2. Aufl. Hrsg. von Kurt Ruh [u. a.]. Bd. 4. Berlin / New York 1983. Sp. 448–466.

Laager, Jacques: Jacobus de Voragine. Ausw., Übers. aus dem Lat., Anm. und Nachw. Zürich [4]1974.

Lohrmann, Kristina: Jacobus a Voragine. In: Biographisch-bibliographisches Kirchenlexikon. Bd. 2. Hamm/Herzberg/Nordhausen 1990. Sp. 1414–16.

Maggioni, Paolo: Iacopo da Varazze. Tavarnuzze [2]1999. [Neue kritische Textausgabe.]

Nagy, Maria von / Nagy, Christoph de: Die *Legenda aurea* und ihr Verfasser Jacobus de Voragine. Bern/München 1971.

Nigg, Walter: Glanz der Legende. Zürich 1964.

Reames, Sherry L.: The *Legenda aurea*: A Reexamination of its Paradoxical History. Madison (Wis.) 1985.

Rhein, Reglinde: Die *Legenda aurea* des Jacobus de Voragine. Die Entfaltung der Heiligkeit in »Historia« und »Doctrina«. Wien 1995.

Ringler, Siegfried: Zur Gattung Legende. Versuch einer Strukturbestimmung der christlichen Heiligenlegende des Mittelalters. In: Würzburger Prosastudien. Bd. 2: Untersuchungen zur Literatur und Sprache des Mittelalters. Kurt Ruh zum 60. Geburtstag. Hrsg. von Peter Kesting. München 1975. S. 256–270.

Rosenfeld, Helmut: Legende. Stuttgart ^{4}1982.

Ryan, William G.: The Golden Legend: Readings on the Saints. 2 Bde. New York 1995. [Engl. Übers.]

Walter, Christian: Prozess und Wahrheitsfindung in der Legenda Aurea, Diss. Kiel 1977.

Wöller, Hildegunde: Von Engeln und Heiligen. Erlesenes aus der Legenda Aurea. Darmstadt 2004.

Wolpers, Theodor: Die englische Heiligenlegende des Mittelalters. Eine Formgeschichte des Legendenerzählens von der spätantiken lateinischen Tradition bis zur Mitte des 16. Jahrhunderts. Tübingen 1964.

Nachwort

Autor und Werk

Jacobus de Voragine wurde um 1230 in Vorago, dem heutigen Varazze bei Genua, geboren. Mit 16 Jahren trat er in den Dominikanerorden ein. Zwischen 1263 und 1273 verfaßte er sein berühmtestes Werk: die später als *Legenda aurea* bezeichnete Sammlung von Legenden über die Heiligen des Kirchenjahres. Im Jahre 1292 wurde Jacobus Erzbischof von Genua, wo er 1298 starb.

Für seine Legendensammlung hat Jacobus eine Fülle von Material zusammengetragen. An vielen Stellen seines Werkes nennt er seine Quellen. Dazu gehören berühmte Namen wie Augustinus, Eusebius, Hieronymus, Cassiodor, Beda und Bernhard von Clairvaux. Darüber hinaus stammt der wohl größte Teil des Stoffes aus dem anonym überlieferten Legendenschatz, der in Europa zirkulierte und den Predigern Themen und Anregungen lieferte.

In den 182 Kapiteln, die in der jüngsten lateinischen Gesamtausgabe von Th. Graesse ([1]1846, [3]1890, Nachdr. 1969) ein Buch von fast 900 Seiten füllen, werden die Heiligen des Kirchenjahres von den Aposteln bis zu Dominicus, Franz von Assisi und Bonaventura dargestellt. Der jüngste Heilige ist Petrus martyr von Verona (gest. 1252). Jacobus beginnt mit dem Advent, dem Anfang des Kirchenjahres, und endet mit der Kirchweihe. Die Heiligen werden also nicht in einer historischen Reihenfolge, sondern in der Abfolge des Heiligenkalenders dargestellt. Außerdem werden die großen christlichen Feste ausführlich behandelt und die kirchlichen Jahreszeiten beschrieben. »Damit erscheint erstmals die einzelne Heiligenlegende in die Perspektive der gesamten Heilsgeschichte eingeordnet [...]. Das historisch-einmalige Geschehen eines Heiligen-Lebens wird im Rahmen der kultischen Wiederkehr zur Sphäre des Dauernd-Gültigen erho-

ben. Der Kalender konkretisiert sich in exemplarischen Gestalten, die Lehre der *communio sanctorum* (›mit uns die Heiligen‹) ist in einem Lese-Buch greifbarer als im Credo dokumentiert« (Konrad Kunze).

Obwohl dieses Lesebuch lange Zeit unter dem Titel *Vitae sanctorum a praedicatore quodam*[1] verbreitet war, enthält es keine Biographien mit historischem Anspruch. Mitunter werden zwar verschiedene Versionen desselben Geschehens mitgeteilt. Manchmal gibt der Autor auch zu erkennen, daß er seine Quellen nicht für glaubwürdig hält. Er bemüht sich auch, Unstimmigkeiten zu bereinigen, oder äußert Zweifel am Wahrheitsgehalt seiner eigenen Darstellung. Doch trotz dieser kritischen Attitüde war Jacobus kein Historiker, und man täte ihm unrecht, wenn man ihn nach historiographischen Kriterien beurteilte.

Jacobus hat in seinem Werk vielmehr eine tausendjährige christliche Mythologie zusammengefaßt und aufgehoben. Vielleicht ist er darin sogar Homer und den Märchensammlern Jacob und Wilhelm Grimm vergleichbar, die mit ihren »Kinder- und Hausmärchen« nicht anders als Jacobus de Voragine einen Schatz volkstümlicher Überlieferung bewahrt haben.

Man hat Jacobus als den »Herodot der Christenheit« bezeichnet,[2] und es finden sich tatsächlich in manchen Kapiteln des Buches Stücke, die erzählerisch so gelungen sind, daß sie einen Vergleich mit Herodots *Historien* nicht zu scheuen brauchten. Selbst der »aufgeklärte« Leser wird sich dem Reiz dieser Erzählungen nicht entziehen können.

Gewiß geht es in den Legenden stets um ein übernatürliches, der gewöhnlichen Erfahrung widersprechendes Geschehen. Aber den Texten liegt doch ein nachvollziehbares Verständnis der menschlichen Existenz zugrunde. Die Darstellung des

1 Überliefert sind auch Titel wie *Nova legenda* und *Novum passionale*. Nach dem vorletzten Kapitel, das mit der Geschichte der Langobarden eine Art Weltchronik bietet, nannte man das Werk auch *Historia Lombardica*.

2 Erwin Laaths, *Geschichte der Weltliteratur*, München [2]1953, S. 238.

Übernatürlichen gibt der Überzeugung Ausdruck, daß der Mensch nicht Herr der Welt und seines Lebens ist und daß die Welt und das Leben ihren Grund und ihre Grenze in einer Macht haben, die außerhalb dessen ist, was der Mensch berechnen und kontrollieren kann.[3] Ein wesentlicher Zweck der Legende ist also das Sprechen über eigentlich Unaussprechbares, über das Wirken einer höheren Macht, über Gottes Wirken in der Welt und am Menschen. In der Legende erhält die Unbegreiflichkeit dieses Wirkens ihren Sinn, den der Leser oder Hörer erkennen und annehmen soll. »Die Legende ist kein Produkt der schnellflüchtigen Zeit, sie überschreitet bewußt die Grenzen des Natürlichen und gehört einer höheren Welt an. In eine Urform der Erzählung eingekleidet, vom Glauben getragen, ist sie auf das Heil der Seelen ausgerichtet und ihrem Wesen nach nur den warmen Sonnenstrahlen vergleichbar.«[4] Die christliche Legende ordnet alles, was sie mitteilt, in das christliche Heilsgeschehen ein. Sie will klären, belehren und erziehen. Sie will den Glauben an Christus festigen und die Verehrung der Heiligen fördern. Dabei spielt die Frage nach der geschichtlichen Wirklichkeit des Berichteten keine Rolle. Die Erwähnung von Namen, Orten und Daten bildet allenfalls den erzählerischen Rahmen, in den die religiöse Thematik eingebettet ist. Man würde also der Legende nicht gerecht, wenn man sie unter Hinweis auf den Mangel an Historizität ihrer Personen und Inhalte als »Lügende« denunzierte.[5] Es gehört vielmehr zum Wesen der Legende, Personen und Ereignisse neu zu schaffen, die man glauben, nicht historisch nachprüfen soll.

Die Mythologisierung des christlichen Heilsgeschehens in der Legende läßt sich wohl auch aus der Tatsache erklären, daß das Christentum in eine Welt eindrang, die vom Mythos

3 Zum Problem vgl. Rudolf Bultmann, *Jesus Christus und die Mythologie. Das Neue Testament im Lichte der Bibelkritik*, Gütersloh 1980.

4 Walter Nigg, *Glanz der Legende*, Zürich 1964, S. 9.

5 Vgl. dazu Felix Karlinger, *Legendenforschung. Aufgaben und Ergebnisse*, Darmstadt 1986, bes. S. 45, 97.

in seinen vielfältigen Erscheinungsformen beherrscht war. Das gilt ebenso für die griechisch-römische wie für die germanisch-keltische Welt. Die Weltanschauung der Menschen war mythologisch geprägt. Man denke nur an die weitgreifende Bedeutung des Mythos in der bildenden Kunst. Die Weigerung der Märtyrer, den Götterbildern Respekt entgegenzubringen, und ihr Drang, diese zu zerstören, bezeugen nicht nur das Bekenntnis zu Christus, sondern auch den Kampf des jungen Christentums gegen die Allgegenwart des Mythos im Bewußtsein ihrer Zeitgenossen.

Die Legende eröffnete die Möglichkeit, die alten durch neue Bilder zu ersetzen und die neue Lehre durch eine eigene, christliche Bilderwelt zu legitimieren.[6] So entstand in den Legenden ein Reich von Heiligen, die wie die antiken Götter und Heroen in menschliches Geschehen eingreifen, indem sie lenken, warnen, helfen, strafen oder begnadigen. Damit bildete sich ein christlicher Olymp, der dem antiken durchaus vergleichbar ist.

Die *Legenda aurea*, wie das Werk erst seit dem späten Mittelalter genannt wurde, nachdem es zu dem am meisten gelesenen und am weitesten verbreiteten Buch des Mittelalters geworden war – Richard Benz bezeichnet das Werk als »das wahre Volksbuch jener Zeiten, weit mehr als die Bibel« –, enthält freilich auch Beispiele von »zügelloser Fabulierkunst« und Sensationshascherei, die »dem gewöhnlichen Unterhaltungsbedürfnis diente«.[7] Das gilt z. B. für die Texte, in denen Folterungen und andere Grausamkeiten in allen Einzelheiten beschrieben werden. Offensichtlich hatte der Leser oder Hörer das Bedürfnis, die Qualen der Märtyrer – wenigstens in seiner Phantasie – nachzuvollziehen. Die Lust an der Mischung von *sex and crime*, von Sex und Sadismus, Wollust und Grauen ist nicht erst heute eine Garantie für erfolgreiche Unterhaltung.

6 Vgl. Richard Benz, *Die »Legenda aurea« des Jacobus de Voragine*, aus dem Lat. übers., Heidelberg [9]1979, S. XVII f.

7 Vgl. Nigg, Anm. 4, S. 10 f.

Unter diesem Aspekt tritt der Bezug der Legende zum christlichen Glaubensinhalt in den Hintergrund. Der Unterhaltungseffekt überdeckt den Zweck religiöser Belehrung und Erbauung. Diese Polyfunktionalität[8] der Texte dürfte eine wesentliche Ursache ihrer Attraktivität auch für den Leser sein, der dem christlichen Glauben fernsteht und dem die Offenbarung des Göttlichen oder die Wundertaten der Heiligen gleichgültig sind.

Die Texte lassen sich auch in dem Sinne »gegen den Strich« lesen, daß man die Heiligen nicht als Vorbilder betrachtet, die zu Nachahmung und Nachfolge auffordern und Verehrung, Bewunderung oder Zuneigung erregen sollen.[9] Man kann das Verhalten der Heiligen durchaus in Frage stellen und über seine unausgesprochenen oder nur angedeuteten Implikationen nachdenken. Wer die Texte so liest, interessiert sich nicht mehr für das Problem der Glaubwürdigkeit oder Unglaubwürdigkeit der Legenden. Er fragt vielmehr nach den »geheimen« Intentionen und Funktionen der Texte: Sie schüren die Angst vor dem Teufel in seinen vielfältigen Erscheinungsformen, z. B. als Verführer in der Gestalt einer schönen Frau; sie fordern die Unterwerfung unter die Institutionen christlicher Verkündigung; sie vertiefen das Schuld- und Sündenbewußtsein und damit die Abhängigkeit von den Amtsträgern der Kirche; sie verteufeln die Leiblichkeit des Menschen und alle sozialen Beziehungen, die sich dem unmittelbaren Zugriff kirchlicher Machtträger entziehen; sie preisen die gesellschaftliche Entwurzelung des Individuums; sie wecken das Bedürfnis nach religiös motivierter Selbstzerstörung; sie vertiefen den Glauben an die Lösung menschlicher Probleme durch den Beistand der Heiligen; sie lassen die Versuche zu rationaler Problembewältigung als aussichtslos erschei-

8 Vgl. Karlinger, Anm. 5, S. 37.

9 Vgl. Siegfried Ringler, »Zur Gattung Legende. Versuch einer Strukturbestimmung der christlichen Heiligenlegende des Mittelalters«, in: *Würzburger Prosastudien*, Bd. 2: *Untersuchungen zur Literatur und Sprache des Mittelalters. Kurt Ruh zum 60. Geburtstag*, hrsg. von Peter Kesting, München 1975, S. 256–270.

nen; sie bauen irrationale Feindbilder auf (z. B. die Heiden, die Juden, die Mächtigen, die Reichen); sie verherrlichen Lebensformen (z. B. das Schmarotzertum des Einsiedlers oder die Selbstherrlichkeit des Bettlers), die zum Zusammenbruch der menschlichen Gemeinschaft führen müßten, wenn sie nicht die Ausnahme blieben; sie steigern das Martyrium zum ritualisierten Selbstmord, indem sie es zum Opfer für Gott erheben.

Unter dieser beunruhigenden und keinesfalls mehr erbaulichen oder unterhaltsamen Hülle verbirgt sich jedoch eine – man möchte fast sagen – höhere Moral, die den Kern des Geschehens bildet: die Paradoxie christlicher Existenz, mit der alle profanen Wertvorstellungen eine neue Qualität erhalten. Paradox ist diese Existenz dadurch, daß sie auf der radikalen Umwertung traditioneller Werte beruht: Armut, Erniedrigung, Verachtung, Knechtschaft, Torheit sind in Wirklichkeit Reichtum, Erhöhung, Ruhm, Freiheit, Weisheit. Durch die Verleugnung der Liebe zwischen Menschen wird wahre Liebe erreicht, durch die Selbstzerstörung das Heil, durch Schmerz die Lust, durch den Tod das Leben.

Angesichts dieser Paradoxien nutzt der Heilige jede Gelegenheit, sich das Leben schwerzumachen: Er verläßt seine Familie, verteilt sein Eigentum an die Armen, schafft sich als Einsiedler eine möglichst beschwerliche Existenz, peinigt und quält seinen Körper, provoziert die Behörden und hat nur einen Wunsch: unter möglichst großen Qualen den Märtyrertod zu erleiden bzw. zu genießen.

Die Heiligen, die das Martyrium nicht mehr erbringen können, weil die Zeiten der Verfolgung vorbei sind, beschreiten den Heilsweg der Askese, um sich einen Ersatz für das fehlende Martyrium zu schaffen. Die Askese wird zum Kampf gegen die fleischliche Begierde.[10] An die Stelle der brutalen

10 Vgl. Ferdinand Barth, »Legenden als Lehrdichtung. Beobachtungen zu den Märtyrerlegenden in der *Legenda aurea*, in: *Europäische Lehrdichtung. Festschrift für Walter Naumann zum 70. Geburtstag*, hrsg. von Hans Gerd Rötzer und Herbert Walz, Darmstadt 1981, S. 61–73, bes. 69 ff.

Folterungen treten die Leiden, die der Heilige sich selbst zufügt, um sein Fleisch abzutöten.
Die Verherrlichung der Askese als einer Form des Kampfes gegen das Böse sollte man allerdings auch vor dem Hintergrund der Auseinandersetzung der Kirche mit radikalen Ketzerbewegungen sehen. Zu diesen gehörten u. a. die Katharer, deren Lebensweise von einer rigoristischen Askese (Ablehnung der Ehe, geschlechtliche Enthaltsamkeit) bestimmt war. Dieser radikalen Frömmigkeit der Ketzer konnte die Kirche offenbar nur dadurch erfolgreich entgegentreten, daß sie die Forderungen der Ketzer übernahm und integrierte. »Dieser Konkurrenzkampf der Kirche mit dualistischen Strömungen hat offensichtlich zur Verschärfung der asketischen Forderungen der Kirche beigetragen. Der Rückgriff auf die heroischen Traditionen der Märtyrer gab der Kirche die Möglichkeit der eindrücklichen Illustration und Vermittlung ihrer Ideale.«[11] Der Dominikaner und spätere Erzbischof Jacobus de Voragine hat mit seiner *Legenda aurea* den Kampf der Kirche gegen die Ketzer und Konkurrenten erheblich unterstützt, indem er das Material für diese Illustration und Vermittlung kirchlicher Ideale lieferte. So ist es auch verständlich, daß Jacobus' Heilige nie scheitern; sie bleiben stets Sieger über sich selbst, d. h. über den im Fleisch steckenden Teufel, und über ihre Peiniger mit ihren Folterinstrumenten; sie beweisen in jeder Situation Unbesiegbarkeit und Überlegenheit über die Bosheiten, Irrungen und Verlockungen der Welt.
Diese Heiligen stellen sich zwar gegen die Welt; sie sind aber keine »Aussteiger«. Denn sie brauchen die Welt, um an ihr leiden zu können. Sie suchen den Konflikt mit der Welt, um den Ruhm ihrer Überlegenheit zu gewinnen. Sie benötigen also die Welt wie den Teufel, um einen Widerpart zu haben, den es niederzuringen gilt. Der Gedanke einer Weltverbesserung dürfte also nicht im Interesse oder gar nicht erst im

11 Vgl. Barth, Anm. 10, S. 72 f.

Bewußtsein der Heiligen des Jacobus gewesen sein. Die Welt muß so bleiben, wie sie ist. Damit sich nichts verändert, erhalten die Armen Almosen. Denn der Heilige braucht die Armen, um an ihnen Mitleid und Nächstenliebe beweisen zu können.

Auswahlgesichtspunkte

Die vorliegende Sammlung enthält eine Auswahl von 24 Legenden. Der Umfang der ausgewählten Texte entspricht knapp 70 von 857 Seiten der Ausgabe von Th. Graesse. Trotz dieser Beschränkung will die Auswahl eine Vorstellung vom Gesamtwerk und seiner Zielsetzung vermitteln. So können die hier vorgelegten und übersetzten Texte einen Einblick in die Arbeitsweise des Autors geben. Sie zeigen, wie sich der Autor mit seinen Quellen auseinandergesetzt hat. Sie vermitteln einen Eindruck von der Vielfalt der von ihm benutzten Textsorten (Dialog, Novelle, theologischer Traktat, Anekdote, Brief, Apophthegma, Sentenz usw.). Sie informieren über die Besonderheiten seiner Sprache und Rhetorik. Sie lassen erkennen, wie es dem Autor gelungen ist, rührende und erbauliche mit lehrhaften, reflektierenden und unterhaltenden Texten zu verknüpfen, um Leser mit ganz verschiedenen Interessen und Erwartungen zu erreichen. Dieser offene Adressatenbezug dürfte neben der Polyfunktionalität des Werkes eine wesentliche Ursache seines Erfolges gewesen sein.

Trotz ihres begrenzten Umfangs soll die Auswahl nicht nur auf häufig wiederkehrende Bilder, Themen und Topoi der Erzählung hinweisen (der Traum als Medium der Kommunikation mit einem Heiligen, das Licht als Zeichen göttlicher Erscheinung, Tiere als Helfer, eine gewisse Regelmäßigkeit in der Prozedur des Martyriums, die Sorge des Märtyrers um ein ehrenvolles Begräbnis, die Anfechtungen und Angriffe des Teufels und seine vielfältigen Niederlagen usw.). Die Auswahl bietet auch Beispiele für unterschiedliche Legen-

dentypen. Denn das Gesamtwerk enthält nicht nur Legenden, die sich ausschließlich mit der Person eines Heiligen befassen und in Form einer zielgerichteten Darstellung eine Phase seines Lebens und Wirkens schildern. Viele Legenden bestehen auch aus inhaltlich kaum verknüpften kurzen Texten, z. B. kleinen Wundergeschichten, die nur einen losen Bezug zu einem Heiligen haben (Nr. 1, 2, 8, 9). Es handelt sich oft um effektvolle Stücke, deren Wirkung nicht selten auf ihrem feinen oder hintergründigen Humor beruht.

Andere Legenden sind stark dialogisiert oder gleichen Gesprächsprotokollen. Sie haben einen szenischen bzw. dramatischen Charakter. Sie dienen der Selbstdarstellung und Selbstklärung der Heiligen und enden stets mit der Niederlage des Widerparts. Aber der Sieg mit der Waffe des Wortes ist der Beginn des Martyriums (Nr. 3).

Eine wichtige Gruppe bilden die Legenden, die als Lehrgespräche, Lehrvorträge oder Predigten konzipiert sind und auf hohem Niveau theologische Fragen abhandeln (z. B. Teile von Nr. 1 und 4). Sie sind für die Klärung des Zeitbezuges, in den das Werk ursprünglich eingebunden war, von besonderer Bedeutung, weil sie sich mit Auffassungen und Lehrmeinungen auseinandersetzen, die von der Autorität der Kirche nicht gedeckt waren. Ein berühmtes Beispiel ist die Siebenschläfer-Legende (Nr. 24), in der es darum geht, den Glauben an die Auferstehung der Toten zu stärken und jeden Zweifel an diesem Glaubensinhalt zu zerstreuen.

Die vorliegende Auswahl berücksichtigt darüber hinaus die wichtigsten Typen von Heiligen und ihre spezifischen Verhaltensweisen. Abgesehen von der Grobeinteilung in Märtyrer und Nicht-Märtyrer gehören zu den typischen Heiligen der junge Mann und das junge Mädchen aus gutem Hause (Nr. 10, 11, 14). Sie geben ihren Besitz auf und verteilen ihn an die Armen. Sie verlassen ihre Familie, leben in Keuschheit und Armut, bekennen sich zu Christus, geraten in Konflikt mit der Obrigkeit und erleiden das Martyrium. Sie widerstehen Versuchungen und Verlockungen der Welt, kasteien

ihren Körper durch Fasten und geschlechtliche Enthaltsamkeit, kämpfen gegen böse Geister und den Teufel, tun Wunder, helfen und heilen, zerstören heidnische Tempel und erbauen christliche Kirchen. Der Heilige, der die Krone des Martyriums nicht erringt, kann zum Bischof aufsteigen oder sich dadurch auszeichnen, daß er viele Menschen zum Christentum bekehrt. Andere gehen nach einem entsagungsvollen Leben ohne dramatische Umstände in Gottes Reich und wirken nach ihrem Tode große Wunder (Nr. 20).

Die Qualitäten eines vorbildlichen Heiligen beschreibt Jacobus z. B. in der Silvester-Legende (Nr. 6): »Er sah aus wie ein Engel und war ein glänzender Redner. Er lebte in Keuschheit und handelte wie ein Heiliger. Er war ein vorzüglicher Ratgeber, ein rechtgläubiger Christ, sehr geduldig in seiner Hoffnung, und er war allen Menschen in Nächstenliebe zugetan.«

Zu diesem Typus des durchaus weltzugewandten Heiligen mit hohem sozialen Wirkungsgrad steht nicht nur der Typus des weltverachtenden und alle sozialen Bindungen zerstörenden Heiligen z. B. in der Gestalt des Alexius (Nr. 20) in einem scharfen Gegensatz, sondern im allgemeinen auch der Typus des weiblichen Heiligen. Die Frau ist als Heilige zwar meist sehr schön und anziehend. Sie weckt aber, ohne es zu wollen, die Begehrlichkeit der Männer und entzieht sich den Nachstellungen lüsterner Verfolger, indem sie der Verführung die Folter vorzieht. Sie läßt ihren schönen und zur Sünde provozierenden Körper zerstören, um Christus zu gefallen (Nr. 14), oder sie verleugnet ihre Weiblichkeit und geht als Mann verkleidet ins Kloster wie z. B. die heilige Marina (Nr. 19).